2019

中国房地产统计年鉴

CHINA REAL ESTATE STATISTICS YEARBOOK

国家统计局
固定资产投资统计司 编

中国统计出版社
China Statistics Press

图书在版编目（CIP）数据

中国房地产统计年鉴. 2019 / 国家统计局固定资产投资统计司编. -- 北京 ： 中国统计出版社, 2020.3
ISBN 978-7-5037-9101-7

Ⅰ. ①中… Ⅱ. ①国… Ⅲ. ①房地产业一统计资料一中国一2019一年鉴 Ⅳ. ①F299.233-54

中国版本图书馆 CIP 数据核字(2019)第 283558 号

中国房地产统计年鉴—2019

作　　者/国家统计局固定资产投资统计司
责任编辑/佘竞雄　且淑芬
装帧设计/李雪燕
出版发行/中国统计出版社
通信地址/北京市丰台区西三环南路甲 6 号　邮政编码/100073
电　　话/邮购（010）63376909　书店（010）68783171
网　　址/http://www.zgtjcbs.com/
印　　刷/河北鑫兆源印刷有限公司
经　　销/新华书店
开　　本/880mm×1230mm　1/16
字　　数/500 千字
印　　张/15.25
版　　别/2020 年 3 月第 1 版
版　　次/2020 年 3 月第 1 次印刷
定　　价/380.00 元

如有印装差错，由本社发行部调换。

说　明

《中国房地产统计年鉴—2019》是一部反映中国房地产市场运行状况的统计资料，收集了全国房地产开发企业开发经营统计数据，是全面客观研究和深入量化分析房地产市场的权威工具。

《中国房地产统计年鉴—2019》资料来源于2018年第四次全国经济普查房地产开发统计报表基层数据。统计范围为有开发经营活动的全部房地产开发经营法人单位。本年鉴分为综合篇和城市篇两大部分。

综合篇主要内容包括：各地区房地产开发企业个数及从业人员情况；各地区房地产开发投资完成情况及到位资金情况；各地区房屋开竣工面积、商品房销售及土地购置情况；各地区房地产开发企业经营收入及资产负债情况等。

为重点反映全国大、中城市房地产开发企业的运行状况，本年鉴单独发布了35个重点城市（直辖市、省会城市及计划单列市）的房地产开发统计资料。城市篇的主要内容包括：重点城市房地产开发企业完成投资情况；重点城市商品房销售情况、成套房屋建设情况、商品房待售情况以及房地产企业主要财务指标完成情况等内容。

本年鉴数据使用注意事项：

1. 本年鉴资料来源于房地产开发企业联网直报的基层报表数据库，不包括香港、澳门特别行政区和台湾省数据。

2. 本年鉴资料凡小数点后各项相加不等于总计者，均由于数据四舍五入的缘故。

3. 本年鉴各表中的“空格”表示该项统计数据不足本表最小单位数、数据不详或无该项数据。

4. 本年鉴资料由国家统计局固定资产投资统计司编制并负责解释。

目 录

第一部分 综合篇

第一章 房地产开发企业基本概况

第二章 房地产开发投资及企业到位资金情况

第二部分　城市篇

第五章　35 个大中城市房地产综合情况

附　　录

第一部分　综合篇

第一章　房地产开发企业基本概况

1-1 房地产开发企业主要指标完成情况

指标	绝对量		增速	
	2017	2018	2017	2018
一、企业个数(个)	**95897**	**97937**	**1.0**	**2.1**
1.按登记注册类型分				
内资	91608	94063	1.3	2.7
#国有企业	943	767	-13.7	-18.7
#集体企业	319	280	-12.4	-12.2
#有限责任公司	44952	44397	-0.8	-1.2
#私营企业	42340	46031	4.6	8.7
港、澳、台投资	3066	2719	-5.1	-11.3
外商投资	1223	1155	-6.5	-5.6
2.按规模分				
大型企业	563	730	11.5	29.7
中型企业	35027	38516	3.7	10.0
小微企业	60307	58691	-0.6	-2.7
二、从业人员平均人数(人)	**2830960**	**2889165**	**2.9**	**2.1**
按规模分				
大型企业	68476	76008	18.8	11.0
中型企业	1419604	1546197	4.5	8.9
小微企业	1342880	1266960	0.5	-5.7
三、本年完成投资(亿元)	**109798.53**	**120164.75**	**7.0**	**9.4**
1.按构成分				
建筑安装工程	78577.69	75871.66	3.0	-3.4
设备工器具购置	1550.70	1523.41	6.1	-1.8
其他费用	29670.13	42769.68	19.6	44.2
#土地购置费	23169.47	36383.37	23.4	57.0
2.按工程用途分				
住宅	75147.88	85124.02	9.4	13.3
办公楼	6761.36	5997.29	3.5	-11.3
商业营业用房	15639.90	14167.27	-1.2	-9.4
其他	12249.39	14876.17	6.5	21.4
四、本年新增固定资产(亿元)	**39258.77**	**37463.40**	**-4.4**	**-4.6**
五、本年土地购置面积(万平方米)	**25508.29**	**29320.65**	**15.8**	**14.9**

1-1　续表

指　　标	绝对量		增速	
	2017	2018	2017	2018
六、本年实际到位资金(亿元)	**156052.62**	**166407.11**	**8.2**	**6.6**
国内贷款	25241.76	24132.14	17.3	-4.4
利用外资	168.19	114.02	19.8	-32.2
自筹资金	50872.22	55754.79	3.5	9.6
定金及预收款	48693.57	55748.16	16.1	14.5
个人按揭贷款	23906.31	23643.06	-2.0	-1.1
其他到位资金	7170.58	7014.94	1.4	-2.2
七、房屋建筑面积(万平方米)				
施工面积	781483.73	822299.56	3.0	5.2
#住宅	536443.96	569879.39	2.9	6.2
竣工面积	101486.41	94421.15	-4.4	-7.0
#住宅	71815.12	66556.68	-7.0	-7.3
八、商品房销售				
商品房销售面积(万平方米)	169407.82	171464.60	7.7	1.2
#住宅	144788.77	147759.59	5.3	2.1
#别墅、高档公寓	4743.44	4417.77	6.1	-6.9
商品房平均销售价格(元/平方米)	7892	8726	5.6	10.6
#住宅	7614	8553	5.7	12.3
#别墅、高档公寓	14965	16252	-5.9	8.6
九、资产总计(亿元)	**722236.02**	**852720.54**	**15.4**	**18.1**
按规模分				
大型企业	49291.40	65875.95	17.9	33.6
中型企业	392225.46	465346.61	16.3	18.6
小微企业	280719.15	321497.98	13.9	14.5
十、负债合计(亿元)	**571274.85**	**674333.36**	**16.6**	**18.0**
十一、所有者权益合计(亿元)	**150961.17**	**178382.98**	**11.0**	**18.2**
十二、主营业务收入(亿元)	**95896.90**	**112924.68**	**6.4**	**17.8**
土地转让收入	838.42	1207.38	25.8	44.0
商品房销售收入	90609.15	106688.38	6.4	17.7
自持物业收入	1922.10	2008.15	—	4.5
其他收入	2527.23	3020.78	—	19.5

注：商品房平均销售价格由报告期内新建商品房销售额除以销售面积计算而成。不同时期的商品房平均销售价格可能会受商品房区域、房屋类型等各种因素的影响(以下相关各表同)。

1-2　各地区按登记注册类型分的房地产开发企业个数

单位：个

地　区	总　计	内　资					
			国　有	集　体	股份合作	国有联营	集体联营
全国总计	**97937**	**94063**	**767**	**280**	**30**	**3**	**1**
北　京	1551	1445	20	6			
天　津	1169	1102	25	4		1	
河　北	3449	3406	6				
山　西	2418	2405	51	4			
内蒙古	1741	1738	3				
辽　宁	2998	2750	8	2	1		
吉　林	1702	1682	3				
黑龙江	1853	1828	27	1	1		
上　海	2568	2204	16	11		1	
江　苏	6723	6175	34	20	1		
浙　江	6818	6511	27	10	3	1	
安　徽	3939	3903	21	1	1		
福　建	3351	3044	46	10			
江　西	2601	2542	31				
山　东	7721	7496	70	48	5		
河　南	7536	7466	49	3	1		
湖　北	4300	4195	41	11			
湖　南	4128	4048	39	4	1		
广　东	8721	7923	63	110	5		1
广　西	2684	2620	27	7	2		
海　南	1199	1140	16	4			
重　庆	2250	2142	8		1		
四　川	4166	4073	20	3	4		
贵　州	2651	2618	18	1			
云　南	2768	2732	29	4	2		
西　藏	60	60	1				
陕　西	2508	2471	40	8	2		
甘　肃	1668	1656	22	7			
青　海	293	292					
宁　夏	538	533					
新　疆	1865	1863	6	1			

1-2 续表 1

单位：个

地区	内资						
	国有与集体联营	其他联营	国有独资公司	其他有限责任公司	股份有限公司	私营独资	私营合伙
全国总计	**1**	**4**	**2423**	**41974**	**2545**	**24**	**9**
北京			53	1050	23		
天津			85	645	32		
河北			32	988	36		
山西			49	509	28		
内蒙古			30	749	57	1	
辽宁			48	949	61		
吉林			35	844	82	2	
黑龙江			52	894	90	1	
上海			185	1116	28		
江苏			179	1739	157		1
浙江			164	2433	97		
安徽			72	2384	89		
福建	1		134	1492	64		
江西			51	1194	100	1	1
山东			199	3502	315	1	
河南		1	67	4700	287	6	1
湖北			101	1837	144	1	
湖南			107	1664	154	1	1
广东		3	113	3531	135	3	1
广西			76	894	47		
海南			36	793	46	1	
重庆			87	809	59		1
四川			99	2014	108	1	2
贵州			95	1148	59		1
云南			76	1127	94	1	
西藏			6	25	2		
陕西			97	1291	68	1	
甘肃			33	751	45	2	
青海			11	91	13		
宁夏			19	131	1	1	
新疆			32	680	24		

1-2　续表 2　　　　单位：个

地　区	内资			港澳台商投资			
	私营有限责任公司	私营股份有限公司	其他内资企业		合资经营	合作经营	独资
全国总计	**44384**	**1614**	**4**	**2719**	**946**	**166**	**1524**
北　京	288	5		60	21	18	20
天　津	303	7		38	16		21
河　北	2318	26		22	7		15
山　西	1725	39		7	4		2
内蒙古	865	33		2	2		
辽　宁	1649	31	1	180	68	1	109
吉　林	682	34		14	6		6
黑龙江	710	52		14	7	1	6
上　海	826	21		252	99	8	141
江　苏	3980	64		386	154	8	218
浙　江	3731	45		207	81	1	115
安　徽	1288	47		28	12	1	14
福　建	1249	48		224	74	6	139
江　西	1102	62		48	22		26
山　东	3206	149	1	155	64	11	74
河　南	2194	157		50	15	3	29
湖　北	1984	76		72	29	3	36
湖　南	1933	143	1	58	21	2	32
广　东	3913	45		603	140	93	352
广　西	1514	53		34	19	1	13
海　南	231	13		45	11	1	28
重　庆	1120	57		78	17	3	53
四　川	1733	88	1	58	18	2	37
贵　州	1233	63		23	15		8
云　南	1314	85		26	11	1	12
西　藏	25	1					
陕　西	900	64		23	3	2	16
甘　肃	750	46		8	7		1
青　海	166	11					
宁　夏	369	12		2	2		
新　疆	1083	37		2	1		1

1-2 续表 3

单位：个

地区	港澳台商投资		外商投资					
	股份有限	其他		合资经营	合作经营	独资	股份有限	其他
全国总计	**51**	**32**	**1155**	**492**	**61**	**515**	**37**	**50**
北京		1	46	22	11	11	1	1
天津	1		29	14	2	9	4	
河北			21	8		12	1	
山西	1		6	3		3		
内蒙古			1	1				
辽宁	1	1	68	37	1	26		4
吉林	1	1	6	5		1		
黑龙江			11	5	1	5		
上海	3	1	112	38	5	65	3	1
江苏	5	1	162	79	5	70	3	5
浙江	9	1	100	48	1	41	2	8
安徽	1		8	2		4		2
福建	4	1	83	20		53	6	4
江西			11	5		5	1	
山东	1	5	70	38	8	21	1	2
河南	2	1	20	9		10		1
湖北	3	1	33	17		13		3
湖南	1	2	22	14		6	1	1
广东	10	8	195	61	17	97	6	14
广西		1	30	13		14	2	1
海南	4	1	14	4	2	6		2
重庆	2	3	30	13	2	10	4	1
四川	1		35	14	2	19		
贵州			10	5	3	2		
云南		2	10	6	1	2	1	
西藏								
陕西	1	1	14	7		6	1	
甘肃			4	2		2		
青海			1	1				
宁夏			3	1		2		
新疆								

1-3　各地区按资质等级分的房地产开发企业个数

单位：个

地　区	总　计	一　级	二　级	三　级	四　级	暂　定	其　他
全国总计	**97937**	**1301**	**9100**	**17986**	**17306**	**43308**	**8936**
北　京	1551	68	105	109	753	370	146
天　津	1169	17	66	77	753	173	83
河　北	3449	67	288	532	1166	1258	138
山　西	2418	23	184	260	1116	778	57
内蒙古	1741	18	123	261	1022	235	82
辽　宁	2998	31	152	666	47	1740	362
吉　林	1702	12	199	295	329	844	23
黑龙江	1853	13	267	970	151	353	99
上　海	2568	38	207	254	2	1721	346
江　苏	6723	101	1702	543	29	3534	814
浙　江	6818	107	396	1280	667	3038	1330
安　徽	3939	43	267	802	276	2231	320
福　建	3351	32	174	718	601	1581	245
江　西	2601	23	135	430	332	1449	232
山　东	7721	141	495	966	1456	3903	760
河　南	7536	100	644	988	735	3881	1188
湖　北	4300	72	420	591	966	2001	250
湖　南	4128	37	275	1420	1005	1256	135
广　东	8721	77	241	1278	2009	4102	1014
广　西	2684	25	130	417	263	1738	111
海　南	1199	11	29	96	147	779	137
重　庆	2250	62	700	505	24	903	56
四　川	4166	58	682	2372	77	785	192
贵　州	2651	8	201	448	472	1401	121
云　南	2768	31	230	251	1001	1036	219
西　藏	60	1	6	19	11	19	4
陕　西	2508	35	330	515	805	490	333
甘　肃	1668	12	136	477	539	478	26
青　海	293	2	75	74	52	67	23
宁　夏	538	14	115	119	108	176	6
新　疆	1865	22	126	253	392	988	84

1-4 各地区按隶属关系分的房地产开发企业个数

单位：个

地 区	合 计	中央属	地方属	其 他
全国总计	**97937**	**950**	**7811**	**89176**
北 京	1551	61	297	1193
天 津	1169	46	253	870
河 北	3449	13	148	3288
山 西	2418	23	156	2239
内蒙古	1741	10	139	1592
辽 宁	2998	30	143	2825
吉 林	1702	3	135	1564
黑龙江	1853	19	283	1551
上 海	2568	78	364	2126
江 苏	6723	52	225	6446
浙 江	6818	25	238	6555
安 徽	3939	42	327	3570
福 建	3351	14	313	3024
江 西	2601	15	182	2404
山 东	7721	75	660	6986
河 南	7536	22	668	6846
湖 北	4300	64	296	3940
湖 南	4128	27	455	3646
广 东	8721	86	520	8115
广 西	2684	17	177	2490
海 南	1199	15	138	1046
重 庆	2250	36	220	1994
四 川	4166	16	340	3810
贵 州	2651	36	148	2467
云 南	2768	21	279	2468
西 藏	60		13	47
陕 西	2508	43	298	2167
甘 肃	1668	11	185	1472
青 海	293	2	26	265
宁 夏	538	6	24	508
新 疆	1865	42	161	1662

1-5 各地区按登记注册类型分的房地产开发企业从业人数

单位：人

地区	总计	内资					
			国有	集体	股份合作	国有联营	集体联营
全国总计	**2889165**	**2735301**	**31383**	**6585**	**631**	**52**	**18**
北京	62518	54806	1065	205			
天津	35189	31859	1098	43		7	
河北	110989	107545	284				
山西	53690	53234	1533	328			
内蒙古	34025	33949	46				
辽宁	56253	48721	158	16	14		
吉林	40147	39251	142				
黑龙江	33249	32258	606	248	4		
上海	64602	47074	211	208		24	
江苏	174263	155146	1013	424	18		
浙江	124056	117176	1535	90	41	21	
安徽	122246	120448	515	7	36		
福建	102790	93702	2431	319			
江西	86920	85312	1026				
山东	222191	214800	2827	1564	153		
河南	243488	241006	1858	65	36		
湖北	140713	136783	2092	267			
湖南	136851	132962	1506	45	21		
广东	264709	236339	1486	2008	148		18
广西	88974	84941	1030	86	20		
海南	47396	42633	687	79			
重庆	100766	94594	382		16		
四川	155136	149632	752	170	94		
贵州	97994	96719	366	7			
云南	96796	93513	1090	75	8		
西藏	1711	1711	55				
陕西	86693	85103	4734	221	22		
甘肃	42057	41699	721	106			
青海	9383	9357					
宁夏	14847	14607					
新疆	38523	38421	134	4			

1-5 续表 1

单位：人

地　　区	内　资						
	国有与集体联　　营	其他联营	国有独资公　　司	其他有限责任公司	股份有限公　　司	私营独资	私营合伙
全国总计	**7**	**59**	**97083**	**1321230**	**93617**	**486**	**157**
北　　京			3712	40363	2279		
天　　津			2803	17198	1206		
河　　北			980	36337	5542		
山　　西			1617	15208	562		
内 蒙 古			697	17395	987	23	
辽　　宁			1519	20196	1273		
吉　　林			852	22955	1941	27	
黑 龙 江			2674	15867	1569	81	
上　　海			4594	22673	1699		
江　　苏			6218	49162	4319		16
浙　　江			4139	42721	2437		
安　　徽			2875	75525	3194		
福　　建	7		6967	46630	1835		
江　　西			2285	40269	4464	8	12
山　　东			7578	102697	9090		
河　　南		13	2823	158371	11170	124	23
湖　　北			3425	64214	6133	21	
湖　　南			3886	58148	5012	38	16
广　　东		46	4942	122723	7578	50	18
广　　西			2671	34767	1354		
海　　南			1877	29422	1693	28	
重　　庆			5617	35402	3332		25
四　　川			5725	74860	4682	12	47
贵　　州			3024	48119	2462		
云　　南			3459	42786	3310	27	
西　　藏			256	710	10		
陕　　西			5764	44823	2487	19	
甘　　肃			948	19494	1228	24	
青　　海			771	3398	297		
宁　　夏			955	3708	25	4	
新　　疆			1430	15089	447		

1-5　续表 2　　　　单位：人

地　区	内资			港澳台商投资			
	私营有限责任公司	私营股份有限公司	其他内资企业		合资经营	合作经营	独资
全国总计	**1135802**	**48058**	**133**	**104378**	**37279**	**6530**	**57296**
北京	6763	419		4508	1453	1548	1507
天津	9404	100		1934	841		1020
河北	63876	526		832	305		527
山西	33336	650		201	95		60
内蒙古	14183	618		20	20		
辽宁	25026	514	5	5068	1732	1	3305
吉林	12690	644		639	351		271
黑龙江	10519	690		798	113	42	643
上海	17014	651		12961	5837	620	6369
江苏	92746	1230		12697	5457	199	6850
浙江	65465	727		4921	1638	7	3026
安徽	36993	1303		1496	413	45	883
福建	34173	1340		6849	2781	104	3879
江西	35140	2108		1356	693		663
山东	86167	4692	32	5429	2084	114	3079
河南	61606	4917		1832	284	160	1231
湖北	58574	2057		2529	1167	44	1238
湖南	59524	4732	34	2563	661	104	1579
广东	95311	2011		18828	4539	2966	10819
广西	43665	1348		2751	1369	12	1290
海南	8429	418		2541	612	5	1162
重庆	47015	2805		4763	1351	169	3043
四川	60060	3168	62	3483	1797	66	1590
贵州	40850	1891		1063	459		604
云南	39834	2924		2722	600	7	2093
西藏	667	13					
陕西	24732	2301		1056	132	317	522
甘肃	18141	1037		278	277		1
青海	4512	379					
宁夏	9282	633		158	158		
新疆	20105	1212		102	60		42

1-5 续表 3

单位：人

地　区	港澳台商投资		外商投资					
	股份有限	其　他		合资经营	合作经营	独　资	股份有限	其　他
全国总计	**2439**	**834**	**49486**	**17932**	**3134**	**24671**	**1286**	**2463**
北　京			3204	1144	1042	757	214	47
天　津	73		1396	362	6	810	218	
河　北			2612	172		2400	40	
山　西	46		255	74		181		
内蒙古			56	56				
辽　宁	20	10	2464	867	4	1546		47
吉　林	5	12	257	215		42		
黑龙江			193	92	5	96		
上　海	132	3	4567	1733	345	2422	61	6
江　苏	165	26	6420	2773	59	3425	51	112
浙　江	238	12	1959	740	24	1089	18	88
安　徽	155		302	52		213		37
福　建	38	47	2239	489		1468	161	121
江　西			252	146		91	15	
山　东	10	142	1962	1088	432	401	9	32
河　南	128	29	650	319		298		33
湖　北	57	23	1401	752		522		127
湖　南	31	188	1326	348		914	24	40
广　东	324	180	9542	3639	724	4481	223	475
广　西		80	1282	573		488	171	50
海　南	759	3	2222	143	112	784		1183
重　庆	158	42	1409	376	149	756	63	65
四　川	30		2021	815	84	1122		
贵　州			212	79	129	4		
云　南		22	561	437	19	94	11	
西　藏								
陕　西	70	15	534	365		162	7	
甘　肃			80	56		24		
青　海			26	26				
宁　夏			82	1		81		
新　疆								

1-6　各地区按资质等级分的房地产开发企业从业人数

单位：人

地区	总计	一级	二级	三级	四级	暂定	其他
全国总计	**2889165**	**139923**	**403787**	**526660**	**412400**	**1188089**	**218306**
北京	62518	8972	7895	6333	26131	10692	2495
天津	35189	1656	3500	3032	20364	4672	1965
河北	110989	12717	14067	17440	28696	34861	3208
山西	53690	1509	8860	6832	21550	14228	711
内蒙古	34025	1362	3161	5000	18718	4518	1266
辽宁	56253	2024	5433	12921	495	29742	5638
吉林	40147	4821	6774	5954	5796	16388	414
黑龙江	33249	1155	7027	16065	1492	5540	1970
上海	64602	4397	5888	6275	36	40178	7828
江苏	174263	7138	50873	9025	361	87291	19575
浙江	124056	6086	10079	22076	8341	52981	24493
安徽	122246	3182	13066	21804	5740	68902	9552
福建	102790	5026	9200	25319	12873	45058	5314
江西	86920	1206	6345	15376	9601	46746	7646
山东	222191	12348	23888	32442	36418	100686	16409
河南	243488	7606	27928	27620	16443	131471	32420
湖北	140713	5449	23307	19842	23017	61991	7107
湖南	136851	3100	14664	48672	27972	37985	4458
广东	264709	14893	13321	44565	47621	115502	28807
广西	88974	2605	6641	14316	5802	56127	3483
海南	47396	804	1643	4251	6336	29496	4866
重庆	100766	8203	38209	16209	681	35566	1898
四川	155136	6968	35136	80356	1372	25573	5731
贵州	97994	576	15182	16376	12435	49753	3672
云南	96796	3809	13932	7958	31264	34045	5788
西藏	1711	13	212	668	268	509	41
陕西	86693	6244	17862	17477	22127	14010	8973
甘肃	42057	2014	6384	11616	11187	10449	407
青海	9383	141	3734	1956	1405	1532	615
宁夏	14847	1403	4273	2618	2249	4195	109
新疆	38523	2496	5303	6266	5609	17402	1447

1-7 各地区按隶属关系分的房地产开发企业从业人数

单位：人

地 区	合 计	中央属	地方属	其 他
全国总计	**2889165**	**38542**	**270344**	**2580279**
北 京	62518	2952	15329	44237
天 津	35189	2088	7681	25420
河 北	110989	413	4950	105626
山 西	53690	1168	5205	47317
内蒙古	34025	570	2175	31280
辽 宁	56253	759	3415	52079
吉 林	40147	70	2651	37426
黑龙江	33249	1094	6733	25422
上 海	64602	2828	9407	52367
江 苏	174263	1865	7106	165292
浙 江	124056	539	5708	117809
安 徽	122246	1706	11430	109110
福 建	102790	411	12177	90202
江 西	86920	563	7631	78726
山 东	222191	2741	21106	198344
河 南	243488	714	21105	221669
湖 北	140713	3108	11089	126516
湖 南	136851	1148	16439	119264
广 东	264709	3591	18058	243060
广 西	88974	697	6303	81974
海 南	47396	995	5496	40905
重 庆	100766	1657	11546	87563
四 川	155136	538	13347	141251
贵 州	97994	1625	7066	89303
云 南	96796	909	10281	85606
西 藏	1711		526	1185
陕 西	86693	1812	15284	69597
甘 肃	42057	303	5240	36514
青 海	9383	93	1194	8096
宁 夏	14847	552	718	13577
新 疆	38523	1033	3948	33542

第二章

房地产开发投资及企业到位资金情况

2-1　各地区房地产开发企业投资规模与完成情况

单位：万元

地　区	计划总投资	自开始建设至本年底累计完成投资	
			本年完成投资
全国总计	**7378453495**	**5172687159**	**1201647499**
北　京	285437620	218566959	38784343
天　津	191526526	122832251	24584908
河　北	210761604	139036092	44146147
山　西	106855056	64118520	13765808
内蒙古	83101831	55050042	8846923
辽　宁	216147433	159858689	26104415
吉　林	75811108	53272642	11690123
黑龙江	64158417	44622504	9444049
上　海	294175743	215421914	40331459
江　苏	711702953	483851376	109840585
浙　江	464127867	329105429	99602524
安　徽	360483084	246504194	59741086
福　建	288966782	245640331	49395615
江　西	143253012	92767716	21749319
山　东	475434792	312611570	74670374
河　南	407544581	243441385	70146124
湖　北	290872999	197600420	46761188
湖　南	242586321	171345856	39432000
广　东	829651112	623802386	144211338
广　西	181745354	131623140	29989531
海　南	131697804	99645753	17152469
重　庆	280093044	217277650	42496622
四　川	297131208	195250500	57010943
贵　州	159127356	107716753	23493821
云　南	180553525	133626497	32472329
西　藏	2800489	1774171	933338
陕　西	222134958	140253588	35346664
甘　肃	53831556	36048881	11162460
青　海	19486122	13977172	3518188
宁　夏	43781944	32884721	4489210
新　疆	63471294	43158057	10333596

2-2 各地区按登记注册类型分的房地产开发企业计划总投资

单位：万元

地　　区	总　计	内　资					
			国　有	集　体	股份合作	国有联营	集体联营
全国总计	**7378453495**	**6810995481**	**30057139**	**7418593**	**578057**		**49600**
北　京	285437620	272113320	3169327	256913			
天　津	191526526	176544133	509198	118000			
河　北	210761604	202744012	203781				
山　西	106855056	105184706	1117749	17820			
内蒙古	83101831	82795144	101372				
辽　宁	216147433	173834400	283620	21000			
吉　林	75811108	71867362	3846				
黑龙江	64158417	62721957	383433				
上　海	294175743	240943803	158936	164065			
江　苏	711702953	629117862	2631059	435169	24000		
浙　江	464127867	435437134	937227	181399	33014		
安　徽	360483084	353191837	313366		18528		
福　建	288966782	262927219	2496670	164290			
江　西	143253012	138739714	502529				
山　东	475434792	453887926	3089344	1710732	218453		
河　南	407544581	402260541	2245229	51086	26700		
湖　北	290872999	271693908	1240293	198416			
湖　南	242586321	230263735	713890	17500			
广　东	829651112	715508705	1128373	3472132	248862		49600
广　西	181745354	168481270	567167	39351	8500		
海　南	131697804	117243564	544347	52938			
重　庆	280093044	237913583	1096027				
四　川	297131208	278057304	989568	265500			
贵　州	159127356	154109675	726915				
云　南	180553525	176335802	861766				
西　藏	2800489	2800489					
陕　西	222134958	216222803	3241998	63500			
甘　肃	53831556	53551608	451969	187978			
青　海	19486122	19486122					
宁　夏	43781944	41737149					
新　疆	63471294	63278694	348140	804			

2-2　续表 1　　　　单位：万元

地　区	内资 国有与集体联营	内资 其他联营	内资 国有独资公司	内资 其他有限责任公司	内资 股份有限公司	内资 私营独资	内资 私营合伙
全国总计		**70997**	**337456705**	**3887215830**	**196515485**	**1045747**	**180594**
北　京			20745476	223448134	3996466		
天　津			17839028	114655491	5363838		
河　北			3143835	89688439	3951121		
山　西			3382335	48520267	802926		
内蒙古			3992758	40443451	2064069	11000	
辽　宁			4854606	89996374	3154166		
吉　林			1907113	43591296	5022291		
黑龙江			2471151	40885338	1884464	120000	
上　海			22932683	149589550	4294542		
江　苏			38031910	261195982	18508771		
浙　江			17442404	174597441	7305435		
安　徽			9883715	235676861	10080916		
福　建			19882269	156850541	5380334		
江　西			4631896	77009079	5653601	9059	18082
山　东			28562908	255331043	20474778		
河　南			7026027	290203332	14398576	394756	
湖　北			10357965	169368434	11484876	16746	
湖　南			10048257	120288481	11292716	46000	20000
广　东		70997	29177581	434265419	18398793	37442	20000
广　西			8585018	85282455	3138299		
海　南			5952485	86113340	5645551	250000	
重　庆			17791298	116107043	11708150		122512
四　川			8886851	174279956	5577842		
贵　州			6803541	91104076	2493486		
云　南			6619652	105558706	5700368	40000	
西　藏			984990	1158520			
陕　西			13023739	135965369	5609495	93427	
甘　肃			3760949	26815843	1814199	4680	
青　海			1782035	9329993	428997		
宁　夏			4477977	11702831	76800	22637	
新　疆			2474253	28192745	809619		

2-2 续表 2

单位：万元

地 区	内 资			港澳台商投资			
	私营有限责任公司	私营股份有限公司	其他内资企业		合资经营	合作经营	独 资
全国总计	**2272320872**	**77929662**	**156200**	**396513721**	**139607807**	**20366888**	**223228608**
北 京	20053238	443766		6943623	2977156	1945779	2020688
天 津	37416169	642409		9286973	3019872		6267101
河 北	104991020	765816		2391190	118860		2272330
山 西	50497876	845733		1245589	901317		195516
内蒙古	35566229	616265		234500	234500		
辽 宁	72913407	2580027	31200	28204821	11197859		16984962
吉 林	20188389	1154427		3740083	2264893		1325190
黑龙江	15856904	1120667		995715	105638	60000	830077
上 海	62612727	1191300		39596176	18443500	505113	19538563
江 苏	303297773	4993198		57977996	25217061	1060648	30934973
浙 江	233656983	1283231		21049593	7710937	300000	12080302
安 徽	92723924	4494527		6343247	1883102		4220145
福 建	75408850	2744265		19603593	10997393	61550	8066650
江 西	46693740	4221728		3175375	1252618		1922757
山 东	138643555	5857113		15726831	4835472	207480	10166456
河 南	81495619	6419216		3662087	728300	35000	2650807
湖 北	76839796	2187382		11047851	1959109	1203343	7217399
湖 南	83159215	4617676	60000	9563968	3136061	222310	5638032
广 东	221385008	7254498		75591810	19749723	12707959	41000504
广 西	68468238	2392242		8870540	3296536		5394004
海 南	17828638	856265		12486206	2966985		6324661
重 庆	87562356	3526197		33505975	10738920	1596520	20231401
四 川	85123392	2869195	65000	11926926	2565329	12000	9014497
贵 州	51114764	1866893		4475681	797187		3678494
云 南	52799497	4755813		3006665	247432		2401186
西 藏	656979						
陕 西	55091573	3133702		4018260	419600	449186	2851913
甘 肃	19744710	771280		215500	215500		
青 海	7276294	668803					
宁 夏	23273509	2183395		1434347	1434347		
新 疆	29980500	1472633		192600	192600		

2-2　续表 3　　　　单位：万元

地　区	港澳台商投资		外商投资					
	股份有限	其　他		合资经营	合作经营	独　资	股份有限	其　他
全国总计	**10616979**	**2693439**	**170944293**	**70591994**	**12479378**	**76618831**	**3995718**	**7258372**
北　京			6380677	2876136	1839158	1665383		
天　津			5695420	2808566		1603655	1283199	
河　北			5626402	412280		5214122		
山　西	148756		424761			424761		
内蒙古			72187	72187				
辽　宁		22000	14108212	5514833	104500	7789879		699000
吉　林	150000		203663	31327		172336		
黑龙江			440745	385245		55500		
上　海	1109000		13635764	4974381	1886532	6393055	381796	
江　苏	765314		24607095	12514453	698500	10080411	94820	1218911
浙　江	958354		7641140	2751282	100800	4055203	20000	713855
安　徽	240000		948000	228000		470000		250000
福　建	453000	25000	6435970	1548659		4130914	506797	249600
江　西			1337923	1023359		214564	100000	
山　东	74959	442464	5820035	4241744	367210	1092481	24600	94000
河　南	238000	9980	1621953	844797		777156		
湖　北	650000	18000	8131240	1391087		5808275		931878
湖　南	68000	499565	2758618	1588667		971730		198221
广　东	1280381	853243	38550597	17150426	4005430	14384472	984330	2025939
广　西		180000	4393544	1824477		1979719	22948	566400
海　南	3194560		1968034	130351	436767	1350348		50568
重　庆	653994	285140	8673486	2488498	1604517	3811871	508600	260000
四　川	335100		7146978	3780279	587689	2779010		
贵　州			542000	93725	448275			
云　南		358047	1211058	751064	400000	59994		
西　藏								
陕　西	297561		1893895	1105555		719712	68628	
甘　肃			64448	52600		11848		
青　海								
宁　夏			610448	8016		602432		
新　疆								

2-3 各地区按资质等级分的房地产开发企业计划总投资

单位：万元

地 区	总 计	一 级	二 级	三 级	四 级	暂 定	其 他
全国总计	**7378453495**	**315744097**	**1050575406**	**1068893403**	**838732301**	**3410187258**	**694321030**
北 京	285437620	19946314	29373721	25660945	105002870	94212188	11241582
天 津	191526526	6978230	16188299	6958247	119494464	30504733	11402553
河 北	210761604	16123447	26234886	28129789	50553837	83905500	5814145
山 西	106855056	2613747	14096808	10018301	37280383	40675656	2170161
内 蒙 古	83101831	4659185	11752714	10332706	40742103	13083404	2531719
辽 宁	216147433	5563412	16059841	42635350	1341778	124803330	25743722
吉 林	75811108	2955848	17408158	9797307	6259700	38602807	787288
黑 龙 江	64158417	1572473	13586553	27916638	1111714	15165352	4805687
上 海	294175743	6165835	19510185	13294793	146105	234310697	20748128
江 苏	711702953	27689948	211315250	19050742	225127	364993665	88428221
浙 江	464127867	8612572	24466125	65232479	22455335	224134983	119226373
安 徽	360483084	10028254	33707535	66469140	6918320	209084198	34275637
福 建	288966782	13832439	29607563	62195269	26362000	138972314	17997197
江 西	143253012	3619822	10365691	22125834	14146770	81273550	11721345
山 东	475434792	28789650	43661386	66742509	50269672	243724229	42247346
河 南	407544581	17316372	54408397	36190949	17455947	237231157	44941759
湖 北	290872999	17912732	44836406	21768508	22473141	162864560	21017652
湖 南	242586321	14971609	32047249	78887280	41497514	69806571	5376098
广 东	829651112	28979111	48147703	135603631	131862947	366652275	118405445
广 西	181745354	10017577	21223375	23427616	6636035	114691245	5749506
海 南	131697804	4128708	7622316	17011905	10274416	77412367	15248092
重 庆	280093044	21023998	118111574	23920200	795673	111588736	4652863
四 川	297131208	15984431	61601607	149851883	1396725	52340140	15956422
贵 州	159127356	854287	40381785	21142612	11526405	80219202	5003065
云 南	180553525	6525519	27366003	12539673	40401692	75764892	17955746
西 藏	2800489		331508	956385	262760	1203149	46687
陕 西	222134958	8453789	38783405	35660685	43989169	57883214	37364696
甘 肃	53831556	1414219	9490285	13453803	11607986	17360863	504400
青 海	19486122	903339	6415754	5358186	2182938	3750232	875673
宁 夏	43781944	5764706	15178126	6268927	7586901	8848884	134400
新 疆	63471294	2342524	7295198	10291111	6471874	35123165	1947422

2-4 各地区按登记注册类型分的房地产开发企业完成投资

单位：万元

地 区	总 计	内 资					
			国 有	集 体	股份合作	国有联营	集体联营
全国总计	**1201647499**	**1139069931**	**4145506**	**1080535**	**89713**		**14122**
北 京	38784343	38120079	147523	28861			
天 津	24584908	23416305	22825	7281			
河 北	44146147	43432925	36870				
山 西	13765808	13720168	175168				
内蒙古	8846923	8846923	180				
辽 宁	26104415	22705610	35542				
吉 林	11690123	10874695	818				
黑龙江	9444049	9174594	121884				
上 海	40331459	35141619	11085	35387			
江 苏	109840585	97606086	259829	34736			
浙 江	99602524	95793372	50068	6589			
安 徽	59741086	58868344	33706		11263		
福 建	49395615	46654618	302301	5358			
江 西	21749319	21174155	93344				
山 东	74670374	72115776	610643	204070	20064		
河 南	70146124	69471112	354598	2009	3965		
湖 北	46761188	44482109	265932	56209			
湖 南	39432000	38226211	79754	12050			
广 东	144211338	131878463	180699	551200	54421		14122
广 西	29989531	28006162	96773	16001			
海 南	17152469	16091176	121262	22944			
重 庆	42496622	39000691	109111				
四 川	57010943	55342085	177298	74754			
贵 州	23493821	22508882	63701				
云 南	32472329	31686899	27173				
西 藏	933338	933338					
陕 西	35346664	34705081	602488	8716			
甘 肃	11162460	11128335	99193	14370			
青 海	3518188	3518188					
宁 夏	4489210	4167511					
新 疆	10333596	10278419	65738				

2-4 续表 1

单位：万元

地区	内资						
	国有与集体联营	其他联营	国有独资公司	其他有限责任公司	股份有限公司	私营独资	私营合伙
全国总计		**2000**	**49448448**	**619754728**	**28895349**	**230834**	**36851**
北京			3205197	30282450	378053		
天津			1760420	14495278	677175		
河北			666617	16950204	758252		
山西			678731	5862453	150792		
内蒙古			500782	4168368	242422	3500	
辽宁			840722	11256813	157272		
吉林			365096	6296287	786797		
黑龙江			467616	5520695	275194	31300	
上海			3362486	22735580	335337		
江苏			4350487	37957306	2533041		
浙江			2955192	28267282	1501728		
安徽			1440865	38228093	1557283		
福建			3013891	26442691	858982		
江西			925622	11288098	821491	400	900
山东			4423646	39892486	2492419		
河南			1116228	50751479	2462456	44140	
湖北			1296044	27834865	1298276		
湖南			1267829	18043464	1593100	26441	16500
广东		2000	2934120	82032352	3065505	16160	2944
广西			1357541	15145694	440134		
海南			706888	11344828	865333	60000	
重庆			2379109	18614682	1553533		16507
四川			1941101	32618709	1207506		
贵州			1532982	11284961	432831		
云南			1260994	17945485	929157	17390	
西藏			448688	308537			
陕西			2553509	21492881	1033575	28874	
甘肃			898414	4985737	243361	2629	
青海			246655	1666213	77349		
宁夏			197704	1374900	880		
新疆			353272	4665857	166115		

2-4　续表 2　　单位：万元

地　　区	内　资			港澳台商投　　资			
	私营有限责任公司	私营股份有限公司	其他内资企　　业		合资经营	合作经营	独　资
全国总计	**424629196**	**10706273**	**36376**	**41790970**	**16299816**	**1362651**	**22447276**
北　　京	4076589	1406		256183	123031	78537	54615
天　　津	6373146	80180		547392	200986		346406
河　　北	24829509	191473		223322	301		223021
山　　西	6778970	74054		26333	4548		7605
内 蒙 古	3831840	99831					
辽　　宁	9860605	554656		2313798	1195671		1118127
吉　　林	3285815	139882		727491	546515		180976
黑 龙 江	2621175	136730		197182	42139		155043
上　　海	8530616	131128		4155356	2320506	5867	1754205
江　　苏	51711752	758935		9032350	4338734	115418	4500859
浙　　江	62815906	196607		2583781	1057639	23525	1375763
安　　徽	17104737	492397		751427	256846		462160
福　　建	15785057	246338		1971984	1081779	16000	805336
江　　西	7531016	513284		468219	222860		245359
山　　东	23873660	598788		1707080	694659	8448	973381
河　　南	13897294	838943		586951	235880		336491
湖　　北	13361774	369009		1070572	226678	56481	725875
湖　　南	16472176	707565	7332	908293	237473	53034	517424
广　　东	42602604	422336		7151257	1560050	898423	4441644
广　　西	10621755	328264		838734	237818		581916
海　　南	2854010	115911		898912	78570		504557
重　　庆	15740738	587011		2216516	646675	61192	1332533
四　　川	18600975	692698	29044	888425	264740	5013	599239
贵　　州	9023384	171023		895504	325685		569819
云　　南	10560991	945709		680064	1000		410793
西　　藏	176113						
陕　　西	8380484	604554		431518	136707	40713	224129
甘　　肃	4720438	164193		16695	16695		
青　　海	1398070	129901					
宁　　夏	2328613	265414		190454	190454		
新　　疆	4879384	148053		55177	55177		

2-4 续表 3

单位：万元

地区	港澳台商投资		外商投资					
	股份有限	其他		合资经营	合作经营	独资	股份有限	其他
全国总计	**1241252**	**439975**	**20786598**	**9528382**	**1065857**	**8338059**	**713174**	**1141126**
北京			408081	200492	96496	111093		
天津			621211	259605		55387	306219	
河北			489900	72235		417665		
山西	14180		19307			19307		
内蒙古								
辽宁			1085007	313436	9778	746262		15531
吉林			87937	31327		56610		
黑龙江			72273	60522		11751		
上海	74778		1034484	530682	112542	391062	198	
江苏	77339		3202149	2079151	162797	839767	8976	111458
浙江	126854		1225371	450995	11123	533910	2986	226357
安徽	32421		121315	15550		48030		57735
福建	66661	2208	769013	239456		484338	14368	30851
江西			106945	22880		16065	68000	
山东		30592	847518	623229	90687	82967	16967	33668
河南	14580		88061	57922		30139		
湖北	61538		1208507	132576		989117		86814
湖南	17000	83362	297496	174773		48223		74500
广东	226860	24280	5181618	2718801	320611	1647284	186671	308251
广西		19000	1144635	310911		641525	9312	182887
海南	315785		162381	32290	79323	50768		
重庆	163854	12262	1279415	378478	40178	755872	91813	13074
四川	19433		780433	514391	80695	185347		
贵州			89435	27808	61627			
云南		268271	105366	104166		1200		
西藏								
陕西	29969		210065	161366		41035	7664	
甘肃			17430	13340		4090		
青海								
宁夏			131245	2000		129245		
新疆								

2-5 各地区按资质等级分的房地产开发企业完成投资

单位：万元

地区	总计	一级	二级	三级	四级	暂定	其他
全国总计	**1201647499**	**42198835**	**131769514**	**142265677**	**113266923**	**619640615**	**152505935**
北京	38784343	1776686	2021067	1576373	8245591	23346898	1817728
天津	24584908	517984	1379746	600260	15163346	4547236	2376336
河北	44146147	1974223	4583893	6107830	10301298	19418563	1760340
山西	13765808	354244	1674936	1053095	4510481	5974759	198293
内蒙古	8846923	230963	804941	1150811	4672667	1320538	667003
辽宁	26104415	257191	1547060	3840809	75777	14132938	6250640
吉林	11690123	366372	2027819	1582182	1033691	6546592	133467
黑龙江	9444049	74012	1255686	3874392	230653	2797408	1211898
上海	40331459	626732	2385375	1064058	14079	33068937	3172278
江苏	109840585	3700353	26666613	2237188	24190	60393212	16819029
浙江	99602524	1971636	3231716	11178144	3486717	47482770	32251541
安徽	59741086	1346274	4229045	6827136	976941	39225676	7136014
福建	49395615	1664098	3858199	5377581	2236308	31341607	4917822
江西	21749319	510285	1207479	2560964	1899294	13113437	2457860
山东	74670374	4688020	6021138	8049359	7035937	40546532	8329388
河南	70146124	3836086	6988573	5299145	3152352	41938419	8931549
湖北	46761188	2655830	5015389	3126824	3113291	28832799	4017055
湖南	39432000	1986775	4299364	11180071	7192661	13334181	1438948
广东	144211338	3201049	5086229	13822722	19577058	76011844	26512436
广西	29989531	1130877	2645076	2549483	712192	22119603	832300
海南	17152469	638404	680089	1649189	1074920	10757338	2352529
重庆	42496622	2478854	15331605	3836443	97392	19831935	920393
四川	57010943	2342476	10942056	29433877	197193	10397746	3697595
贵州	23493821	189617	4183039	2659014	1598106	14128651	735394
云南	32472329	1077054	3561893	1802094	6034333	14541806	5455149
西藏	933338		72295	217775	44512	566533	32223
陕西	35346664	1161228	5086636	4642280	6247494	10891089	7317937
甘肃	11162460	321957	1427459	2594491	2638889	4093027	86637
青海	3518188	249268	948930	807943	348478	927104	236465
宁夏	4489210	495112	1406190	534616	519512	1505900	27880
新疆	10333596	375175	1199978	1029528	811570	6505537	411808

2-6 各地区按隶属关系分的房地产开发企业完成投资

单位：万元

地　区	合　计	中央属	地方属	其　他
全国总计	**1201647499**	**28503200**	**110475110**	**1062669189**
北　京	38784343	1431167	10449506	26903670
天　津	24584908	1092907	5212764	18279237
河　北	44146147	267054	1634685	42244408
山　西	13765808	475859	1654921	11635028
内蒙古	8846923	162202	601668	8083053
辽　宁	26104415	479687	985993	24638735
吉　林	11690123	204641	706201	10779281
黑龙江	9444049	318614	1811040	7314395
上　海	40331459	2617965	5430036	32283458
江　苏	109840585	2426706	6396543	101017336
浙　江	99602524	1564846	1848560	96189118
安　徽	59741086	1272035	5910929	52558122
福　建	49395615	262441	6473913	42659261
江　西	21749319	141941	1668672	19938706
山　东	74670374	1774198	8862733	64033443
河　南	70146124	847111	6795795	62503218
湖　北	46761188	1842507	3857434	41061247
湖　南	39432000	839680	3641147	34951173
广　东	144211338	4680547	7273065	132257726
广　西	29989531	454902	2825181	26709448
海　南	17152469	533637	1917017	14701815
重　庆	42496622	1290568	3870654	37335400
四　川	57010943	289636	5652378	51068929
贵　州	23493821	977374	1931613	20584834
云　南	32472329	465988	3625095	28381246
西　藏	933338		511055	422283
陕　西	35346664	1472171	5012537	28861956
甘　肃	11162460	45705	2191737	8925018
青　海	3518188	45317	512312	2960559
宁　夏	4489210	67292	386555	4035363
新　疆	10333596	158502	823371	9351723

2-7　各地区按构成分的房地产开发企业完成投资

单位：万元

地　区	本年完成投资	建筑工程	安装工程	设备工器具购置	其他费用	#土地购置费
全国总计	**1201647499**	**672384504**	**86332050**	**15234137**	**427696808**	**363833693**
北　京	38784343	11303101	330693	135088	27015461	20451939
天　津	24584908	8437636	582425	77630	15487217	11433525
河　北	44146147	32605733	4703579	876803	5960032	4677680
山　西	13765808	7902902	1710969	155969	3995968	3289014
内蒙古	8846923	6186159	967796	149920	1543048	1186989
辽　宁	26104415	13633807	2009864	313151	10147593	9508556
吉　林	11690123	7771567	874182	138840	2905534	2445628
黑龙江	9444049	6595112	678347	99717	2070873	1594865
上　海	40331459	18690071	1027044	257474	20356870	18461378
江　苏	109840585	59140236	6619977	1479640	42600732	38943567
浙　江	99602524	33391350	3160720	741312	62309142	55993336
安　徽	59741086	34745578	5923599	813981	18257928	16797489
福　建	49395615	24945413	2645081	537882	21267239	19685177
江　西	21749319	13631942	2458358	413883	5245136	4345553
山　东	74670374	47535562	8390651	879859	17864302	15198913
河　南	70146124	52587320	726880	1851491	14980433	11376126
湖　北	46761188	26136090	5090465	722289	14812344	12094886
湖　南	39432000	26835891	4280500	838260	7477349	5609781
广　东	144211338	73362946	10961114	1333479	58553799	49216395
广　西	29989531	18903485	2710881	398101	7977064	6736811
海　南	17152469	11254701	1791049	152981	3953738	2225433
重　庆	42496622	20983567	3927636	504096	17081323	14847259
四　川	57010943	35008787	4536045	1011840	16454271	14299156
贵　州	23493821	17632514	1502836	220110	4138361	3053848
云　南	32472329	21805227	2094242	207081	8365779	6993442
西　藏	933338	753620	28838	9965	140915	115042
陕　西	35346664	22074901	3407693	417830	9446240	7280924
甘　肃	11162460	6960920	1509552	173246	2518742	1939653
青　海	3518188	2479563	308822	102484	627319	493739
宁　夏	4489210	2973638	554121	66457	894994	799345
新　疆	10333596	6115165	818091	153278	3247062	2738244

2-8 各地区按用途分的房地产开发企业完成投资

单位：万元

地 区	本年完成投资	住 宅	#别 墅、高档公寓	办公楼	商业营业用房	其 他
全国总计	**1201647499**	**851240163**	**44304110**	**59972931**	**141672746**	**148761659**
北 京	38784343	20246713	2466818	5251874	3160750	10125006
天 津	24584908	18872320	982682	653650	1616327	3442611
河 北	44146147	34328230	487065	1568948	4629107	3619862
山 西	13765808	10337564	174355	367745	1531545	1528954
内蒙古	8846923	6432503	87977	186129	1410250	818041
辽 宁	26104415	19516836	836147	377866	3405636	2804077
吉 林	11690123	8395181	339238	531877	1748037	1015028
黑龙江	9444049	6477699	103048	311563	1607454	1047333
上 海	40331459	22259058	4936243	6963300	4559051	6550050
江 苏	109840585	83602208	5754042	4017760	12007295	10213322
浙 江	99602524	71739278	5673568	3870817	7880089	16112340
安 徽	59741086	45634100	971781	1869555	7940897	4296534
福 建	49395615	34571883	1385210	2155471	4577405	8090856
江 西	21749319	15906432	500207	764035	3438344	1640508
山 东	74670374	56565642	1841849	3022120	7899019	7183593
河 南	70146124	53871162	860008	2507242	7812229	5955491
湖 北	46761188	34536613	1028148	2417449	5500429	4306697
湖 南	39432000	27625428	899753	1241553	5899535	4665484
广 东	144211338	97609346	5455530	11805667	14165725	20630600
广 西	29989531	22174474	513153	963896	3228593	3622568
海 南	17152469	13107365	1166880	374461	1710650	1959993
重 庆	42496622	30126158	2248983	1067065	5655959	5647440
四 川	57010943	37641707	1230311	2105056	10022266	7241914
贵 州	23493821	15576377	527690	858527	4223719	2835198
云 南	32472329	21151729	2353886	1062618	5528480	4729502
西 藏	933338	503206	6909	17644	213642	198846
陕 西	35346664	24115501	941463	2346118	4621629	4263416
甘 肃	11162460	6722101	112362	559542	2110594	1770223
青 海	3518188	2158873	5056	164442	713064	481809
宁 夏	4489210	3000987	102605	128608	902532	457083
新 疆	10333596	6433489	311143	440333	1952494	1507280

2-9　各地区按控股情况分的房地产开发企业完成投资

单位：万元

地　区	总　计	国有控股	集体控股	私人控股	港澳台控股	外商控股	其　他
全国总计	**1201647499**	**195252428**	**17847421**	**779146862**	**40049545**	**18149617**	**151201626**
北　京	38784343	21151110	867258	13618074	309071	341442	2497388
天　津	24584908	9419500	649299	10134617	844575	497289	3039628
河　北	44146147	1965812	146963	38025628	229121	524571	3254052
山　西	13765808	2499741	203372	9902224	21785	19307	1119379
内蒙古	8846923	821542	127474	6982048		11392	904467
辽　宁	26104415	2606718	474638	17558860	2201255	1001073	2261871
吉　林	11690123	1569215	284004	8716491	727491	87937	304985
黑龙江	9444049	1824755	98482	5643647	197182	11751	1668232
上　海	40331459	15067677	900860	13555235	3092678	949753	6765256
江　苏	109840585	18342599	1511019	70947951	7235636	2436754	9366626
浙　江	99602524	7576299	1020016	80698121	2167411	841381	7299296
安　徽	59741086	7321834	799153	42315505	1125906	363559	7815129
福　建	49395615	9312496	72017	31116128	1702708	789846	6402420
江　西	21749319	2435838	208010	16305614	469271	19244	2311342
山　东	74670374	13303424	2113508	44960931	1576211	228037	12488263
河　南	70146124	7933825	631301	49607134	599458	165352	11209054
湖　北	46761188	8246767	844204	26961221	1031084	1214867	8463045
湖　南	39432000	4529745	495153	28554046	854059	174013	4824984
广　东	144211338	17286502	2934121	84206838	8470947	4930443	26382487
广　西	29989531	4001212	233664	20238367	1051071	1092153	3373064
海　南	17152469	2270783	626051	10271192	900516	131888	2952039
重　庆	42496622	6894147	454576	25013917	1911193	1278086	6944703
四　川	57010943	6568637	495854	40895358	891494	570812	7588788
贵　州	23493821	3703197	378656	17071086	872310	26120	1442452
云　南	32472329	5519242	168367	20670285	1061396	83975	4969064
西　藏	933338	469695	38600	325967			99076
陕　西	35346664	7962658	682548	23221859	298567	223237	2957795
甘　肃	11162460	1866054	73038	8670818	16695	4090	531765
青　海	3518188	662777	107406	2342879			405126
宁　夏	4489210	456018	3042	3707901	190454	131245	550
新　疆	10333596	1662609	204767	6906920			1559300

2-10 各地区按投资规模分房地产开发企业完成投资

单位：万元

地　区	500万元以　下	500-1000万元	1000-3000万元	3000-5000万元	5000万-1亿元	1-5亿元	5-10亿元	10亿元及以　上
全国总计	**3752**	**70024**	**1198983**	**2759347**	**14945838**	**200387725**	**234374477**	**747907353**
北　京				964	20602	606120	1413009	36743648
天　津			24	3591	54771	1948848	4300313	18277361
河　北		1600	54631	113435	855055	15133302	12610317	15377807
山　西		5401	36580	97464	450763	3547084	2764232	6864284
内蒙古		2994	95976	230238	630141	3497056	1709432	2681086
辽　宁		2837	63329	89471	481203	6247092	5822726	13397757
吉　林		2117	31473	77271	345066	3035827	2392160	5806209
黑龙江	354	1965	81099	126741	469465	2637464	2167193	3959768
上　海			897	2569	23978	1204587	3760479	35338949
江　苏		1841	15243	67229	497842	9897324	19749007	79612099
浙　江		384	24381	105969	542589	9399570	16419482	73110149
安　徽	150	3481	30823	86701	421910	8045963	14763701	36388357
福　建		6	17987	23369	281534	6088908	9587215	33396596
江　西		1095	35945	82002	525943	5850137	5473151	9781046
山　东	59	2837	66845	192091	1512983	19777362	18305741	34812456
河　南		2927	35056	81812	639733	14995918	19677461	34713217
湖　北		1616	51470	143416	536263	7276619	8709605	30042199
湖　南	870	11235	106723	242941	1399588	11311380	9564918	16794345
广　东	414	5651	112514	215351	1059526	16272911	21634281	104910690
广　西		3305	48056	142371	672170	6728316	5937374	16457939
海　南		326	12261	19109	148184	2734299	3546569	10691721
重　庆	150	547	27980	40591	246195	4113099	5780233	32287827
四　川	120	1754	24003	83408	596198	12790029	16931080	26584351
贵　州		850	23221	42698	330823	6574205	3987536	12534488
云　南		3487	45754	110629	622593	5654165	4609730	21425971
西　藏		980	5986	13900	31361	418109	360928	102074
陕　西		861	23354	86944	416207	5760114	5516286	23542898
甘　肃	1382	2163	32075	37819	369579	3324113	2754231	4641098
青　海		95	6108	11334	48327	882187	755907	1814230
宁　夏		532	12404	26375	150650	1274924	1222351	1801974
新　疆	253	7137	76785	161544	564596	3360693	2147829	4014759

2-11　各地区按登记注册类型分的房地产开发企业住宅完成投资

单位：万元

地区	总计	内资					
			国有	集体	股份合作	国有联营	集体联营
全国总计	**851240163**	**811896891**	**3072366**	**792417**	**35831**		**14122**
北京	20246713	20022080	71319				
天津	18872320	18310035	12010	6273			
河北	34328230	34020185	35829				
山西	10337564	10297262	123734				
内蒙古	6432503	6432503					
辽宁	19516836	17186036	35502				
吉林	8395181	7657693	403				
黑龙江	6477699	6272236	96172				
上海	22259058	20274655	10885	25016			
江苏	83602208	74865419	246925	31566			
浙江	71739278	69678541	43475	140			
安徽	45634100	45021723	19608		11263		
福建	34571883	32830826	211605	5000			
江西	15906432	15524020	82208				
山东	56565642	54898673	453442	149370	8888		
河南	53871162	53436219	231606	1409	3920		
湖北	34536613	33252303	105644	23541			
湖南	27625428	26769533	65628	10050			
广东	97609346	89935299	112065	424089	11760		14122
广西	22174474	20724901	84769	16001			
海南	13107365	12220213	79274	16993			
重庆	30126158	28002099	95156				
四川	37641707	36684733	128657	61177			
贵州	15576377	14761818	28582				
云南	21151729	20730144	16573				
西藏	503206	503206					
陕西	24115501	23652038	557519	8716			
甘肃	6722101	6691910	71742	13076			
青海	2158873	2158873					
宁夏	3000987	2691429					
新疆	6433489	6390286	52034				

2-11 续表 1

单位：万元

地区	内资						
	国有与集体联营	其他联营	国有独资公司	其他有限责任公司	股份有限公司	私营独资	私营合伙
全国总计		**1400**	**32376432**	**437482750**	**20582454**	**191968**	**30057**
北京			1576382	15675149	86490		
天津			1201659	11165398	579373		
河北			499279	13417516	605984		
山西			491618	4364075	116199		
内蒙古			422398	3063068	147669	2880	
辽宁			542686	8529166	123572		
吉林			290329	4325365	542313		
黑龙江			401747	3652500	210220	31300	
上海			2010001	13370371	147053		
江苏			3427485	28622324	1886975		
浙江			1832021	19477455	1031120		
安徽			1111096	29481044	1147757		
福建			1854686	18505755	648355		
江西			745109	8289711	597511	300	900
山东			3215338	30136877	2012675		
河南			823295	38703202	2058988	36300	
湖北			963002	20862208	777881		
湖南			869117	12553384	1159933	26441	12650
广东		1400	989302	56460557	1815938	8884	
广西			867709	11302946	280404		
海南			529967	8709753	628916	37000	
重庆			1652972	13597053	1146148		16507
四川			1287709	21385407	839426		
贵州			1012086	7478273	282359		
云南			785657	11533152	725365	17390	
西藏			237345	187986			
陕西			1651919	14510997	672038	28874	
甘肃			554063	3162957	163470	2599	
青海			180310	1070673	48835		
宁夏			131963	895785	800		
新疆			218182	2992643	98687		

2-11　续表 2　　　　单位：万元

地　区	内资			港澳台商投资			
	私营有限责任公司	私营股份有限公司	其他内资企业		合资经营	合作经营	独资
全国总计	**309888673**	**7403418**	**25003**	**26621762**	**10864972**	**1044301**	**13484763**
北　京	2612732	8		108438	34004	40241	34193
天　津	5286708	58614		330720	65802		264918
河　北	19324698	136879		110164	231		109933
山　西	5132369	69267		26158	4548		7430
内蒙古	2725344	71144					
辽　宁	7471497	483613		1563289	868825		694464
吉　林	2405815	93468		655301	536933		118368
黑龙江	1771961	108336		147159	40973		106186
上　海	4655005	56324		1581131	1083515	3921	493695
江　苏	40121988	528156		6297143	2872456	69638	3297071
浙　江	47167994	126336		1450950	789665	15837	540014
安　徽	12915548	335407		550502	143777		386889
福　建	11384484	220941		1285105	802995	14500	424709
江　西	5487733	320548		346342	170485		175857
山　东	18435606	486477		1160878	468989	5300	667709
河　南	10875353	702146		362522	110980		251542
湖　北	10288005	232022		621076	195628	50399	313511
湖　南	11619288	445710	7332	612558	167113	44988	356987
广　东	29821269	275913		4259487	976946	715483	2404189
广　西	7945790	227282		667927	189351		462743
海　南	2134342	83968		784280	74270		395225
重　庆	11044273	449990		1520026	500341	56542	797233
四　川	12587594	377092	17671	480041	91280	4311	373762
贵　州	5845473	115045		791899	298423		493476
云　南	7094156	557851		348975	1000		177998
西　藏	77875						
陕　西	5790471	431504		317253	134004	23141	136661
甘　肃	2612692	111311		15221	15221		
青　海	819661	39394					
宁　夏	1476133	186748		184014	184014		
新　疆	2956816	71924		43203	43203		

2-11 续表 3

单位：万元

地区	港澳台商投资		外商投资					
	股份有限	其 他		合资经营	合作经营	独 资	股份有限	其 他
全国总计	**969401**	**258325**	**12721510**	**5932621**	**632263**	**5048627**	**335802**	**772197**
北 京			116195	32224	83945	26		
天 津			231565	24427		31308	175830	
河 北			197881	5699		192182		
山 西	14180		14144			14144		
内蒙古								
辽 宁			767511	238416	9778	512340		6977
吉 林			82187	26672		55515		
黑龙江			58304	47713		10591		
上 海			403272	105356	9762	288028	126	
江 苏	57978		2439646	1583277	117700	665658	8107	64904
浙 江	105434		609787	228465		222922		158400
安 徽	19836		61875	815		48030		13030
福 建	42600	301	455952	141539		295541	237	18635
江 西			36070	21060		15010		
山 东		18880	506091	327228	82359	52416	10520	33568
河 南			72421	50272		22149		
湖 北	61538		663234	77918		543257		42059
湖 南		43470	243337	142976		29761		70600
广 东	155061	7808	3414560	1780269	259656	1087309	69688	217638
广 西		15833	781646	289101		346159		146386
海 南	314785		102872	27297	48823	26752		
重 庆	163854	2056	604033	170229		367504	66300	
四 川	10688		476933	406373		70560		
贵 州			22660	2420	20240			
云 南		169977	72610	72410		200		
西 藏								
陕 西	23447		146210	115645		25571	4994	
甘 肃			14970	13220		1750		
青 海								
宁 夏			125544	1600		123944		
新 疆								

2-12　各地区按资质等级分的房地产开发企业住宅完成投资

单位：万元

地　区	总 计	一 级	二 级	三 级	四 级	暂 定	其 他
全国总计	**851240163**	**30919879**	**95033455**	**99685408**	**78962717**	**441600808**	**105037896**
北　京	20246713	937149	1010018	732569	3801656	12829273	936048
天　津	18872320	394427	1137668	457129	11114050	3876138	1892908
河　北	34328230	1507533	3657803	4681183	8263167	14815726	1402818
山　西	10337564	257432	1316119	721729	3317828	4531457	192999
内蒙古	6432503	174511	603260	779469	3436330	944432	494501
辽　宁	19516836	155376	1133190	2688090	58150	10796900	4685130
吉　林	8395181	264462	1408617	1232724	785106	4611965	92307
黑龙江	6477699	63012	952086	2396904	185484	1958872	921341
上　海	22259058	442018	1480645	596881	3352	18218234	1517928
江　苏	83602208	3186424	20374313	1705126	18138	46251941	12066266
浙　江	71739278	1319115	2269701	7896313	2477983	34828909	22947257
安　徽	45634100	1068124	3372532	4866835	741811	30014809	5569989
福　建	34571883	1247596	2523381	3785670	1340549	22309239	3365448
江　西	15906432	380132	968211	2014972	1326716	9344076	1872325
山　东	56565642	3667971	4748615	6260908	5652987	30050171	6184990
河　南	53871162	2904941	5379419	4235729	2545613	32427514	6377946
湖　北	34536613	2210986	3489268	2388088	2526258	20906203	3015810
湖　南	27625428	1506047	3040002	7905627	4685462	9431716	1056574
广　东	97609346	2323216	3509620	9646537	13014846	53050834	16064293
广　西	22174474	822472	1911080	2090548	515005	16255865	579504
海　南	13107365	332794	519368	1272398	862372	8218621	1901812
重　庆	30126158	1785239	10968535	2531879	45540	14167191	627774
四　川	37641707	1551392	7570520	19183859	122440	7135403	2078093
贵　州	15576377	132285	2680401	1845011	1083646	9337858	497176
云　南	21151729	620762	2329830	1085040	4118128	9721734	3276235
西　藏	503206		35083	151983	15654	281646	18840
陕　西	24115501	694323	3462156	3360189	4201064	7357996	5039773
甘　肃	6722101	242399	696465	1629999	1687241	2416602	49395
青　海	2158873	138215	667131	541429	227697	475224	109177
宁　夏	3000987	312078	1022479	322955	308361	1024089	11025
新　疆	6433489	277448	795939	677635	480083	4010170	192214

2-13 各地区按资质等级分的房地产开发企业90平方米及以下住宅完成投资

单位：万元

地区	总计	一级	二级	三级	四级	暂定	其他
全国总计	**204834655**	**8869616**	**25075930**	**24281657**	**18958356**	**104002295**	**23646801**
北京	10761986	579890	677254	338621	1690447	7178159	297615
天津	4531095	283034	356019	135123	2523257	861692	371970
河北	11243343	524297	1203091	1735140	2507538	4794814	478463
山西	2053573	36774	359140	190468	540586	845433	81172
内蒙古	1205013	29822	130035	148330	730571	119567	46688
辽宁	7252690	57042	455494	1135732	22280	4272739	1309403
吉林	3649657	152755	728638	523398	507755	1713296	23815
黑龙江	3160115	17877	433744	1167136	127584	926505	487269
上海	9080754	357302	498059	139889	2201	7454716	628587
江苏	13815847	404527	4237857	220128	120	6881204	2072011
浙江	10649026	143732	418044	819131	466506	5124496	3677117
安徽	6996840	331183	843353	1051240	128857	3790163	852044
福建	10554120	930095	755689	979747	395410	6413486	1079693
江西	2191961	43168	100366	324481	250274	1220041	253631
山东	9637635	404524	831764	916900	993058	5148004	1343385
河南	16826551	1764392	1821517	1131347	641086	10159511	1308698
湖北	5598470	268924	1009322	308627	382952	3299209	329436
湖南	3312253	100013	438752	1064467	489141	960375	259505
广东	26464922	563967	772216	2838927	3259070	13507017	5523725
广西	5135993	175986	424538	535797	121807	3708414	169451
海南	6111921	92735	195008	502772	456817	4188121	676468
重庆	8006233	378971	3288577	803282	18946	3245937	270520
四川	10529037	574925	2354369	5085765	37695	2072371	403912
贵州	3119049	5058	563344	544736	213598	1712078	80235
云南	4331681	136484	653016	130934	825650	1958465	627132
西藏	173819			34597	3826	126396	9000
陕西	5077592	393541	968921	686668	1032161	1083618	912683
甘肃	1387050	35219	117386	442176	394294	380574	17401
青海	547045	38619	169524	127214	86329	102397	22962
宁夏	240902	26337	89249	20168	47536	57612	
新疆	1188482	18423	181644	198716	61004	695885	32810

2-14　各地区按资质等级分的房地产开发企业144平方米以上住宅完成投资

单位：万元

地　区	总　计	一　级	二　级	三　级	四　级	暂　定	其　他
全国总计	**162465859**	**6248304**	**18058849**	**17982150**	**15531784**	**83696840**	**20947932**
北　京	5368239	201173	83092	217922	1290095	3536450	39507
天　津	3242029	33590	152195	151591	2109678	401298	393677
河　北	4542893	165907	552311	464756	837125	2356639	166155
山　西	2199022	33122	171143	105782	842018	1014240	32717
内蒙古	1372508	86770	99172	192977	754218	189190	50181
辽　宁	3030507	21460	155305	360906	8188	1494104	990544
吉　林	1717395	28148	214322	314903	37041	1109803	13178
黑龙江	756442	10839	128478	259692	10234	281765	65434
上　海	3457026	25264	275077	205855		2789327	161503
江　苏	19851614	820302	4912482	677072	10581	11319794	2111383
浙　江	18636818	266839	467553	1981129	626256	8875459	6419582
安　徽	5440619	68729	378775	450041	66469	3495808	980797
福　建	4465028	44295	412373	544740	354746	2758395	350479
江　西	2600688	54154	158012	275674	133256	1479250	500342
山　东	13023764	1046527	1183979	1325354	1164865	7119870	1183169
河　南	9033653	338463	826202	630369	412851	5702235	1123533
湖　北	5441333	549478	432076	306919	310639	3397637	444584
湖　南	6286675	469496	695046	1480124	1209755	2254987	177267
广　东	16833863	481265	807322	1944608	2572744	8442397	2585527
广　西	3574875	209671	320696	361683	66629	2550508	65688
海　南	1704836	225808	34614	75291	114114	981637	273372
重　庆	6258061	370643	2407989	504925	2621	2934742	37141
四　川	5357225	151216	966723	3051471	13170	736658	437987
贵　州	2739518	74664	525147	219327	93308	1688665	138407
云　南	6998989	234443	681616	530153	1495921	3037655	1019201
西　藏	151383		18583	55030	11828	65102	840
陕　西	5159461	66077	522867	910593	588778	1954685	1116461
甘　肃	1000544	4307	98997	151009	188415	552634	5182
青　海	329046	24996	89886	106027	21286	83170	3681
宁　夏	627028	66271	179422	41959	55318	282858	1200
新　疆	1264777	74387	107394	84268	129637	809878	59213

2-15 各地区按资质等级分的房地产开发企业别墅、高档公寓完成投资

单位：万元

地　区	总　计	一　级	二　级	三　级	四　级	暂　定	其　他
全国总计	**44304110**	**1328803**	**3912279**	**5127770**	**4384990**	**24987534**	**4562734**
北　京	2466818	133049	10586	53042	552710	1717431	
天　津	982682	13287	1126	77249	707541	175274	8205
河　北	487065	22264	93976	55820	176829	137461	715
山　西	174355	2305	4397	22170	112602	32881	
内蒙古	87977	1280	3859	2764	22503	54576	2995
辽　宁	836147	7353	72290	79405	3398	268723	404978
吉　林	339238		5369	13856	14135	301838	4040
黑龙江	103048	507	29343	55902	17	13849	3430
上　海	4936243	16220	118427	182437		3952666	666493
江　苏	5754042	69748	1106865	465437	10581	3521859	579552
浙　江	5673568	40544	106409	921882	360121	2766663	1477949
安　徽	971781	26224	68249	168039	17740	595008	96521
福　建	1385210	19195	43194	187990	47602	1031656	55573
江　西	500207	30584	1870	72989	91392	285632	17740
山　东	1841849	214972	140166	159618	183948	989456	153689
河　南	860008	2816	93012	53533	33494	628097	49056
湖　北	1028148	267163	92820	34149	101301	470991	61724
湖　南	899753	28562	105595	194454	170434	395224	5484
广　东	5455530	268639	246810	819069	883504	2815010	422498
广　西	513153	2740	24386	32276	3651	448390	1710
海　南	1166880		37205	123572	129465	818545	58093
重　庆	2248983	22871	900823	152560		1139926	32803
四　川	1230311	21032	100480	743948	4777	222273	137801
贵　州	527690		110378	63549	7408	339472	6883
云　南	2353886	70405	250920	216505	600171	1039194	176691
西　藏	6909			2709	3100	1100	
陕　西	941463	23525	107377	128238	91409	465572	125342
甘　肃	112362	1	4109	954	7356	99942	
青　海	5056				5056		
宁　夏	102605		13135	22811	16714	49120	825
新　疆	311143	23517	19103	20843	26031	209705	11944

2-16 各地区按登记注册类型分的房地产开发企业办公楼完成投资

单位：万元

地 区	总 计	内 资					
			国 有	集 体	股份合作	国有联营	集体联营
全国总计	**59972931**	**54008942**	**196394**	**36583**	**5416**		
北 京	5251874	5071679	29234	19813			
天 津	653650	532770					
河 北	1568948	1365341					
山 西	367745	366167	8771				
内 蒙 古	186129	186129					
辽 宁	377866	281697					
吉 林	531877	531877					
黑 龙 江	311563	311563	2700				
上 海	6963300	5538684					
江 苏	4017760	3417890	856	200			
浙 江	3870817	3430511	461	2869			
安 徽	1869555	1801278	1669				
福 建	2155471	2040436	11615				
江 西	764035	738750					
山 东	3022120	2881851	48982	1620	5416		
河 南	2507242	2422824	31850				
湖 北	2417449	2128923	12964	80			
湖 南	1241553	1191388	20				
广 东	11805667	10332554		12001			
广 西	963896	884637					
海 南	374461	364508	11060				
重 庆	1067065	850582	387				
四 川	2105056	1919240	11150				
贵 州	858527	818606	50				
云 南	1062618	984504	9				
西 藏	17644	17644					
陕 西	2346118	2303984	21816				
甘 肃	559542	559542	2800				
青 海	164442	164442					
宁 夏	128608	128608					
新 疆	440333	440333					

2-16 续表 1　　单位：万元

地　区	内　资						
	国有与集体联营	其他联营	国有独资公司	其他有限责任公司	股份有限公司	私营独资	私营合伙
全国总计			**4208849**	**32039157**	**1762514**	**13000**	
北　京			342222	4225260	31147		
天　津			124457	344845	12999		
河　北			28825	544583	51705		
山　西			32209	210181	2465		
内蒙古			2490	70326	10928		
辽　宁			36512	106382	5690		
吉　林			23101	241908	44867		
黑龙江			1235	200932	773		
上　海			536510	3225184	135819		
江　苏			233422	1638685	48504		
浙　江			216084	1480712	52987		
安　徽			11589	1333496	75593		
福　建			309586	1141137	18689		
江　西			4676	425371	63721		
山　东			372672	1614302	64274		
河　南			375	1837532	55276		
湖　北			119148	1284911	276640		
湖　南			49046	742298	48283		
广　东			1111689	5716873	414313		
广　西			26655	470961	23883		
海　南			1820	235056	66365	13000	
重　庆			113509	352761	10929		
四　川			69725	1283202	17312		
贵　州			28605	632689	16658		
云　南			38977	673692	10509		
西　藏			602	2940			
陕　西			273967	1422486	179063		
甘　肃			28058	224255	7023		
青　海			44652	67815	7052		
宁　夏				46819			
新　疆			26431	241563	9047		

2-16　续表 2　　　　单位：万元

地　区	内　资			港澳台商投资			
	私营有限责任公司	私营股份有限公司	其他内资企业		合资经营	合作经营	独　资
全国总计	**15479656**	**267373**		**4040870**	**1183278**	**90024**	**2624045**
北　京	423109	894		24276	9882	11575	2819
天　津	50469			38783	27103		11680
河　北	739853	375		24900			24900
山　西	112541						
内蒙古	99077	3308					
辽　宁	130512	2601		71039	6218		64821
吉　林	199001	23000					
黑龙江	105791	132					
上　海	1621263	19908		1092626	424997		615285
江　苏	1466632	29591		504809	249005	20400	223894
浙　江	1673828	3570		301119	64759		233299
安　徽	371525	7406		26987	17042		9945
福　建	559409			83605	50942		32058
江　西	231703	13279		25280	16604		8676
山　东	758903	15682		94807	16282	2201	76205
河　南	484098	13693		84418	55469		28949
湖　北	425914	9266		192481	17244		175237
湖　南	332192	19549		50065	2544		17948
广　东	3060683	16995		997517	147881	55848	754260
广　西	357171	5967		59279			59279
海　南	37207			9953			9953
重　庆	369269	3727		129764	21826		101155
四　川	528204	9647		103031	55480		47551
贵　州	137416	3188		5883			5883
云　南	227676	33641		78114			78114
西　藏	14102						
陕　西	397628	9024		42134			42134
甘　肃	286620	10786					
青　海	44923						
宁　夏	73237	8552					
新　疆	159700	3592					

2-16 续表 3

单位：万元

地区	港澳台商投资		外商投资					
	股份有限	其他		合资经营	合作经营	独资	股份有限	其他
全国总计	**106183**	**37340**	**1923119**	**863446**	**151816**	**705533**	**107200**	**95124**
北京			155919	93407		62512		
天津			82097	49889		20411	11797	
河北			178707	39061		139646		
山西			1578			1578		
内蒙古								
辽宁			25130	14426		10704		
吉林								
黑龙江								
上海	52344		331990	254222	36483	41260	25	
江苏	11510		95061	45590		41915		7556
浙江	3061		139187	84294	5116	49777		
安徽			41290					41290
福建		605	31430	1067		20423		9940
江西			5	5				
山东		119	45462	45392		70		
河南								
湖北			96045	33349		62696		
湖南		29573	100			100		
广东	39268	260	475596	163587	28649	159022	88000	36338
广西			19980	2205		17775		
海南								
重庆		6783	86719	20067		59274	7378	
四川			82785	80	64335	18370		
贵州			34038	16805	17233			
云南								
西藏								
陕西								
甘肃								
青海								
宁夏								
新疆								

2-17　各地区按资质等级分的房地产开发企业办公楼完成投资

单位：万元

地　区	总　计	一　级	二　级	三　级	四　级	暂　定	其　他
全国总计	**59972931**	**1629480**	**5836187**	**6231006**	**5530536**	**30781691**	**9964031**
北　京	5251874	170159	410102	318290	1126420	2798672	428231
天　津	653650	219	62827	41129	376899	140378	32198
河　北	1568948	90184	81038	263085	244465	832993	57183
山　西	367745	7376	23011	69400	163523	104435	
内蒙古	186129	4300	27823	31654	105858	10698	5796
辽　宁	377866	5387	9533	75522		210621	76803
吉　林	531877	716	144496	49248	1710	335687	20
黑龙江	311563		36408	219882	534	51150	3589
上　海	6963300	75359	217752	103475		5758394	808320
江　苏	4017760	38918	1046247	107481		2055213	769901
浙　江	3870817	13701	106978	362035	58930	1839962	1489211
安　徽	1869555	32772	61861	278329	4962	1179561	312070
福　建	2155471	5346	207255	274854	273133	1246239	148644
江　西	764035	5732	20437	92951	32916	540069	71930
山　东	3022120	129600	205923	258869	194904	1780283	452541
河　南	2507242	39937	313935	160968	75483	1403653	513266
湖　北	2417449	119110	523533	102419	8043	1433677	230667
湖　南	1241553	33224	122931	373344	356464	341379	14211
广　东	11805667	233443	342399	991540	1616634	5142234	3479417
广　西	963896	9500	59188	43440	11924	824525	15319
海　南	374461	305	1470	54434	1727	250296	66229
重　庆	1067065	82918	463131	138034	16050	362694	4238
四　川	2105056	147724	291284	1189123	4968	203260	268697
贵　州	858527	150	372303	56034	51347	304710	73983
云　南	1062618	137166	155407	59792	178477	349531	182245
西　藏	17644			3597		14047	
陕　西	2346118	229442	307434	242893	501980	657533	406836
甘　肃	559542	1659	124256	137264	43176	250467	2720
青　海	164442		31286	53773	18389	25839	35155
宁　夏	128608	14278	26417	9969	37762	38982	1200
新　疆	440333	855	39522	68178	23858	294509	13411

2-18 各地区按登记注册类型分的房地产开发企业商业营业用房完成投资

单位：万元

地区	总计	内资					
			国有	集体	股份合作	国有联营	集体联营
全国总计	**141672746**	**132230962**	**289275**	**131068**	**22489**		
北京	3160750	3012564	1252	7925			
天津	1616327	1379247	10000	1008			
河北	4629107	4491550	29				
山西	1531545	1528675	13888				
内蒙古	1410250	1410250	160				
辽宁	3405636	3031797	24				
吉林	1748037	1676019	269				
黑龙江	1607454	1558346	6936				
上海	4559051	3488760	180	931			
江苏	12007295	10301401	5100	2230			
浙江	7880089	7184891	1534	931			
安徽	7940897	7770995	11301				
福建	4577405	4222191	25259				
江西	3438344	3302200	4158				
山东	7899019	7613569	60644	28225	108		
河南	7812229	7696374	24167	500	45		
湖北	5500429	4950262	1992	26944			
湖南	5899535	5686710	3570	2000			
广东	14165725	12823095	13853	44089	22336		
广西	3228593	2906774	2265				
海南	1710650	1644230	16756	2022			
重庆	5655959	4909928	6236				
四川	10022266	9694917	28142	13419			
贵州	4223719	4139899	10106				
云南	5528480	5407660	3997				
西藏	213642	213642					
陕西	4621629	4527541	13305				
甘肃	2110594	2107715	20832	844			
青海	713064	713064					
宁夏	902532	890791					
新疆	1952494	1945905	3320				

2-18　续表 1　　　　单位：万元

地　区	内　资						
	国有与集体联　营	其他联营	国有独资公　司	其他有限责任公司	股份有限公　司	私营独资	私营合伙
全国总计		**500**	**4447128**	**70695758**	**3171891**	**12479**	**6244**
北　京			472123	2108761	66629		
天　津			183344	715966	24099		
河　北			60007	1424868	66061		
山　西			38045	580099	9387		
内蒙古			27918	666358	41511	300	
辽　宁			144742	1426570	16123		
吉　林			40243	1052266	118829		
黑龙江			39562	958593	41950		
上　海			140511	2291900	22797		
江　苏			296580	3785637	201113		
浙　江			162472	2368473	126982		
安　徽			93977	4846690	215057		
福　建			170515	2514018	113005		
江　西			70556	1762847	119252	100	
山　东			418563	4293605	239186		
河　南			43735	5547984	265581	1340	
湖　北			96900	2970393	224506		
湖　南			166790	2502288	133821		3300
广　东		500	411258	8185348	219026	709	2944
广　西			67121	1508205	58676		
海　南			65102	1175183	90294	10000	
重　庆			169937	2254250	206499		
四　川			300728	5602522	173343		
贵　州			197447	1944494	99424		
云　南			84266	3202068	70950		
西　藏			99770	59545			
陕　西			194411	2743635	93987		
甘　肃			108057	853000	58695	30	
青　海			6371	274152	14601		
宁　夏			24140	286473			
新　疆			51937	789567	40507		

2-18 续表 2

单位：万元

地区	内资			港澳台商投资			
	私营有限责任公司	私营股份有限公司	其他内资企业		合资经营	合作经营	独资
全国总计	**51515132**	**1932483**	**6515**	**6041062**	**2224460**	**105879**	**3575359**
北京	355826	48		78284	57592	7812	12880
天津	441439	3391		77603	38364		39239
河北	2938546	2039		47394	52		47342
山西	883512	3744		86			86
内蒙古	650290	23713					
辽宁	1394568	49770		271184	131612		139572
吉林	442109	22303		66268	3792		62476
黑龙江	487862	23443		42851	1166		41685
上海	1001793	30648		878889	390942	1932	474798
江苏	5862280	148461		1397347	738682	25380	625534
浙江	4504117	20382		517680	70276	934	435999
安徽	2497362	106608		151962	78575		64849
福建	1394043	5351		229005	99691	500	104551
江西	1230691	114596		66517	26338		40179
山东	2513686	59552		136988	59435	846	70653
河南	1696407	116615		103799	66041		37758
湖北	1536484	93043		124510	7327	1199	115984
湖南	2676935	198006		194095	50737	2762	121000
广东	3871465	51567		861890	240546	44997	535989
广西	1205541	64966		54172	27228		23777
海南	274601	10272		34077			33577
重庆	2211476	61530		321083	65044	4650	249029
四川	3363377	206871	6515	163847	49390		114457
贵州	1846651	41777		62160	7113		55047
云南	1883764	162615		98245			97156
西藏	54327						
陕西	1367023	115180		46948	339	14867	31742
甘肃	1030637	35620		1149	1149		
青海	337093	80847					
宁夏	556660	23518		6440	6440		
新疆	1004567	56007		6589	6589		

2-18 续表 3

单位：万元

地 区	港澳台商投资		外商投资					
	股份有限	其 他		合资经营	合作经营	独 资	股份有限	其 他
全国总计	**103244**	**32120**	**3400722**	**1392682**	**189396**	**1539441**	**128513**	**150690**
北 京			69902	29951	10819	29132		
天 津			159477	154230		1299	3948	
河 北			90163	11386		78777		
山 西			2784			2784		
内蒙古								
辽 宁			102655	50773		43328		8554
吉 林			5750	4655		1095		
黑龙江			6257	6103		154		
上 海	11217		191402	122839	41765	26785	13	
江 苏	7751		308547	216399	17781	41372		32995
浙 江	10471		177518	96112	2113	68424	2986	7883
安 徽	8538		17940	14675				3265
福 建	23361	902	126209	34022		76525	14131	1531
江 西			69627	827		800	68000	
山 东		6054	148462	121940	4828	20846	848	
河 南			12056	4066		7990		
湖 北			425657	11615		382929		31113
湖 南	17000	2596	18730	13616		1664		3450
广 东	24406	15952	480740	212101	18679	188247	23633	38080
广 西		3167	267647	9135		238455	9312	10745
海 南	500		32343	993	30500	850		
重 庆		2360	424948	150871	35313	220343	5347	13074
四 川			163502	65632	11578	86292		
贵 州			21660	5640	16020			
云 南		1089	22575	22035		540		
西 藏								
陕 西			47140	32986		13859	295	
甘 肃			1730	80		1650		
青 海								
宁 夏			5301			5301		
新 疆								

2-19 各地区按资质等级分的房地产开发企业商业营业用房完成投资

单位：万元

地区	总计	一级	二级	三级	四级	暂定	其他
全国总计	**141672746**	**3928549**	**15336663**	**19157537**	**14172025**	**71159233**	**17918739**
北京	3160750	138110	58436	108592	1069281	1617434	168897
天津	1616327	21552	79906	48957	1154438	248808	62666
河北	4629107	277394	378293	683788	1116484	1996184	176964
山西	1531545	61883	147148	113127	537585	669076	2726
内蒙古	1410250	46736	104248	173141	798875	185445	101805
辽宁	3405636	69399	207116	471201	16573	1699912	941435
吉林	1748037	48292	294982	229180	141333	997726	36524
黑龙江	1607454	4380	179247	880230	34263	354380	154954
上海	4559051	46245	184635	105511		3901440	321220
江苏	12007295	282813	3064394	324505	5145	6059359	2271079
浙江	7880089	62327	230786	888295	308934	3743186	2646561
安徽	7940897	104354	482532	1036430	165152	5309206	843223
福建	4577405	52153	292295	503420	306242	2913440	509855
江西	3438344	83255	142858	284578	379958	2176948	370747
山东	7899019	407804	502369	832149	727695	4555013	873989
河南	7812229	216637	706565	593898	335019	4745957	1214153
湖北	5500429	148367	604293	382657	333432	3691559	340121
湖南	5899535	309920	662200	1562045	1295917	1871939	197514
广东	14165725	306526	508102	1165927	2276962	7310683	2597525
广西	3228593	155835	287971	217086	115903	2250656	201142
海南	1710650	5677	113328	176814	122396	1078484	213951
重庆	5655959	291628	1862556	622800	17023	2711822	150130
四川	10022266	355633	1632179	5440232	32932	1792157	769133
贵州	4223719	24845	628542	450699	258458	2747090	114085
云南	5528480	98757	535303	398577	933174	2207632	1355037
西藏	213642		5790	29204	14233	151032	13383
陕西	4621629	118438	659821	547807	914666	1424434	956463
甘肃	2110594	22642	266833	425259	384061	981372	30427
青海	713064	56171	132391	161844	60420	228192	74046
宁夏	902532	64763	225491	138294	125801	333903	14280
新疆	1952494	46013	156053	161290	189670	1204764	194704

2-20　各地区按资质等级分的房地产开发企业本年新增固定资产

单位：万元

地　区	总　计	一　级	二　级	三　级	四　级	暂　定	其　他
全国总计	**374634025**	**19634497**	**64323362**	**63316563**	**47125179**	**157409956**	**22824468**
北　京	12702692	1212944	1660957	230376	5776610	3403018	418787
天　津	9810395	151503	1167678	317599	5725737	1726438	721440
河　北	9422869	364211	1084237	2455822	2204114	3059190	255295
山　西	4180690	177649	429873	866418	1219882	1381500	105368
内蒙古	4707273	73151	509237	665498	2452160	953404	53823
辽　宁	7630783	445869	651490	1575896	32320	4091267	833941
吉　林	5332999	443610	1262012	1040868	585840	1978921	21748
黑龙江	3476045	3500	787968	1449254	136336	836273	262714
上　海	19683870	663960	2180099	1436085		13770475	1633251
江　苏	43499353	1729095	14883280	1564773	20926	21278926	4022353
浙　江	29560902	900777	3067247	4973471	1951869	15554805	3112733
安　徽	15724622	319331	1788091	3369731	542073	8504772	1200624
福　建	16744291	639300	1751700	5508840	2370995	5885040	588416
江　西	6026342	40503	564662	1063192	924991	3145245	287749
山　东	31936745	2537578	3504325	4489553	3796467	15465600	2143222
河　南	17125682	985889	2601952	1893169	969729	9152978	1521965
湖　北	9134127	645108	1395252	689988	1689132	4549583	165064
湖　南	12590694	886190	2028341	4462306	2382847	2527555	303455
广　东	35097839	1056857	2440108	6972584	7648994	14441222	2538074
广　西	8643096	200094	952706	1740528	395164	5077429	277175
海　南	6433396	78647	599067	1150171	932594	3414328	258589
重　庆	17545288	2667125	8803234	1225991	31066	4623089	194783
四　川	20214169	1588061	4853740	9470584	182364	3215365	904055
贵　州	4190958	61792	735353	947682	356217	1992477	97437
云　南	5725122	366155	696400	581990	1674368	2332677	73532
西　藏	265596		22998	179701	7000	55897	
陕　西	5636051	374726	1214881	1113393	1013396	1174156	745499
甘　肃	2371813	62171	446747	665571	538731	656393	2200
青　海	1400657	96690	222473	153137	182845	715369	30143
宁　夏	3780930	793807	1296827	484231	751731	434334	20000
新　疆	4038736	68204	720427	578161	628681	2012230	31033

2-21 各地区房地产开发企业实际到位资金情况

单位：万元

地　区	本年实际到位资金合计	上年末结余资金	本年实际到位资金	国内贷款	#银行贷款	#非银行金融机构贷款
全国总计	**2254578767**	**590507705**	**1664071062**	**241321354**	**191853290**	**49468064**
北　京	100565357	43264812	57300545	16538678	11681059	4857619
天　津	61103517	21256859	39846658	8515820	5816605	2699215
河　北	63350259	15168534	48181725	6027277	5265094	762183
山　西	23120588	5054341	18066247	1293369	1137800	155569
内蒙古	13702359	2858327	10844032	630697	588424	42273
辽　宁	46404142	12033939	34370203	2763897	2362957	400940
吉　林	18255672	3978286	14277386	655023	543655	111368
黑龙江	16311611	3442813	12868798	1246260	1107630	138630
上　海	81239253	27896723	53342530	13260188	11546423	1713765
江　苏	247751520	68874996	178876524	28744809	22186312	6558497
浙　江	194937137	52471727	142465410	22376925	16888866	5488059
安　徽	105195495	23352185	81843310	7982179	5516835	2465344
福　建	86031235	20423881	65607354	8597755	6934499	1663256
江　西	40736504	9047513	31688991	3601431	3057179	544252
山　东	142813057	34086211	108726846	12737921	10600046	2137875
河　南	89837585	18575482	71262103	6646506	5891480	755026
湖　北	95014989	21131205	73883784	11500099	7906806	3593293
湖　南	71633327	18444991	53188336	5778773	5113721	665052
广　东	312350569	94069586	218280983	42980080	36386350	6593730
广　西	53669724	13586156	40083568	5088456	4491859	596597
海　南	31971054	8243625	23727429	2856975	2340546	516429
重　庆	84030775	17124860	66905915	10904587	8442305	2462282
四　川	101813727	20151762	81661965	8872391	6863577	2008814
贵　州	33874739	7253205	26621534	1283134	1002914	280220
云　南	39327737	8988769	30338968	3324666	2265104	1059562
西　藏	1475416	485955	989461	58131	58131	
陕　西	57056696	11417643	45639053	3863846	3106149	757697
甘　肃	14717897	3130387	11587510	1319146	1206111	113035
青　海	4430593	1077373	3353220	455421	376941	78480
宁　夏	6926050	1116588	5809462	576469	495760	80709
新　疆	14930183	2498971	12431212	840445	672152	168293

2-21　续表 1　　　　单位：万元

地　区	利用外资	自筹资金	定金及预收款	个人按揭贷款	其他到位资金	本年各项应付款合计	#工程款
全国总计	**1140244**	**557547930**	**557481566**	**236430573**	**70149395**	**374688150**	**194352482**
北　京		15318867	20539486	3062776	1840738	4067508	2136150
天　津		10768356	15370604	2184985	3006893	8420785	3242513
河　北	408	27742452	9523966	3834164	1053458	10501784	4529440
山　西		6801394	6038146	3024244	909094	3204983	1755966
内蒙古		5872045	2924807	929710	486773	3801734	2134679
辽　宁	2777	11792439	12831100	5452724	1527266	11438545	5732959
吉　林	100	6635532	4211072	2229524	546135	2786097	1011266
黑龙江		5518653	4042576	1475046	586263	2414958	1272040
上　海	1050	18975682	15667076	2913783	2524751	9231689	4890904
江　苏	651481	42625680	66493679	31250778	9110097	40488475	22368821
浙　江	36427	44852405	51045428	19105831	5048394	22595446	11367064
安　徽		23889444	28593799	17946752	3431136	22335494	12189852
福　建	35772	26593612	17087270	10076076	3216869	11117704	5678520
江　西	20	8677327	10761390	7615243	1033580	7881599	4659138
山　东	236311	35817862	41455826	13252793	5226133	23204942	11523275
河　南		44166312	12579433	7074613	795239	15373082	7635488
湖　北		25204235	24929692	9481643	2768115	14560388	7703538
湖　南		15277738	18968445	11457346	1706034	14030193	8064348
广　东	133062	62310266	72991771	30152479	9713325	53114416	25634039
广　西	502	10614291	13331567	9023514	2025238	11459952	6316776
海　南		8941032	9117007	1181811	1630604	7752751	3608029
重　庆	31934	16416951	24873501	11169201	3509741	16187491	8090320
四　川	1700	29336585	29801324	11069440	2580525	16730237	9041707
贵　州	700	8268090	9499761	6696962	872887	8176816	4529582
云　南	8000	10237786	10263326	5127703	1377487	12447517	6909844
西　藏		705471	129354	60549	35956	699646	164863
陕　西		21465207	13559878	4855799	1894323	9811878	5197466
甘　肃		4480808	3791292	1581769	414495	4664058	2972932
青　海		1273725	1001449	431574	191051	1160208	728142
宁　夏		1619379	2456430	926500	230684	1617198	1177480
新　疆		5348304	3601111	1785241	856111	3410576	2085341

2-22 各地区按登记注册类型分的房地产开发企业本年实际到位资金

单位：万元

地　　区	总　计	内　资	国　有	集　体	股份合作	国有联营	集体联营
全国总计	**1664071062**	**1561029064**	**5745659**	**1573938**	**105836**		
北　　京	57300545	55310577	226289	40000			
天　　津	39846658	37825234	66469	4231			
河　　北	48181725	47452060	16064				
山　　西	18066247	17897426	148870				
内 蒙 古	10844032	10836324	180				
辽　　宁	34370203	30011080	39181	365			
吉　　林	14277386	13260039	844				
黑 龙 江	12868798	12405256	139886				
上　　海	53342530	44575416	22571	3537			
江　　苏	178876524	157095084	498832	92005	5872		
浙　　江	142465410	137056040	278505	6300			
安　　徽	81843310	80348039	186250				
福　　建	65607354	61610810	561675	10433			
江　　西	31688991	30848404	97240				
山　　东	108726846	103916129	676824	570427	30913		
河　　南	71262103	70511314	311723		2000		
湖　　北	73883784	70639871	201846	51075			
湖　　南	53188336	51713351	128175	8670			
广　　东	218280983	195779754	180670	668604	65323		
广　　西	40083568	36853497	131597	12860			
海　　南	23727429	22258842	104499	21135			
重　　庆	66905915	60130842	400248		897		
四　　川	81661965	79207892	208111	59344			
贵　　州	26621534	25944046	39020				
云　　南	30338968	29370060	128742				
西　　藏	989461	989461					
陕　　西	45639053	44413571	735413	9072	831		
甘　　肃	11587510	11575000	158889	15880			
青　　海	3353220	3353220					
宁　　夏	5809462	5453914					
新　　疆	12431212	12386511	57046				

2-22　续表 1　　　　单位：万元

地　区	内资 国有与集体联　营	其他联营	国有独资公　司	其他有限责任公司	股份有限公　司	私营独资	私营合伙
全国总计		**5800**	**65319557**	**867463915**	**44469725**	**216690**	**29210**
北　京			1877016	48589939	599413		
天　津			2389970	24392042	1255631		
河　北			835892	19329337	764536		
山　西			996156	7919724	219474		
内蒙古			749879	4790995	394293	1000	
辽　宁			817700	16424971	289558		
吉　林			299953	8545088	924359		
黑龙江			389890	8437318	250588	94036	
上　海			3874167	28924271	215804		
江　苏			8205475	64699150	4311300		498
浙　江			3904259	43161403	2370933		
安　徽			2114053	52002946	2355692		
福　建			5115690	34934784	934121		
江　西			1047451	15891909	1114256	400	900
山　东			6320605	58258915	3469569		
河　南			1223018	51343881	2409742	40090	
湖　北			2287900	41832998	6118687		
湖　南			2416587	25920215	1836713	26441	12850
广　东		5800	4414413	119220578	6334256	16260	8962
广　西			2005809	20596517	490753		
海　南			1097773	16901780	693066	30000	
重　庆			4189019	31015174	2333795		6000
四　川			2366812	49429451	1906871		
贵　州			1453054	13822070	385759		
云　南			449699	16976348	765372	5750	
西　藏			530758	289251			
陕　西			2564583	28823091	1151309	52	
甘　肃			518689	5430831	265922	2629	
青　海			196903	1667131	75652		
宁　夏			216651	2037671	1200	32	
新　疆			449733	5854136	231101		

2-22 续表 2 单位：万元

地区	内资			港澳台商投资			
	私营有限责任公司	私营股份有限公司	其他内资企业		合资经营	合作经营	独资
全国总计	**560758794**	**15298775**	**41165**	**70105957**	**27785638**	**3134706**	**36856286**
北京	3922906	55014		1136316	339122	162672	634522
天津	9485177	231714		1017184	421120		596064
河北	26291341	214890		327487	4688		322799
山西	8543994	69208		145459	4553		10632
内蒙古	4787520	112457					
辽宁	11849297	590008		2794663	1380897		1413766
吉林	3404059	85736		938366	705390		232976
黑龙江	2973504	120034		310568	101002	23256	186310
上海	11448343	86723		5534541	3504221	44753	1983153
江苏	77993679	1288273		15511579	7215301	92244	8093449
浙江	87059411	275229		3597181	1759348	4108	1588471
安徽	23033625	655473		1253878	293665		932698
福建	19749812	304295		2955048	1541086	18914	1336307
江西	11554405	1141843		714690	381478		333212
山东	33370896	1217980		3435436	1183060	22541	2168403
河南	14328395	852465		681354	256638		410021
湖北	19658818	488547		1908663	669655	388772	797208
湖南	20500858	855510	7332	970057	210658	55889	525880
广东	63135661	1729227		14307389	3790860	2154266	7977311
广西	13117826	498135		1849519	842961		931290
海南	3275741	134848		1182975	170791		841463
重庆	21530482	655227		5539212	1738458	102927	3461741
四川	24361082	842388	33833	1439171	484390	5020	934414
贵州	10049809	194334		579798	283542		296256
云南	10248727	795422		772953	34143		470486
西藏	169452						
陕西	10287612	841608		985327	251468	59344	377454
甘肃	5001901	180259		442	442		
青海	1337610	75924					
宁夏	2650874	547486		172000	172000		
新疆	5635977	158518		44701	44701		

2-22　续表 3　　　　单位：万元

地　区	港澳台商投资		外商投资					
	股份有限	其　他		合资经营	合作经营	独　资	股份有限	其　他
全国总计	**1659826**	**669501**	**32936041**	**15205010**	**2137819**	**12899563**	**1205351**	**1488298**
北　京			853652	510410	338307	4935		
天　津			1004240	331419		113507	559314	
河　北			402178	71918		330260		
山　西	130274		23362			23362		
内蒙古			7708	7708				
辽　宁			1564460	607673	9760	938313		8714
吉　林			78981	31327		47654		
黑龙江			152974	113841		39133		
上　海	2414		3232573	735641	779483	1709119	8330	
江　苏	106005	4580	6269861	3741226	98743	2250715	14180	164997
浙　江	245254		1812189	859761	7566	619005		325857
安　徽	27515		241393	19156		27898		194339
福　建	56341	2400	1041496	293484		527967	175684	44361
江　西			125897	26177		44720	55000	
山　东	502	60930	1375281	1014968	203765	103296	27464	25788
河　南	7727	6968	69435	39296		30139		
湖　北	49785	3243	1335250	153365		1083655		98230
湖　南	31000	146630	504928	295214		131683		78031
广　东	305918	79034	8193840	4130523	376681	3181094	221468	284074
广　西		75268	1380552	514840		626463	14102	225147
海　南	163792	6929	285612	114914	100624	70074		
重　庆	220891	15195	1235861	483783	31685	556006	125627	38760
四　川	15347		1014902	674148	127993	212761		
贵　州			97690	34478	63212			
云　南		268324	195955	194387		1568		
西　藏								
陕　西	297061		240155	195924		40049	4182	
甘　肃			12068	7429		4639		
青　海								
宁　夏			183548	2000		181548		
新　疆								

2-23 各地区按资质等级分的房地产开发企业本年实际到位资金

单位：万元

地区	总计	一级	二级	三级	四级	暂定	其他
全国总计	**1664071062**	**62558917**	**199262338**	**208517236**	**161615230**	**841003507**	**191113834**
北京	57300545	4203260	2559253	4119287	16213814	27888530	2316401
天津	39846658	637402	2962319	1566424	25170226	7367869	2142418
河北	48181725	2610997	4783873	7071545	11104772	20858179	1752359
山西	18066247	401818	2215206	1509787	5945736	7508721	484979
内蒙古	10844032	329816	1090586	1577407	5397536	1606667	842020
辽宁	34370203	371042	2269258	6495019	79239	18841541	6314104
吉林	14277386	912589	2632666	1924509	1054094	7612673	140855
黑龙江	12868798	130442	1507558	5523685	221757	3910765	1574591
上海	53342530	867572	4569577	1310523	209949	42745059	3639850
江苏	178876524	6699465	46623947	3663056	26213	98734598	23129245
浙江	142465410	2701773	4366362	19229137	5673081	68674300	41820757
安徽	81843310	1716014	5361096	9452894	1220089	54198550	9894667
福建	65607354	2634583	5011082	10019841	2884328	39828691	5228829
江西	31688991	660865	2158241	3686059	3095647	18787444	3300735
山东	108726846	6622826	8518928	11112978	9319342	60030992	13121780
河南	71262103	3032617	7251046	5673228	3154617	43122968	9027627
湖北	73883784	3851992	11165149	4373456	4156145	46097329	4239713
湖南	53188336	3111308	6879387	14989558	9701816	16971542	1534725
广东	218280983	6056327	10191939	24636979	32530415	109999502	34865821
广西	40083568	1510323	3352723	3557409	989467	29388913	1284733
海南	23727429	657395	655672	2307557	1544079	15521186	3041540
重庆	66905915	4978148	26591458	4901384	149770	28860171	1424984
四川	81661965	2861099	15648832	42592979	453261	15076052	5029742
贵州	26621534	278693	5020229	3284950	2097539	15184832	755291
云南	30338968	1096397	3518679	1713531	6264989	13422068	4323304
西藏	989461		67503	285552	43992	558850	33564
陕西	45639053	1733971	6510079	6062275	8407039	13846405	9079284
甘肃	11587510	464383	1516996	2983181	2420995	4076728	125227
青海	3353220	230408	946605	797871	306302	866556	205478
宁夏	5809462	726705	1829063	731061	765399	1742547	14687
新疆	12431212	468687	1487026	1364114	1013582	7673279	424524

2-24　各地区按登记注册类型分的房地产开发企业国内贷款

单位：万元

地　区	总　计	内　资					
			国　有	集　体	股份合作	国有联营	集体联营
全国总计	**241321354**	**226149851**	**952970**	**315660**	**7200**		
北　京	16538678	15661402	30000				
天　津	8515820	8401931	28000				
河　北	6027277	5989777					
山　西	1293369	1293369	3000				
内蒙古	630697	630697					
辽　宁	2763897	2477268	5066				
吉　林	655023	655023					
黑龙江	1246260	1236660	44109				
上　海	13260188	10851366	8000				
江　苏	28744809	25792347	30058				
浙　江	22376925	21757979	5700				
安　徽	7982179	7866259	3500				
福　建	8597755	7924712	33047				
江　西	3601431	3566231	6050				
山　东	12737921	12226244	149214	262800			
河　南	6646506	6581629	69084		300		
湖　北	11500099	11038072	68444	4000			
湖　南	5778773	5744861	17884				
广　东	42980080	39093241	16231	34460	6900		
广　西	5088456	4688085	74089				
海　南	2856975	2769680	11960				
重　庆	10904587	9718728	50200				
四　川	8872391	8550012	18000	1400			
贵　州	1283134	1278134	10000				
云　南	3324666	3297196	2143				
西　藏	58131	58131					
陕　西	3863846	3825836	217483				
甘　肃	1319146	1319146	46328	13000			
青　海	455421	455421					
宁　夏	576469	565269					
新　疆	840445	835145	5380				

2-24 续表 1

单位：万元

地　区	内　资						
	国有与集体联营	其他联营	国有独资公司	其他有限责任公司	股份有限公司	私营独资	私营合伙
全国总计		**5000**	**16178729**	**126795009**	**10395793**	**1000**	
北　京			676093	14272522	28499		
天　津			1113867	4959474	209600		
河　北			41000	2591718	426587		
山　西			394846	571700	23500		
内蒙古			72668	311595	15565	1000	
辽　宁			94936	1375173	77200		
吉　林			44520	443736	46953		
黑龙江			161285	906184			
上　海			1175331	6714040	72307		
江　苏			2613706	10751431	958982		
浙　江			967310	6868729	274190		
安　徽			304085	5324506	580973		
福　建			1577865	3930471	56000		
江　西			155940	1902080	168178		
山　东			1656664	6655117	298538		
河　南			322136	4960805	117400		
湖　北			260400	6211655	2522268		
湖　南			796704	2796609	90695		
广　东		5000	759455	23366904	3363917		
广　西			650654	2771119	46844		
海　南			75565	2293979	136700		
重　庆			427715	4936447	623672		
四　川			375951	5802234	61071		
贵　州			337560	561916	17412		
云　南			60578	2004677	66115		
西　藏			8931	3000			
陕　西			730767	1940898	82327		
甘　肃			145561	705886	11400		
青　海			70210	191075			
宁　夏			7000	286100			
新　疆			99426	383229	18900		

2-24　续表 2　　单位：万元

地　区	内资 私营有限责任公司	内资 私营股份有限公司	内资 其他内资企业	港澳台商投资	合资经营	合作经营	独　资
全国总计	**69077418**	**2421072**		**9835822**	**3788966**	**291681**	**5552445**
北　京	651888	2400		676433	85258	91300	499875
天　津	1879190	211800		23889			23889
河　北	2917101	13371		32500			32500
山　西	298023	2300					
内蒙古	229415	454					
辽　宁	716937	207956		219059	31600		187459
吉　林	118280	1534					
黑龙江	116682	8400					
上　海	2876688	5000		1516127	767383		748744
江　苏	11224911	213259		1850769	1070883		776386
浙　江	13634053	7997		349685	124428		194757
安　徽	1636195	17000		113420	23420		90000
福　建	2321529	5800		557907	165735		391872
江　西	891695	442288		32500			32500
山　东	2808773	395138		289442	160729	3000	125713
河　南	1069532	42372		64227	60000		700
湖　北	1946352	24953		415327	28000	99900	280182
湖　南	1996607	46362		1600	1400		200
广　东	11245550	294824		2202706	888204	96981	1181511
广　西	1116047	29332		221700	53900		167800
海　南	232765	18711		87295			17295
重　庆	3625794	54900		933231	280765		632466
四　川	2271096	20260		184047	34201	500	149346
贵　州	345346	5900		5000	5000		
云　南	1036299	127384		23648			9000
西　藏	46200						
陕　西	801849	52512		30010	2760		10250
甘　肃	375971	21000					
青　海	191621	2515					
宁　夏	126819	145350					
新　疆	328210			5300	5300		

2-24 续表 3

单位：万元

地 区	港澳台商投资		外商投资					
	股份有限	其 他		合资经营	合作经营	独 资	股份有限	其 他
全国总计	**175772**	**26958**	**5335681**	**2509039**	**119761**	**2509996**	**37650**	**159235**
北 京			200843	200843				
天 津			90000	90000				
河 北			5000	5000				
山 西								
内蒙古								
辽 宁			67570	17300		50270		
吉 林								
黑龙江			9600	9600				
上 海			892695	226872	3458	662365		
江 苏	3500		1101693	699400		380688		21605
浙 江	30500		269261	120115		108146		41000
安 徽			2500	2500				
福 建		300	115136	33055		82081		
江 西			2700	2700				
山 东			222235	109550	106335		6350	
河 南	3527		650			650		
湖 北	7245		46700			42700		4000
湖 南			32312	31312		1000		
广 东	24000	12010	1684133	760890	9968	820645		92630
广 西			178671	50000		122371	6300	
海 南	70000							
重 庆	20000		252628			227628	25000	
四 川			138332	136880		1452		
贵 州								
云 南		14648	3822	3822				
西 藏								
陕 西	17000		8000	8000				
甘 肃								
青 海								
宁 夏			11200	1200		10000		
新 疆								

2-25　各地区按资质等级分的房地产开发企业国内贷款

单位：万元

地　区	总　计	一　级	二　级	三　级	四　级	暂　定	其　他
全国总计	**241321354**	**10546603**	**29829786**	**23013397**	**23193377**	**124152896**	**30585295**
北　京	16538678	1169083	546981	1575147	4067682	8354916	824869
天　津	8515820	412531	701055	328547	5976780	625528	471379
河　北	6027277	800149	759294	1020050	895302	2435075	117407
山　西	1293369	1560	81390	11169	391833	554417	253000
内蒙古	630697		94939	18237	292666	203372	21483
辽　宁	2763897	46000	160290	422917	4300	1873610	256780
吉　林	655023	72500	117529	70071	9200	385723	
黑龙江	1246260	19000	87883	486764	13270	249660	389683
上　海	13260188	85250	789247	202985	83200	11262005	837501
江　苏	28744809	945999	6760547	345492		16849801	3842970
浙　江	22376925	87852	391457	2882069	876595	11105391	7033561
安　徽	7982179	198052	349381	576731	22144	5467129	1368742
福　建	8597755	862384	357784	794607	365259	5395068	822653
江　西	3601431	45532	147614	151549	580870	2231845	444021
山　东	12737921	850715	802213	664061	618738	8175798	1626396
河　南	6646506	873101	862629	262164	191265	3635069	822278
湖　北	11500099	220119	3168815	360504	193148	6412984	1144529
湖　南	5778773	367930	811453	1766465	984029	1654260	194636
广　东	42980080	1732449	3387968	3402053	5585961	21523199	7348450
广　西	5088456	235655	428413	314123	61854	3930895	117516
海　南	2856975		26000	436737	87200	1847606	459432
重　庆	10904587	628384	4442069	852910	18330	4728904	233990
四　川	8872391	244445	1600780	5013229	61116	1179278	773543
贵　州	1283134		412161	142409	72422	654107	2035
云　南	3324666	106478	581505	114621	319064	1707604	495394
西　藏	58131		3000	55131			
陕　西	3863846	287450	1127797	336865	865066	642565	604103
甘　肃	1319146	37285	289714	205535	294634	477878	14100
青　海	455421	79000	175033	132112	18200	35576	15500
宁　夏	576469	97343	119050	36973	205213	117890	
新　疆	840445	40357	245795	31170	38036	435743	49344

2-26 各地区按登记注册类型分的房地产开发企业自筹资金

单位：万元

地　区	总　计	内　资					
			国　有	集　体	股份合作	国有联营	集体联营
全国总计	**557547930**	**533530522**	**2841953**	**549897**	**29162**		
北　京	15318867	15161187	67499	40000			
天　津	10768356	10500616	25655				
河　北	27742452	27294068	16064				
山　西	6801394	6779245	83977				
内蒙古	5872045	5872045	180				
辽　宁	11792439	10530143					
吉　林	6635532	6421225	844				
黑龙江	5518653	5431148	53909				
上　海	18975682	16566519	14571				
江　苏	42625680	38134445	221603	86756			
浙　江	44852405	43375100	213220	6300			
安　徽	23889444	23517825	164963				
福　建	26593612	25465144	212699				
江　西	8677327	8272023	24717				
山　东	35817862	34622875	367425	109130	820		
河　南	44166312	43808771	215583		1700		
湖　北	25204235	23471541	29382	22095			
湖　南	15277738	14752792	96420	2000			
广　东	62310266	57997715	37341	181212	26642		
广　西	10614291	10316014	28593	12780			
海　南	8941032	8507892	76699	21135			
重　庆	16416951	15342176	274907				
四　川	29336585	28757764	115213	57944			
贵　州	8268090	8171879	10480				
云　南	10237786	10139286	72082				
西　藏	705471	705471					
陕　西	21465207	21000646	338744	7665			
甘　肃	4480808	4471308	79183	2880			
青　海	1273725	1273725					
宁　夏	1619379	1561031					
新　疆	5348304	5308903					

2-26　续表 1　　　　单位：万元

地　区	内资						
	国有与集体联营	其他联营	国有独资公司	其他有限责任公司	股份有限公司	私营独资	私营合伙
全国总计		**800**	**22752061**	**285391348**	**14665295**	**214226**	**18750**
北　京			467226	12436594	246249		
天　津			468648	7420281	213228		
河　北			435974	10719982	259290		
山　西			129475	2613028	53105		
内蒙古			270781	2680610	159184		
辽　宁			311003	5028163	79327		
吉　林			163017	3561185	348306		
黑龙江			225905	3197571	228162	94036	
上　海			1658858	10266612	116429		
江　苏			1810842	14287210	1309106		
浙　江			1737829	13398964	567985		
安　徽			639429	14359062	577446		
福　建			1878845	14433087	274973		
江　西			338018	4147406	239690	400	900
山　东			2204226	17778306	1503233		
河　南			827520	31266832	1784162	38810	
湖　北			569484	13701245	2487667		
湖　南			560927	6490234	460145	26441	12850
广　东		800	1621258	33960200	614045	16160	3000
广　西			332548	5648395	80817		
海　南			605822	5843506	236716	30000	
重　庆			1766544	6582203	329560		2000
四　川			885948	16221110	951002		
贵　州			593043	3940273	169490		
云　南			224869	5459517	235575	5750	
西　藏			462315	160019			
陕　西			1149791	14188597	830688		
甘　肃			120899	1918764	193217	2629	
青　海			59666	554127	52258		
宁　夏			22212	554734	600		
新　疆			209139	2573531	63640		

2-26 续表 2

单位：万元

地区	内资			港澳台商投资			
	私营有限责任公司	私营股份有限公司	其他内资企业		合资经营	合作经营	独资
全国总计	**202171802**	**4887896**	**7332**	**15246775**	**6670703**	**400034**	**7724878**
北京	1900158	3461		92817	63420	24254	5143
天津	2371204	1600		109505	7558		101947
河北	15696391	166367		72875			72875
山西	3853671	45989		4553	4553		
内蒙古	2673548	87742					
辽宁	4953638	158012		1020214	533305		486909
吉林	2281766	66107		135326			135326
黑龙江	1541202	90363		83535			83535
上海	4428326	81723		1620688	1012404		608284
江苏	20086526	332402		3825933	2286019	25000	1512914
浙江	27408645	42157		792265	460583		274404
安徽	7676605	100320		362929	40925		322004
福建	8530540	135000		584729	358039		168290
江西	3391252	129640		339823	122297		217526
山东	12276446	383289		767783	249029	7700	510554
河南	8995672	678492		305863	142661		155502
湖北	6465312	196356		722469	396745		312624
湖南	6766727	329716	7332	299321	73424	16436	178461
广东	21328799	208258		2495201	389067	322124	1728967
广西	4142392	70489		23282	11424		11858
海南	1620382	73632		406587	103133		232125
重庆	6129293	257669		410747	155622		255125
四川	10137222	389325		216027	90961	4520	120546
贵州	3386148	72445		87138	5028		82110
云南	3903246	238247		62649			31372
西藏	83137						
陕西	4172963	312198		365115	125105		116477
甘肃	2044013	109723					
青海	577114	30560					
宁夏	939035	44450					
新疆	2410429	52164		39401	39401		

2-26　续表 3

单位：万元

地　区	港澳台商投资		外商投资					
	股份有限	其　他		合资经营	合作经营	独　资	股份有限	其　他
全国总计	**411454**	**39706**	**8770633**	**3054358**	**830459**	**4035645**	**503255**	**346916**
北　京			64863	26304	38059	500		
天　津			158235	137712		20523		
河　北			375509	66918		308591		
山　西			17596			17596		
内蒙古								
辽　宁			242082	24125		213847		4110
吉　林			78981	31327		47654		
黑龙江			3970			3970		
上　海			788475	4751	447762	335952	10	
江　苏	2000		665302	568105	40000	55197	2000	
浙　江	57278		685040	218619	1611	348467		116343
安　徽			8690			8690		
福　建	56300	2100	543739	179498		173287	175684	15270
江　西			65481	10481			55000	
山　东		500	427204	324954	24346	46229	7137	24538
河　南	4200	3500	51678	22189		29489		
湖　北	13100		1010225	17833		938391		54001
湖　南	31000		225625	58764		126361		40500
广　东	54043	1000	1817350	513782	258081	767909	185424	92154
广　西			274995	104710		170285		
海　南	70000	1329	26553	12793		13760		
重　庆			664028	320126	20000	245902	78000	
四　川			362794	275957		86837		
贵　州			9073	8473	600			
云　南		31277	35851	35781		70		
西　藏								
陕　西	123533		99446	84946		14500		
甘　肃			9500	5410		4090		
青　海								
宁　夏			58348	800		57548		
新　疆								

2-27 各地区按资质等级分的房地产开发企业自筹资金

单位：万元

地 区	总 计	一 级	二 级	三 级	四 级	暂 定	其 他
全国总计	**557547930**	**13369802**	**48379674**	**62436367**	**51696733**	**301875994**	**79789360**
北 京	15318867	220585	459573	1336465	4054479	8047716	1200049
天 津	10768356	107955	680815	519097	6718946	1739448	1002095
河 北	27742452	587546	2220308	3677363	6010158	13848534	1398543
山 西	6801394	166368	817050	539703	1822693	3386198	69382
内蒙古	5872045	215280	371157	833356	2902234	930783	619235
辽 宁	11792439	55350	357404	2482331	57474	5728065	3111815
吉 林	6635532	2551	840665	794377	806255	4089354	102330
黑龙江	5518653	47058	534985	2094605	204848	2076702	560455
上 海	18975682	140820	1286672	465005		15008766	2074419
江 苏	42625680	720801	9408623	1110875	10417	24277484	7097480
浙 江	44852405	558480	774771	4157338	1250877	23320713	14790226
安 徽	23889444	436465	1480820	2221403	358692	16444638	2947426
福 建	26593612	551380	1442822	2423758	979888	18146184	3049580
江 西	8677327	385744	228280	680119	482663	5867287	1033234
山 东	35817862	1281482	2399846	2920594	3047890	20215008	5953042
河 南	44166312	1457761	2917620	3007647	2257220	27602295	6923769
湖 北	25204235	903927	3809088	1117744	1551159	16257939	1564378
湖 南	15277738	335053	1125204	3848221	2666549	6600607	702104
广 东	62310266	1640548	1784130	3896642	8306031	32718041	13964874
广 西	10614291	125524	575215	878643	259002	8498419	277488
海 南	8941032	615228	119288	724920	469707	5509181	1502708
重 庆	16416951	847650	4704779	1530287	23040	9123721	187474
四 川	29336585	645877	5007950	15124364	157121	6382178	2019095
贵 州	8268090	3376	573008	754827	650074	6043685	243120
云 南	10237786	320035	730269	649130	2027212	4985854	1525286
西 藏	705471		31422	84214	31663	535012	23160
陕 西	21465207	706344	2152741	2386912	2952188	7877405	5389617
甘 肃	4480808	9214	402496	1278860	1011622	1730009	48607
青 海	1273725	14500	356805	167868	198378	411426	124748
宁 夏	1619379	102748	421043	233222	81703	767246	13417
新 疆	5348304	164152	364825	496477	346550	3706096	270204

2-28　各地区按资质等级分的房地产开发企业利用外资

单位：万元

地　区	总　计	一　级	二　级	三　级	四　级	暂　定	其　他
全国总计	**1140244**		**86512**	**24688**	**32293**	**739896**	**256855**
北　京							
天　津							
河　北	408					408	
山　西							
内蒙古							
辽　宁	2777			1687		1090	
吉　林	100					100	
黑龙江							
上　海	1050					1050	
江　苏	651481		84812			507727	58942
浙　江	36427			20175		14023	2229
安　徽							
福　建	35772			2826		29336	3610
江　西	20				20		
山　东	236311					74477	161834
河　南							
湖　北							
湖　南							
广　东	133062				31573	79249	22240
广　西	502					502	
海　南							
重　庆	31934					31934	
四　川	1700		1700				
贵　州	700				700		
云　南	8000						8000
西　藏							
陕　西							
甘　肃							
青　海							
宁　夏							
新　疆							

2-29 各地区按资质等级分的房地产开发企业定金及预收款

单位：万元

地区	总计	一级	二级	三级	四级	暂定	其他
全国总计	**557481566**	**25561445**	**75760298**	**78168494**	**55370532**	**268473950**	**54146847**
北京	20539486	2334754	1174915	1081080	6280579	9389868	278290
天津	15370604	105652	1210373	485121	9239858	3775285	554315
河北	9523966	786540	1143142	1644911	2655970	3151682	141721
山西	6038146	168627	834594	695623	2354568	1822287	162447
内蒙古	2924807	59172	460683	431938	1518505	314002	140507
辽宁	12831100	212659	1190552	2313261	10099	7586799	1517730
吉林	4211072	667917	813137	904229	149354	1650651	25784
黑龙江	4042576	49098	561836	2016078	1510	1004133	409921
上海	15667076	590156	1724349	515267	126749	12142992	567563
江苏	66493679	3349618	19318933	1414028	14947	35079297	7316856
浙江	51045428	1270458	1936939	7854160	2462910	22770505	14750456
安徽	28593799	481441	2111033	3638364	464655	18488443	3409863
福建	17087270	755894	1642744	3825347	718900	9447190	697195
江西	10761390	107018	1199898	1518397	940443	5868849	1126785
山东	41455826	3058431	3744070	4920180	3641647	22196923	3894575
河南	12579433	436888	2097918	1393779	382865	7479884	788099
湖北	24929692	2115508	2856566	1608945	1258493	16019424	1070756
湖南	18968445	1445573	3134121	5373040	3382329	5282960	350422
广东	72991771	968034	3436326	10819452	11190127	37462212	9115620
广西	13331567	666914	1078224	1115256	329658	9536394	605121
海南	9117007	26173	428837	892410	738404	6153079	878104
重庆	24873501	2458334	10236942	1566174	108400	9837073	666578
四川	29801324	1355271	5435403	15753763	159829	5452635	1644423
贵州	9499761	125055	2183680	1259831	725118	4781739	424338
云南	10263326	500109	1474515	522339	2236865	4360953	1168545
西藏	129354		12631	78286	12329	15921	10187
陕西	13559878	465408	2182312	2251332	2942206	3405018	2313602
甘肃	3791292	303292	539317	1059284	582098	1253580	53721
青海	1001449	111162	250308	357379	60764	213793	8043
宁夏	2456430	408789	842765	322466	352696	529714	
新疆	3601111	177500	503235	536774	327657	2000665	55280

2-30　各地区按资质等级分的房地产开发企业个人按揭贷款

单位：万元

地　区	总　计	一　级	二　级	三　级	四　级	暂　定	其　他
全国总计	**236430573**	**10128575**	**36025666**	**37644369**	**23223403**	**111999404**	**17409156**
北　京	3062776	372521	172831	118947	784380	1607797	6300
天　津	2184985		4581	74655	1464653	577626	63470
河　北	3834164	365910	551771	614074	1139848	1094653	67908
山　西	3024244	33046	371850	230331	1229415	1159602	
内蒙古	929710	11387	127514	176556	443093	112699	58461
辽　宁	5452724	52381	367680	1040381	6264	3030830	955188
吉　林	2229524	169621	593257	106138	53784	1294283	12441
黑龙江	1475046	14309	203911	654688	2004	389108	211026
上　海	2913783	51346	531341	43784		2164058	123254
江　苏	31250778	1420902	8783024	589186	849	17789487	2667330
浙　江	19105831	633701	1067825	3863420	911411	9083292	3546182
安　徽	17946752	474040	1137248	2601591	318622	11661200	1754051
福　建	10076076	262825	1100067	2657473	667695	4953814	434202
江　西	7615243	122571	543964	1212886	967264	4207672	560886
山　东	13252793	1142233	1380806	2162525	1584427	6232588	750214
河　南	7074613	262762	1313715	949530	270259	3898204	380143
湖　北	9481643	592320	922326	1036229	1009507	5573335	347926
湖　南	11457346	939298	1567467	3516710	2328775	2827717	277379
广　东	30152479	674875	1341349	5624695	5633854	13929290	2948416
广　西	9023514	396399	1028414	1046929	288736	6006376	256660
海　南	1181811	15994	75307	172527	89655	648363	179965
重　庆	11169201	752910	5570730	783713		3798097	263751
四　川	11069440	582127	3033989	5304593	75195	1751327	322209
贵　州	6696962	145900	1655186	1038147	590163	3204275	63291
云　南	5127703	160472	690260	346057	1411470	1915236	604208
西　藏	60549		2031	55934		2367	217
陕　西	4855799	182768	762561	819865	1157028	1426621	506956
甘　肃	1581769	114592	256134	378366	449259	376758	6660
青　海	431574	25746	157482	112363	26113	102690	7180
宁　夏	926500	76337	394395	92076	109577	254045	70
新　疆	1785241	79282	316650	220000	210103	925994	33212

2-31 各地区按资质等级分的房地产开发企业其他到位资金

单位：万元

地区	总计	一级	二级	三级	四级	暂定	其他
全国总计	**70149395**	**2952492**	**9180402**	**7229921**	**8098892**	**33761367**	**8926321**
北京	1840738	106317	204953	7648	1026694	488233	6893
天津	3006893	11264	365495	159004	1769989	649982	51159
河北	1053458	70852	109358	115147	403494	327827	26780
山西	909094	32217	110322	32961	147227	586217	150
内蒙古	486773	43977	36293	117320	241038	45811	2334
辽宁	1527266	4652	193332	234442	1102	621147	472591
吉林	546135		268078	49694	35501	192562	300
黑龙江	586263	977	118943	271550	125	191162	3506
上海	2524751		237968	83482		2166188	37113
江苏	9110097	262145	2268008	203475		4230802	2145667
浙江	5048394	151282	195370	451975	171288	2380376	1698103
安徽	3431136	126016	282614	414805	55976	2137140	414585
福建	3216869	202100	467665	315830	152586	1857099	221589
江西	1033580		38485	123108	124387	611791	135809
山东	5226133	289965	191993	445618	426640	3136198	735719
河南	795239	2105	59164	60108	53008	507516	113338
湖北	2768115	20118	408354	250034	143838	1833647	112124
湖南	1706034	23454	241142	485122	340134	605998	10184
广东	9713325	1040421	242166	894137	1782869	4287511	1466221
广西	2025238	85831	242457	202458	50217	1416327	27948
海南	1630604		6240	80963	159113	1362957	21331
重庆	3509741	290870	1636938	168300		1340442	73191
四川	2580525	33379	569010	1397030		310634	270472
贵州	872887	4362	196194	89736	59062	501026	22507
云南	1377487	9303	42130	81384	270378	452421	521871
西藏	35956		18419	11987		5550	
陕西	1894323	92001	284668	267301	490551	494796	265006
甘肃	414495		29335	61136	83382	238503	2139
青海	191051		6977	28149	2847	103071	50007
宁夏	230684	41488	51810	46324	16210	73652	1200
新疆	856111	7396	56521	79693	91236	604781	16484

2-32　各地区按资质等级分的房地产开发企业各项应付款合计

单位：万元

地　区	总　计	一　级	二　级	三　级	四　级	暂　定	其　他
全国总计	**374688150**	**11155034**	**43746610**	**49142629**	**38743102**	**190724935**	**41175840**
北　京	4067508	171496	509222	229632	1735179	1079401	342578
天　津	8420785	251955	675122	655029	4556538	1547769	734372
河　北	10501784	237011	926707	1765252	2724774	4512647	335393
山　西	3204983	55327	401175	395080	1048944	1157731	146726
内蒙古	3801734	68865	278149	441379	2031964	714199	267178
辽　宁	11438545	145874	837597	2297668	51077	5862129	2244200
吉　林	2786097	58388	619863	294455	276850	1454226	82315
黑龙江	2414958	14350	378247	1221047	41900	534433	224981
上　海	9231689	116165	587254	392658		7436592	699020
江　苏	40488475	918737	9584927	1012271	19600	23617761	5335179
浙　江	22595446	529187	669366	3053764	1343634	11112346	5887149
安　徽	22335494	495679	1315813	2876930	383568	15090301	2173203
福　建	11117704	140479	509145	1619062	380054	7401631	1067333
江　西	7881599	63823	407916	974560	753603	4554351	1127346
山　东	23204942	1020113	1813977	2471248	2397431	13425782	2076391
河　南	15373082	1026111	1688852	1236907	551993	9326851	1542368
湖　北	14560388	643484	2191245	1030718	1427506	8058773	1208662
湖　南	14030193	255151	1487750	4272641	2488205	5075961	450485
广　东	53114416	699202	1441959	5935226	8184309	28615547	8238173
广　西	11459952	464870	1251389	1067642	287065	7968582	420404
海　南	7752751	39826	359960	951677	612985	5115867	672436
重　庆	16187491	1430737	6824527	1275591	6085	6449440	201111
四　川	16730237	529091	3378688	8762208	135147	2955508	969595
贵　州	8176816	33671	1322782	804931	626066	5228470	160896
云　南	12447517	969726	1138726	645088	2500186	4904826	2288965
西　藏	699646		31300	157270	5055	491658	14363
陕　西	9811878	280285	1477834	1367287	2043348	2627385	2015739
甘　肃	4664058	153559	516639	979562	1393318	1589262	31718
青　海	1160208	74873	385257	308051	97584	187602	106841
宁　夏	1617198	114940	434263	310213	251519	490485	15778
新　疆	3410576	152059	300959	337582	387615	2137419	94942

第三章

房屋开竣工面积、商品房销售及土地情况

3-1 各地区按用途分的房地产开发企业房屋施工面积

单位：平方米

地　区	房屋施工面　积	住　宅	#别　墅、高档公寓	办公楼	商业营业用房	其　他
全国总计	**8222995555**	**5698793874**	**228129337**	**358391658**	**1025393725**	**1140416298**
北　京	129506249	58818574	4806761	21897873	11541771	37248031
天　津	105413871	73822459	3752623	6246330	9334054	16011028
河　北	282992337	215529550	3585508	6983551	29769269	30709964
山　西	169471135	123145485	1414718	4958417	18563853	22803380
内蒙古	150803128	99509114	1904236	4637413	28663398	17993203
辽　宁	243302656	177736018	4588223	5182313	38217517	22166808
吉　林	120795117	83981036	3059207	5322960	18606779	12884342
黑龙江	105882476	76839540	1645443	2309375	16081582	10651979
上　海	146300274	74784581	15547403	21328041	18702264	31485388
江　苏	626207378	462986590	28465275	24621481	68409527	70189780
浙　江	446725058	275288569	18331966	28264003	48302590	94869896
安　徽	410896855	291803413	5016477	12329050	61019154	45745238
福　建	328132787	210142138	8717444	22274463	34881317	60834869
江　西	207386482	152468575	4844403	5823523	29216562	19877822
山　东	691018852	507904902	13483877	26834404	73403594	82875952
河　南	546914276	413519740	4836888	17919677	62244046	53230813
湖　北	312813483	233627393	6481387	11542907	34442353	33200830
湖　南	357653717	259700515	6926100	8479160	45913695	43560347
广　东	795826250	544483781	31108467	44978108	76476347	129888014
广　西	254119139	185174768	3962404	7640644	27349132	33954595
海　南	95749625	70575133	8141179	2253489	11401095	11519908
重　庆	272450578	178287210	11182553	8091571	38402843	47668954
四　川	440521262	285342077	10630354	16894026	58822330	79462829
贵　州	219437587	139793437	3995111	7459677	39189239	32995234
云　南	218004108	142435070	12083921	7817230	34332589	33419219
西　藏	3490703	2246590	145942	65108	618977	560028
陕　西	246187389	174822114	4076849	13017416	31677966	26669893
甘　肃	94263241	61644775	790502	3052564	16314214	13251688
青　海	25387914	15768990	126548	1039588	5197845	3381491
宁　夏	60036314	37813371	1116591	2999391	10969014	8254538
新　疆	115305314	68798366	3360977	6127902	27328809	13050237

3-2 各地区按资质等级分的房地产开发企业房屋施工面积

单位：平方米

地　区	总　计	一　级	二　级	三　级	四　级	暂　定	其　他
全国总计	**8222995555**	**341263887**	**1215069968**	**1403338499**	**1038206689**	**3605153892**	**619962620**
北　京	129506249	9242581	12045491	6751449	52326092	41547713	7592923
天　津	105413871	3173284	9129212	4656048	66193910	17097765	5163652
河　北	282992337	15172490	38617986	46136663	75643209	98744334	8677655
山　西	169471135	5273334	23355313	19958781	66033197	52006457	2844053
内蒙古	150803128	6945559	23082259	17888709	78865297	18986724	5034580
辽　宁	243302656	6215200	22715059	49362606	1446362	139459461	24103968
吉　林	120795117	5021490	30685833	17028400	13230517	53840757	988120
黑龙江	105882476	1814050	20156040	47287881	3889702	22397019	10337784
上　海	146300274	5565673	12554573	6779880	124922	111777853	9497373
江　苏	626207378	23331121	196076228	19147361	365178	314873366	72414124
浙　江	446725058	10603675	27974062	75644829	22783592	210782124	98936776
安　徽	410896855	8895131	43098456	78264209	10093174	240683399	29862486
福　建	328132787	13879022	34851138	76844008	27552134	157568619	17437866
江　西	207386482	2833588	14247073	40117585	23476725	111498536	15212975
山　东	691018852	44203273	67194349	101995753	91804390	335860714	49960373
河　南	546914276	29577332	81069623	61864895	32101607	290537349	51763470
湖　北	312813483	15407941	47821937	33000442	43866604	158727878	13988681
湖　南	357653717	16027514	48077922	124024738	66399632	92642375	10481536
广　东	795826250	21731845	43507114	119763156	150767104	375560527	84496504
广　西	254119139	11666735	27738857	37425318	13676732	155683333	7928164
海　南	95749625	3209751	4864172	11991948	7223372	60357612	8102770
重　庆	272450578	21317915	109936666	28284943	896198	106355139	5659717
四　川	440521262	22692731	99618954	217425569	2443573	77528765	20811670
贵　州	219437587	3283257	37728082	36658691	22456361	114768073	4543123
云　南	218004108	10580628	30450571	18698963	58815884	83104075	16353987
西　藏	3490703		351901	1521886	461622	1088058	67236
陕　西	246187389	8578502	50197156	46911758	57094566	52237617	31167790
甘　肃	94263241	4173261	16204882	24718386	20042938	27978254	1145520
青　海	25387914	1138570	8106984	5112853	3957649	5091942	1979916
宁　夏	60036314	5318605	20182691	10143708	9043971	15208531	138808
新　疆	115305314	4389829	13429384	17927083	15130475	61159523	3269020

3-3 各地区按资质等级分的房地产开发企业住宅施工面积

单位：平方米

地 区	总 计	一 级	二 级	三 级	四 级	暂 定	其 他
全国总计	**5698793874**	**246141408**	**856952543**	**976391311**	**718505345**	**2483611775**	**417191492**
北 京	58818574	5358853	5570928	2341016	22886076	19909263	2752438
天 津	73822459	2739269	6910001	3729596	44397099	11840177	4206317
河 北	215529550	12026596	30794105	35172170	59250933	71169412	7116334
山 西	123145485	3840491	16943716	14739190	45871691	39581275	2169122
内蒙古	99509114	4410110	15038599	11581446	51990802	13284181	3203976
辽 宁	177736018	4068917	16563468	37953952	1124655	100962273	17062753
吉 林	83981036	3801046	20198166	11702712	10643135	36827605	808372
黑龙江	76839540	1508829	14989493	32307995	3112350	16927327	7993546
上 海	74784581	3478532	7262760	3424155	84004	56495780	4039350
江 苏	462986590	18054918	147133605	14436767	287427	230206941	52866932
浙 江	275288569	7225915	18941010	47246453	15427281	128590964	57856946
安 徽	291803413	6132659	30718868	51376731	7803148	174528010	21243997
福 建	210142138	10662527	22997543	49689055	15597327	100112468	11083218
江 西	152468575	2250001	10790620	30404577	17982247	79563366	11477764
山 东	507904902	33372313	49935740	77414646	71689780	239044426	36447997
河 南	413519740	22289495	60961053	47030627	25084632	221010470	37143463
湖 北	233627393	11443262	35221759	25264953	33884535	117260721	10552163
湖 南	259700515	11768091	34671577	92634508	46393889	66033072	8199378
广 东	544483781	15761884	30240006	82190843	102985331	259081945	54223772
广 西	185174768	8785880	20324573	29401043	10449297	110035083	6178892
海 南	70575133	1417755	3740930	9345738	6050085	44633921	5386704
重 庆	178287210	15996619	71700055	18313431	562313	67958556	3756236
四 川	285342077	14457168	66727083	139443355	1530366	50058005	13126100
贵 州	139793437	1965751	23051348	24086444	15060848	73051579	2577467
云 南	142435070	6985842	21028323	11817308	37750130	55325874	9527593
西 藏	2246590		117551	1059449	295468	746205	27917
陕 西	174822114	5623242	36315414	34841788	38804352	36675685	22561633
甘 肃	61644775	3258349	10709919	16040328	13766588	17036099	833492
青 海	15768990	778284	5241750	3071273	2697884	2958230	1021569
宁 夏	37813371	3521557	13153589	6729883	5798522	8543250	66570
新 疆	68798366	3157253	8958991	11599879	9243150	34159612	1679481

3-4 各地区按用途分的房地产开发企业房屋新开工面积

单位：平方米

地　　区	房屋新开工面积	住　宅	#别　墅、高档公寓	办公楼	商业营业用房	其　他
全国总计	**2095371598**	**1534853558**	**54699553**	**61015085**	**199953901**	**299549054**
北　京	23815803	12628191	991409	2236418	1087587	7863607
天　津	25094190	19002524	1354238	196393	1883761	4011512
河　北	84201733	64625955	1020670	1647712	8059519	9868547
山　西	38725376	29572355	342432	529111	3188353	5435557
内蒙古	30351558	21610652	261458	305839	4628291	3806776
辽　宁	39765657	31334826	795203	327415	4640640	3462776
吉　林	24779579	17528371	618706	1005440	3644640	2601128
黑龙江	24947375	18570004	136227	537680	3868387	1971304
上　海	26871654	14731670	1550058	3152582	2030244	6957158
江　苏	168814988	129533404	7990078	4447344	14226964	20607276
浙　江	130080600	88564320	4396842	4936386	8593254	27986640
安　徽	108495931	84582873	1113528	2303846	9522282	12086930
福　建	71664188	50441695	1752251	2355023	5552390	13315080
江　西	58014939	44546544	1338268	773963	7115322	5579110
山　东	187929806	139697981	3585734	6159697	14892556	27179572
河　南	146830509	114364175	1626630	3613046	16434545	12418743
湖　北	84554775	66610331	1847959	2606889	6768753	8568802
湖　南	111278823	84207682	2232104	1492373	12513276	13065492
广　东	191290754	135424200	5296385	8887215	14064649	32914690
广　西	60318209	46508884	817400	955317	5230823	7623185
海　南	19429817	15202517	1177373	374445	1435091	2417764
重　庆	73999789	51539878	3733008	1327175	7246437	13886299
四　川	140761736	97231043	2667393	5129062	13653232	24748399
贵　州	56857450	39822002	1252022	977818	7110269	8947361
云　南	47382789	33868292	4793443	915231	5695647	6903619
西　藏	1835146	1281650	85450	12136	297186	244174
陕　西	54502802	39780977	955065	2234805	6336925	6150095
甘　肃	24444526	16115191	186144	548108	3938805	3842422
青　海	5040373	3263315		74802	876718	825538
宁　夏	9943931	6823871	232221	97871	1491483	1530706
新　疆	23346792	15838185	549854	853943	3925872	2728792

3-5 各地区按资质等级分的房地产开发企业房屋新开工面积

单位：平方米

地　区	总 计	一 级	二 级	三 级	四 级	暂 定	其 他
全国总计	**2095371598**	**67909742**	**231855564**	**298414355**	**209912010**	**1051529140**	**235750787**
北　京	23815803	871203	1395600	1197335	6115833	13285906	949926
天　津	25094190	227397	1962822	754804	15965084	4374496	1809587
河　北	84201733	3591620	6402948	13839557	19268236	35755532	5343840
山　西	38725376	937758	3962981	2787345	13449683	17275156	312453
内蒙古	30351558	402015	3540324	3532526	13773544	5849790	3253359
辽　宁	39765657	406185	2409299	7233580	232891	21764075	7719627
吉　林	24779579	627818	4069342	3084153	3255724	13138642	603900
黑龙江	24947375	177830	3152136	9307283	1231535	6244698	4833893
上　海	26871654	1042159	2387887	559917		21506281	1375410
江　苏	168814988	5255219	39137235	3170044	84499	97345184	23822807
浙　江	130080600	3095305	3596975	15724124	5204690	62042351	40417155
安　徽	108495931	1898472	7110177	11834574	2232726	73048874	12371108
福　建	71664188	1625806	4596725	10834269	2392211	46142459	6072718
江　西	58014939	302654	3742374	9062118	4151992	34059624	6696177
山　东	187929806	13141664	15772443	23626249	21072202	94114366	20202882
河　南	146830509	5875880	14674194	11610766	6154899	84184859	24329911
湖　北	84554775	2862171	7565125	6205218	9439908	50722170	7760183
湖　南	111278823	3966457	9362629	31840230	19630973	40838764	5639770
广　东	191290754	2953308	9802950	15830761	27358701	108370990	26974044
广　西	60318209	1594919	3708010	5749302	1515703	46018077	1732198
海　南	19429817	86893	574681	2152948	597829	14085878	1931588
重　庆	73999789	4545586	26063388	7385708	91115	33178997	2734995
四　川	140761736	4254237	28602841	71844272	517364	26711925	8831097
贵　州	56857450	1630380	6775760	5420701	5072161	36381364	1577084
云　南	47382789	1604407	3345210	3324963	10911986	21016677	7179546
西　藏	1835146		111751	652815	208037	795307	67236
陕　西	54502802	993505	7813462	10331453	10035448	15657762	9671172
甘　肃	24444526	1289318	3022293	4560847	6336158	9128116	107794
青　海	5040373	217209	1147083	794155	636851	1541377	703698
宁　夏	9943931	1682559	2907202	1192752	1175159	2933382	52877
新　疆	23346792	749808	3139717	2969586	1798868	14016061	672752

3-6 各地区按资质等级分的房地产开发企业住宅新开工面积

单位：平方米

地区	总计	一级	二级	三级	四级	暂定	其他
全国总计	**1534853558**	**49515016**	**165796574**	**219611454**	**157191471**	**774683825**	**168055218**
北京	12628191	447529	755305	215240	2947511	7709774	552832
天津	19002524	183654	1439524	406501	12032361	3560691	1379793
河北	64625955	2497940	4994911	10689586	15578405	26300775	4564338
山西	29572355	629543	3105083	2237057	10371872	12986064	242736
内蒙古	21610652	296000	2860287	2432487	9493681	4227035	2301162
辽宁	31334826	324090	1901683	5827769	185682	17479198	5616404
吉林	17528371	514550	2815369	2185044	2795892	8708551	508965
黑龙江	18570004	153875	2211598	6884812	1034182	4835955	3449582
上海	14731670	901005	1583398	335570		11497417	414280
江苏	129533404	4192802	29474999	2557871	63063	75056382	18188287
浙江	88564320	2093151	2387491	10909081	3878613	43296762	25999222
安徽	84582873	1514658	5208737	9149592	1731044	57212203	9766639
福建	50441695	1042365	2801185	8200577	1731344	32285606	4380618
江西	44546544	223401	2678195	7281398	3217417	26227970	4918163
山东	139697981	9364297	11940263	18397857	16704416	68466854	14824294
河南	114364175	4425573	10922445	9405373	5020396	66358941	18231447
湖北	66610331	2277634	5896005	5176687	8012825	39061582	6185598
湖南	84207682	3064702	7230434	24345767	14464152	30784894	4317733
广东	135424200	2304538	5841698	11009076	20163888	78422728	17682272
广西	46508884	1256969	2869962	4774234	1229535	34838404	1539780
海南	15202517	85675	418114	1622383	438410	11330774	1307161
重庆	51539878	3205451	17600222	5404382	39152	23299327	1991344
四川	97231043	2754059	19354326	49195996	340950	19409063	6176649
贵州	39822002	1155239	4629525	3662821	3674703	25528390	1171324
云南	33868292	904194	2365671	2330104	8209483	15159672	4899168
西藏	1281650		10607	500775	107945	634406	27917
陕西	39780977	797722	5587460	8005094	6905422	12003880	6481399
甘肃	16115191	1028872	1878829	2883327	4258132	5987501	78530
青海	3263315	162808	789895	471087	434791	994009	410725
宁夏	6823871	1156775	2002160	796198	883017	1959272	26449
新疆	15838185	555945	2241193	2317708	1243187	9059745	420407

3-7　各地区按用途分的房地产开发企业房屋竣工面积

单位：平方米

地　区	房屋竣工面　　积	住　宅	#别　　墅、高档公寓	办公楼	商业营业用房	其　他
全国总计	**944211486**	**665566839**	**25595709**	**39281756**	**113350937**	**126011954**
北　京	16570407	7738264	385709	2676158	1769268	4386717
天　津	21355709	15592653	378915	1140070	1211639	3411347
河　北	24585427	19731785	148011	463482	2571833	1818327
山　西	14079469	10945022	32693	160423	1274122	1699902
内蒙古	14295872	10276202	200205	254787	2205684	1559199
辽　宁	22957622	17316926	198089	306343	3526241	1808112
吉　林	15199622	11053665	523908	735492	1862557	1547908
黑龙江	12034634	9205271	52379	508615	1468124	852624
上　海	31303384	17335743	3956878	4116895	3434786	6415960
江　苏	86416705	64501087	3385422	2790783	9969403	9155432
浙　江	52556294	30848737	1903283	3836821	6500176	11370560
安　徽	45141174	32086208	466435	1909541	6315070	4830355
福　建	37621164	23620835	877941	2614463	3751612	7634254
江　西	20363941	15151427	314779	505554	3036873	1670087
山　东	104460571	80099985	1971808	3567624	10700536	10092426
河　南	67364516	51283862	379351	1934781	7993766	6152107
湖　北	27704553	20881503	311217	917572	3524641	2380837
湖　南	41776954	30820317	1017613	797198	4802895	5356544
广　东	77681769	52967879	3177830	3541405	7100629	14071856
广　西	22037249	16639249	154170	369189	2720148	2308663
海　南	11882183	9888022	904189	139430	877200	977531
重　庆	41093172	27704993	1481877	1290354	5123545	6974280
四　川	56478564	37181592	858032	1658939	8150532	9487501
贵　州	14010090	9273063	209484	357668	2614647	1764712
云　南	14648712	10627048	1160486	163688	1933431	1924545
西　藏	523151	398847	84452		57982	66322
陕　西	15246635	10361502	712055	692041	1840591	2352501
甘　肃	7523351	4986656	22385	326983	1371093	838619
青　海	3177084	1857737	36929	151513	870486	297348
宁　夏	12017441	8313536	99471	410326	1967897	1325682
新　疆	12104067	6877223	189713	943618	2803530	1479696

3-8 各地区按资质等级分的房地产开发企业房屋竣工面积

单位：平方米

地　区	总　计	一　级	二　级	三　级	四　级	暂　定	其　他
全国总计	**944211486**	**49768275**	**164474769**	**178474030**	**128153136**	**368186736**	**55154540**
北　京	16570407	1438281	2175473	285291	7747232	4349473	574657
天　津	21355709	351005	2611005	990159	12256693	3833424	1313423
河　北	24585427	994122	3753689	6182031	6754471	6526293	374821
山　西	14079469	620856	1817621	3054719	4547626	3572666	465981
内蒙古	14295872	338279	1773347	2536152	7139858	2181970	326266
辽　宁	22957622	1088399	2693980	4746106	155051	12158744	2115342
吉　林	15199622	1486419	3350575	3065537	1928157	5210041	158893
黑龙江	12034634	7216	3057037	5123015	800381	2290975	756010
上　海	31303384	1098318	3271214	1906630		22567280	2459942
江　苏	86416705	4767555	29466248	3288868	26224	41681170	7186640
浙　江	52556294	1684980	5168267	9453465	4505313	25267561	6476708
安　徽	45141174	846790	5873418	9633613	1692875	24364722	2729756
福　建	37621164	1754042	2909484	13355621	5922605	12437814	1241598
江　西	20363941	99864	2029241	4217266	2778657	10066064	1172849
山　东	104460571	8313138	11975147	15834179	14856487	46683027	6798593
河　南	67364516	3144351	9100019	7193601	5256455	35511174	7158916
湖　北	27704553	1221254	4408820	2818349	5732793	12753931	769406
湖　南	41776954	1885147	6572977	15558999	8576635	7840056	1343140
广　东	77681769	2743001	5566242	16948245	17760142	30096209	4567930
广　西	22037249	340868	3195862	5375994	1385812	10774242	964471
海　南	11882183	61387	1560063	1884158	1449915	6221690	704970
重　庆	41093172	6189182	20936911	3596229	9934	9691511	669405
四　川	56478564	3931115	14571873	26793769	487716	8662517	2031574
贵　州	14010090	408949	2369057	3354848	1343431	6214175	319630
云　南	14648712	1011336	1930868	1635607	4391246	5461703	217952
西　藏	523151			475628	23725	23798	
陕　西	15246635	1150247	3959731	3036382	2856727	2284563	1958985
甘　肃	7523351	197422	1271868	2176876	2292282	1560264	24639
青　海	3177084	206200	743005	348600	614757	1161413	103109
宁　夏	12017441	2078315	4648122	1610588	2482630	1148567	49219
新　疆	12104067	310237	1713605	1993505	2377306	5589699	119715

3-9　各地区按资质等级分的房地产开发企业住宅竣工面积

单位：平方米

地　区	总　计	一　级	二　级	三　级	四　级	暂　定	其　他
全国总计	**665566839**	**36403621**	**119395195**	**127180848**	**91901915**	**254599486**	**36085774**
北　京	7738264	756890	1296643	80422	3367004	2118056	119249
天　津	15592653	255837	2486509	935719	8370950	2293622	1250016
河　北	19731785	817421	3239563	4441423	5713049	5173608	346721
山　西	10945022	470812	1414296	2507594	3509819	2746750	295751
内蒙古	10276202	244662	1260901	1884388	5152979	1535514	197758
辽　宁	17316926	547134	2232074	3542724	152704	9529560	1312730
吉　林	11053665	1203883	2562896	2180905	1584387	3412544	109050
黑龙江	9205271		2344019	3766913	618340	1792452	683547
上　海	17335743	360391	2234231	1121023		12464798	1155300
江　苏	64501087	4106876	22675624	2568949	23638	29984761	5141239
浙　江	30848737	1229062	3317725	6203707	2635897	14714855	2747491
安　徽	32086208	708685	4419046	6451685	1253412	17513305	1740075
福　建	23620835	1123591	1813221	8727735	3759695	7388396	808197
江　西	15151427	89203	1538569	3347245	2295584	6937606	943220
山　东	80099985	6307003	9373069	12717619	12058268	34810496	4833530
河　南	51283862	2354355	6365469	5467929	4197242	27793252	5105615
湖　北	20881503	977057	3390308	2350059	4296740	9215480	651859
湖　南	30820317	1480434	4842523	11099920	6480858	5829964	1086618
广　东	52967879	1917458	4022618	11816480	12403302	20124560	2683461
广　西	16639249	283778	2272644	4153876	1171642	7961226	796083
海　南	9888022	59397	1495169	1623555	1211731	4962203	535967
重　庆	27704993	4833211	13620168	2168623	1200	6577143	504648
四　川	37181592	2493253	9892804	17751951	259658	5657032	1126894
贵　州	9273063	147270	1526025	2367965	886516	4099047	246240
云　南	10627048	690750	1452833	1321564	3218637	3781039	162225
西　藏	398847			371977	11479	15391	
陕　西	10361502	908633	2655451	2220125	2005912	1269688	1301693
甘　肃	4986656	92713	956180	1380491	1616789	920551	19932
青　海	1857737	151500	503911	221229	433721	467487	79889
宁　夏	8313536	1503007	3242541	1168907	1667785	705385	25911
新　疆	6877223	289355	948165	1218146	1542977	2803715	74865

3-10 各地区按资质等级分的房地产开发企业90平方米及以下住宅竣工面积

单位：平方米

地 区	总 计	一 级	二 级	三 级	四 级	暂 定	其 他
全国总计	**175426100**	**10500812**	**34069992**	**32251958**	**22577569**	**65345850**	**10679919**
北 京	4648665	428994	745367	72158	2195520	1164780	41846
天 津	6963257	255400	342366	474607	4277261	450147	1163476
河 北	6307084	75687	1472188	1644318	1299520	1560880	254491
山 西	2593549	9278	188188	771926	1240472	288146	95539
内蒙古	2996130		262703	825550	1396691	500828	10358
辽 宁	9696908	103797	955960	1773983	48122	6014527	800519
吉 林	4947981	305433	867639	875871	1087129	1776270	35639
黑龙江	5293937		1249806	2110616	376877	1002060	554578
上 海	7674156	203162	1167104	342434		5480236	481220
江 苏	11902603	1079091	4423281	619527		4560800	1219904
浙 江	6409411	276663	692568	1075080	258686	3294740	811674
安 徽	6343763	158905	1375238	1267828	133956	3031285	376551
福 建	5323730	361955	567608	2109483	769541	1378491	136652
江 西	2093746	60618	107021	574916	260003	1006130	85058
山 东	15079622	1360140	1226924	1481929	2223087	7376384	1411158
河 南	12833166	1359613	1694694	1320068	627781	6787067	1043943
湖 北	3321682	329049	1113326	225578	272387	1314473	66869
湖 南	3845120	111371	815926	1562492	654088	615984	85259
广 东	11193515	387156	1386060	1626857	2434503	4711993	646946
广 西	3791812	53307	268795	820948	315135	2069054	264573
海 南	6288591	53520	792835	793156	795524	3555381	298175
重 庆	10586881	746957	5883411	851468	1200	2773662	330183
四 川	13621474	1287513	3327062	6664795	83445	2009352	249307
贵 州	2068358		395064	556490	80937	962267	73600
云 南	1478985	202686	418250	159384	252254	430423	15988
西 藏	66715			56455		10260	
陕 西	2766375	733427	886767	575092	469169	28521	73399
甘 肃	922534	16380	111711	381109	238758	168996	5580
青 海	419114		150900	42739	59683	118358	47434
宁 夏	2164948	538322	831636	130721	564006	100263	
新 疆	1782288	2388	349594	464380	161834	804092	

3-11　各地区按资质等级分的房地产开发企业别墅、高档公寓竣工面积

单位：平方米

地　区	总　计	一　级	二　级	三　级	四　级	暂　定	其　他
全国总计	**25595709**	**1145086**	**4321152**	**4184026**	**2572632**	**12198724**	**1174089**
北　京	385709	98420	52004		151077	84208	
天　津	378915		35831		288245	54839	
河　北	148011		51160	60987		35864	
山　西	32693					32693	
内蒙古	200205		930	77456	88031	33618	170
辽　宁	198089		23098	26954	17296	79578	51163
吉　林	523908		442008		500	81400	
黑龙江	52379			41629	1800	8950	
上　海	3956878	140700	142257	317418		3181754	174749
江　苏	3385422	18441	872506	165435		2180865	148175
浙　江	1903283	6725	93960	505657	212284	1014846	69811
安　徽	466435		86831	99474	13106	236731	30293
福　建	877941	41186		346092	191434	299229	
江　西	314779		18706	30240	37345	203680	24808
山　东	1971808	362141	137926	36236	68497	1325920	41088
河　南	379351		101357	40336	38180	199478	
湖　北	311217	34369		29178	118148	110060	19462
湖　南	1017613	68817	200472	154933	202672	390719	
广　东	3177830	153613	12708	1369451	687146	666634	288278
广　西	154170	6715	11819	48264		87372	
海　南	904189		436503	128834	17368	308772	12712
重　庆	1481877	5363	800518	177539		498457	
四　川	858032		217709	356219	15730	17029	251345
贵　州	209484		155527			53957	
云　南	1160486	196490	224811	88464	310767	327302	12652
西　藏	84452			72973	11479		
陕　西	712055		150648			520944	40463
甘　肃	22385				10776	11609	
青　海	36929				36929		
宁　夏	99471	12106	48165	10257		20023	8920
新　疆	189713		3698		53822	132193	

3-12 各地区按用途分的房地产开发企业不可销售面积

单位：平方米

地区	不可销售面积	住宅	#别墅、高档公寓	办公楼	商业营业用房	其他
全国总计	**55295138**	**19620288**	**351847**	**2241510**	**8120647**	**25312693**
北京	3044142	1038872		149136	147785	1708349
天津	1888952	1165066		38115	66015	619756
河北	1695008	660579		180828	293455	560146
山西	1464063	904488		13127	82395	464053
内蒙古	1083268	478927		14309	127588	462444
辽宁	840053	309833		37950	27303	464967
吉林	594562	346592		90000	78025	79945
黑龙江	1115814	764430		74353	71992	205039
上海	2711299	266354	87978	216709	488819	1739417
江苏	6046109	1765090	71768	262757	1660148	2358114
浙江	6124351	1295489	44244	410771	1040190	3377901
安徽	1791268	686776	1187	81851	385948	636693
福建	2301161	831127	30812	81370	190485	1198179
江西	906555	279430	790	6226	206017	414882
山东	2809075	1064291	53449	77307	551144	1116333
河南	2226190	1037907		32091	168991	987201
湖北	1235195	371975		10212	83724	769284
湖南	1136977	128498		47187	144567	816725
广东	3897342	561019	23233	117951	398631	2819741
广西	409171	45140		30648	55424	277959
海南	662149	243742	6847	2458	123645	292304
重庆	682333	84213		14738	124202	459180
四川	1570138	466789	219	97520	284918	720911
贵州	620520	124119		2704	73927	419770
云南	599209	176565		6544	40511	375589
西藏						
陕西	3139326	2166933		27051	361093	584249
甘肃	520399	93389		17338	104538	305134
青海	482293	149272			147328	185693
宁夏	2682613	1646779	8920	71047	355129	609658
新疆	1015603	466604	22400	29212	236710	283077

3-13　各地区按资质等级分的房地产开发企业不可销售面积

单位：平方米

地　区	总　计	一　级	二　级	三　级	四　级	暂　定	其　他
全国总计	**55295138**	**3224579**	**10212878**	**7861035**	**9373115**	**18861998**	**5761533**
北　京	3044142	256352	487406	2041	1955322	263190	79831
天　津	1888952		11694	16450	811274	117115	932419
河　北	1695008	23086	244706	567366	461892	397766	192
山　西	1464063	43367	250427	183618	421496	565155	
内蒙古	1083268	36769	191126	138202	383483	327764	5924
辽　宁	840053	67180	251044	140778	793	323863	56395
吉　林	594562		72986	319467	152818	49291	
黑龙江	1115814		37881	315205	34768	362851	365109
上　海	2711299	160452	228567	219028		1941872	161380
江　苏	6046109	126273	2556884	47015		2159105	1156832
浙　江	6124351	155731	1114210	1280721	254004	2476848	842837
安　徽	1791268	5101	381270	307642	37322	1038714	21219
福　建	2301161	289304	271932	501634	732177	482215	23899
江　西	906555		10805	133463	60607	690917	10763
山　东	2809075	261005	270126	352118	191880	1473971	259975
河　南	2226190	137895	314313	314457	18039	1253222	188264
湖　北	1235195	45092	143519	118695	428297	470512	29080
湖　南	1136977	8003	282948	391055	301188	153417	366
广　东	3897342	113337	381341	665996	780906	1859751	96011
广　西	409171		6520	201916	2630	194639	3466
海　南	662149		5885	67785	40193	504427	43859
重　庆	682333	163412	300260	50634		120154	47873
四　川	1570138	65174	816170	519265	6159	116039	47331
贵　州	620520		195127	147758	40001	227729	9905
云　南	599209	70519	24013	12747	44472	446948	510
西　藏							
陕　西	3139326	557649	619253	412051	170984	37264	1342125
甘　肃	520399		35836	218772	153291	112500	
青　海	482293	7500	230177	26040	51450	167126	
宁　夏	2682613	627869	391872	157849	1452003	17052	35968
新　疆	1015603	3509	84580	31267	385666	510581	

3-14 各地区按用途分的房地产开发企业住宅竣工套数

单位：套

地 区	住 宅	#90平方米及以下住宅	#别墅、高档公寓
全国总计	**6229216**	**2349981**	**138880**
北 京	85313	65152	1212
天 津	180828	112205	3439
河 北	190393	80624	912
山 西	101379	33704	193
内蒙古	102450	40766	2632
辽 宁	201755	132965	1761
吉 林	111814	69204	1161
黑龙江	99243	68628	301
上 海	171213	101651	25755
江 苏	590207	145356	17306
浙 江	258765	81071	7579
安 徽	293653	81459	2189
福 建	219165	75710	4831
江 西	131712	27678	1604
山 东	677812	185321	8299
河 南	464972	165309	1478
湖 北	181886	46672	2012
湖 南	263631	52619	5847
广 东	472209	149958	17900
广 西	155043	49598	710
海 南	117018	91157	7360
重 庆	312607	152529	6580
四 川	369459	181682	3121
贵 州	84844	27237	1223
云 南	81643	21227	5511
西 藏	3942	772	680
陕 西	100087	39411	4133
甘 肃	45003	10887	96
青 海	16912	6385	767
宁 夏	80043	28490	1086
新 疆	64215	24554	1202

3-15　各地区按资质等级分的房地产开发企业住宅竣工套数

单位：套

地　区	总　计	一　级	二　级	三　级	四　级	暂　定	其　他
全国总计	**6229216**	**364147**	**1126361**	**1170091**	**867502**	**2366567**	**334548**
北　京	85313	8651	14564	1044	38711	21500	843
天　津	180828	3508	23030	7619	110250	21030	15391
河　北	190393	7035	30214	44568	54170	50734	3672
山　西	101379	3891	11981	23512	35055	24287	2653
内蒙古	102450	1679	15008	17443	51455	15093	1772
辽　宁	201755	4887	21261	40816	1120	118372	15299
吉　林	111814	8769	23995	23845	18571	35756	878
黑龙江	99243		25256	39402	7220	19819	7546
上　海	171213	4188	22331	9910		121725	13059
江　苏	590207	39860	194004	23053	222	288127	44941
浙　江	258765	10728	29078	51326	20935	121937	24761
安　徽	293653	6496	41031	61515	11583	156809	16219
福　建	219165	12292	21463	81783	34166	61967	7494
江　西	131712	955	11559	29200	19759	62304	7935
山　东	677812	53894	77011	104915	103149	295512	43331
河　南	464972	24883	63480	47976	35992	247987	44654
湖　北	181886	8323	30205	20411	35960	81652	5335
湖　南	263631	12738	44005	95370	54296	48682	8540
广　东	472209	16543	38919	97960	108281	185510	24996
广　西	155043	2495	18696	36385	9939	80161	7367
海　南	117018	1266	15258	15603	14993	64199	5699
重　庆	312607	65250	150928	22578	24	68625	5202
四　川	369459	26794	97935	177378	2485	54976	9891
贵　州	84844	692	12687	22161	8990	37572	2742
云　南	81643	7038	12651	10078	22910	28080	886
西　藏	3942			3744	50	148	
陕　西	100087	12455	24584	23593	18104	9238	12113
甘　肃	45003	904	7952	13289	14509	8181	168
青　海	16912	1322	4721	1765	5188	3357	559
宁　夏	80043	14494	32521	10416	16357	6093	162
新　疆	64215	2117	10033	11433	13058	27134	440

3-16 各地区按资质等级分的房地产开发企业90平方米及以下住宅竣工套数

单位：套

地　区	总　计	一　级	二　级	三　级	四　级	暂　定	其　他
全国总计	**2349981**	**140137**	**463689**	**423603**	**318878**	**868297**	**135377**
北　京	65152	7092	10217	984	30456	15752	651
天　津	112205	3373	4759	4711	78420	6286	14656
河　北	80624	907	16855	21969	16561	21456	2876
山　西	33704	122	2944	9762	16022	3769	1085
内蒙古	40766		5081	10017	18410	7131	127
辽　宁	132965	1360	11483	24122	552	84481	10967
吉　林	69204	4139	12743	14410	14338	23110	464
黑龙江	68628		16889	26744	5350	13013	6632
上　海	101651	3434	14426	4454		71996	7341
江　苏	145356	13158	55250	7739		54327	14882
浙　江	81071	3779	9516	12922	3000	41645	10209
安　徽	81459	2042	16984	16319	1696	40071	4347
福　建	75710	5573	11565	27721	10654	18374	1823
江　西	27678	706	1318	7174	4356	12566	1558
山　东	185321	16028	15149	19191	27478	89755	17720
河　南	165309	17202	27068	15812	7382	85017	12828
湖　北	46672	3857	13696	2684	3620	21904	911
湖　南	52619	2796	10397	22355	8176	7914	981
广　东	149958	5300	19452	21305	32841	63460	7600
广　西	49598	737	3662	10302	3911	27717	3269
海　南	91157	985	10866	9695	11261	54373	3977
重　庆	152529	8902	89149	11626	24	38953	3875
四　川	181682	16936	42365	89859	1070	28597	2855
贵　州	27237		4603	6817	1177	13211	1429
云　南	21227	3358	6266	2439	3580	5398	186
西　藏	772			658		114	
陕　西	39411	11113	10912	9313	5889	649	1535
甘　肃	10887	184	1296	4479	2801	2065	62
青　海	6385		1873	526	1301	2154	531
宁　夏	28490	7022	11875	1723	6578	1292	
新　疆	24554	32	5030	5771	1974	11747	

3-17　各地区按资质等级分的房地产开发企业别墅、高档公寓竣工套数

单位：套

地　区	总　计	一　级	二　级	三　级	四　级	暂　定	其　他
全国总计	**138880**	**4635**	**21995**	**24204**	**15881**	**65311**	**6854**
北　京	1212	260	159		455	338	
天　津	3439		164		2579	696	
河　北	912		445	239		228	
山　西	193					193	
内蒙古	2632		3	869	1024	735	1
辽　宁	1761		78	120	80	455	1028
吉　林	1161		994		3	164	
黑龙江	301			280	6	15	
上　海	25755	605	524	1956		21118	1552
江　苏	17306	87	5063	526		11033	597
浙　江	7579	27	369	2380	936	3552	315
安　徽	2189		382	449	45	1132	181
福　建	4831	235		2043	1649	904	
江　西	1604		112	108	208	1140	36
山　东	8299	613	849	506	335	5810	186
河　南	1478		275	252	243	708	
湖　北	2012	124		105	1343	376	64
湖　南	5847	282	1485	711	1288	2081	
广　东	17900	687	137	8679	3158	3343	1896
广　西	710	79	18	158		455	
海　南	7360		2906	1325	43	2914	172
重　庆	6580	22	3919	896		1743	
四　川	3121		1006	1452	27	122	514
贵　州	1223		827			396	
云　南	5511	1404	857	310	1100	1789	51
西　藏	680			630	50		
陕　西	4133		1148			2746	239
甘　肃	96				28	68	
青　海	767				767		
宁　夏	1086	210	270	210		374	22
新　疆	1202		5		514	683	

3-18 各地区按用途分的房地产开发企业房屋竣工价值

单位：万元

地 区	房屋竣工价值	住 宅	#别 墅、高档公寓	办公楼	商业营业用房	其 他
全国总计	**303090693**	**207640855**	**12869502**	**18261682**	**41425081**	**35763075**
北 京	7249527	3293694	235203	1544448	897710	1513675
天 津	8469697	5976833	221703	703614	529335	1259915
河 北	6411382	5022877	49212	155758	826493	406254
山 西	3726053	2905706	14780	49645	418712	351990
内蒙古	3379269	2371927	67677	58049	611507	337786
辽 宁	6138538	4345127	140760	219595	1135507	438309
吉 林	3547613	2464190	158875	200170	515440	367813
黑龙江	2877116	2170082	13842	133744	386023	187267
上 海	19471674	10251593	2816353	3052874	2909424	3257783
江 苏	34070589	25928212	1888244	1269862	4344750	2527765
浙 江	22354926	14010141	1102166	1736240	2953949	3654596
安 徽	13121169	9276218	174202	547162	2062507	1235282
福 建	11372354	7130761	378045	887974	1297759	2055860
江 西	5220766	3805862	76670	194590	832333	387981
山 东	24687643	18586990	578069	1000067	2682145	2418441
河 南	14395581	10583282	93204	538549	1791951	1481799
湖 北	8476137	6098213	194638	538063	1237854	602007
湖 南	11636808	8223035	406740	425595	1809492	1178686
广 东	30976161	20838329	1423027	2313865	3202847	4621120
广 西	6235813	4704752	75179	135684	827392	567985
海 南	5020934	4119798	338891	100257	343314	457565
重 庆	15476792	11032542	1151461	546268	2331607	1566375
四 川	16244205	10279521	254287	618773	2908590	2437321
贵 州	3382397	2128549	62162	116071	727935	409842
云 南	4623055	3318065	465735	61689	657390	585911
西 藏	132746	99107	25437		16274	17365
陕 西	4614003	3039858	349722	367258	750932	455955
甘 肃	1805762	1149687	4178	109339	356940	189796
青 海	1368213	550448	13479	152923	572334	92508
宁 夏	3243826	2209316	35092	122949	550751	360810
新 疆	3359944	1726140	60469	360607	935884	337313

3-19　各地区按资质等级分的房地产开发企业房屋竣工价值

单位：万元

地区	总计	一级	二级	三级	四级	暂定	其他
全国总计	**303090693**	**16662660**	**52612829**	**52764089**	**37411770**	**124587819**	**19051526**
北京	7249527	624533	921921	98788	3083725	2157719	362841
天津	8469697	119581	1094114	317329	4793553	1459447	685673
河北	6411382	289538	826574	1793090	1655660	1745733	100787
山西	3726053	177139	428373	826917	1159922	1028334	105368
内蒙古	3379269	73151	410109	608711	1716822	517502	52974
辽宁	6138538	410490	540263	1409695	30470	3135318	612302
吉林	3547613	285383	821747	750118	421696	1246921	21748
黑龙江	2877116	2164	637558	1283198	132749	571747	249700
上海	19471674	663960	2145459	1436085		13594037	1632133
江苏	34070589	1519690	11411004	1087165	3926	16938232	3110572
浙江	22354926	705426	1919478	3990671	1678211	11492576	2568564
安徽	13121169	310566	1723399	2597352	442908	6940693	1106251
福建	11372354	639299	889173	3961610	1732034	3618307	531931
江西	5220766	29026	540920	986105	804688	2658997	201030
山东	24687643	2115281	2803229	3758554	3225723	11205050	1579806
河南	14395581	811247	2266195	1582719	871097	7541412	1322911
湖北	8476137	556327	1353310	670024	1436098	4301976	158402
湖南	11636808	827555	1754747	4268572	2228072	2264772	293090
广东	30976161	1053566	2264084	6250453	6596343	12547193	2264522
广西	6235813	155369	726901	1451545	345601	3339908	216489
海南	5020934	15470	480425	1133666	694400	2526352	170621
重庆	15476792	2244313	7884862	1106557	15155	4057180	168725
四川	16244205	1422331	4098108	7531484	108870	2351267	732145
贵州	3382397	61639	624759	883154	308366	1441248	63231
云南	4623055	339922	548668	457749	1233846	1984490	58380
西藏	132746			115047	5800	11899	
陕西	4614003	358019	1065041	841543	878278	853824	617298
甘肃	1805762	54616	344867	517159	465642	421281	2197
青海	1368213	96690	218443	141622	182574	702021	26863
宁夏	3243826	636456	1184897	407644	661148	333681	20000
新疆	3359944	63913	684201	499763	498393	1598702	14972

3-20 各地区按资质等级分的房地产开发企业住宅竣工价值

单位：万元

地　区	总　计	一　级	二　级	三　级	四　级	暂　定	其　他
全国总计	**207640855**	**11499408**	**38133269**	**36835289**	**25701898**	**83551561**	**11919430**
北　京	3293694	264741	495121	21489	1242838	1240549	28956
天　津	5976833	86913	1007246	299951	3100817	815367	666539
河　北	5022877	230995	712328	1220094	1395383	1371771	92306
山　西	2905706	141345	331812	688971	895335	778292	69951
内蒙古	2371927	57020	295674	459787	1202481	326413	30552
辽　宁	4345127	157187	468862	956999	29907	2375888	356284
吉　林	2464190	232048	599247	507892	323653	788484	12866
黑龙江	2170082		498524	897731	99492	440365	233970
上　海	10251593	132922	1503164	893146		6895489	826872
江　苏	25928212	1315365	8893539	777621	3606	12731713	2206368
浙　江	14010141	522755	1158311	2884451	1049113	7166486	1229025
安　徽	9276218	291206	1119800	1749104	334953	5058463	722692
福　建	7130761	393145	616609	2572035	1108333	2128482	312157
江　西	3805862	25919	401683	758083	681264	1781777	157136
山　东	18586990	1568807	2206857	3013426	2562130	8103554	1132216
河　南	10583282	584050	1533938	1137871	683845	5840576	803002
湖　北	6098213	390151	1123249	563064	1095410	2788706	137633
湖　南	8223035	640414	1186973	3025664	1596928	1564284	208772
广　东	20838329	713062	1769842	4221702	4542842	8335962	1254919
广　西	4704752	137538	527578	1079868	289383	2483857	186528
海　南	4119798	14912	450585	965397	578147	1976578	134179
重　庆	11032542	1581563	5534176	692535	355	3092107	131806
四　川	10279521	875638	2670071	4793886	56910	1460807	422209
贵　州	2128549	20442	410714	580486	195440	873078	48389
云　南	3318065	232348	439741	340627	857049	1405876	42424
西　藏	99107			88911	2500	7696	
陕　西	3039858	293921	675274	623104	543413	474713	429433
甘　肃	1149687	25299	255703	348138	328616	190315	1616
青　海	550448	72900	145734	65868	113679	132295	19972
宁　夏	2209316	437500	824627	267499	461601	208389	9700
新　疆	1726140	59302	276287	339889	326475	713229	10958

3-21　各地区房地产开发企业建造的房屋面积和造价

地　区	房屋施工面　积(平方米)	房屋竣工面　积(平方米)	房屋竣工价　值(万元)	房屋竣工造　价(元/平方米)
全国总计	**8222995555**	**944211486**	**303090693**	**3210**
北　京	129506249	16570407	7249527	4375
天　津	105413871	21355709	8469697	3966
河　北	282992337	24585427	6411382	2608
山　西	169471135	14079469	3726053	2646
内蒙古	150803128	14295872	3379269	2364
辽　宁	243302656	22957622	6138538	2674
吉　林	120795117	15199622	3547613	2334
黑龙江	105882476	12034634	2877116	2391
上　海	146300274	31303384	19471674	6220
江　苏	626207378	86416705	34070589	3943
浙　江	446725058	52556294	22354926	4254
安　徽	410896855	45141174	13121169	2907
福　建	328132787	37621164	11372354	3023
江　西	207386482	20363941	5220766	2564
山　东	691018852	104460571	24687643	2363
河　南	546914276	67364516	14395581	2137
湖　北	312813483	27704553	8476137	3059
湖　南	357653717	41776954	11636808	2785
广　东	795826250	77681769	30976161	3988
广　西	254119139	22037249	6235813	2830
海　南	95749625	11882183	5020934	4226
重　庆	272450578	41093172	15476792	3766
四　川	440521262	56478564	16244205	2876
贵　州	219437587	14010090	3382397	2414
云　南	218004108	14648712	4623055	3156
西　藏	3490703	523151	132746	2537
陕　西	246187389	15246635	4614003	3026
甘　肃	94263241	7523351	1805762	2400
青　海	25387914	3177084	1368213	4307
宁　夏	60036314	12017441	3243826	2699
新　疆	115305314	12104067	3359944	2776

3-22 各地区房地产开发企业建造的住宅面积和造价

地　区	住宅施工面积（平方米）	住宅竣工面积（平方米）	住宅竣工价值（万元）	住宅竣工造价（元/平方米）
全国总计	**5698793874**	**665566839**	**207640855**	**3120**
北　京	58818574	7738264	3293694	4256
天　津	73822459	15592653	5976833	3833
河　北	215529550	19731785	5022877	2546
山　西	123145485	10945022	2905706	2655
内蒙古	99509114	10276202	2371927	2308
辽　宁	177736018	17316926	4345127	2509
吉　林	83981036	11053665	2464190	2229
黑龙江	76839540	9205271	2170082	2357
上　海	74784581	17335743	10251593	5914
江　苏	462986590	64501087	25928212	4020
浙　江	275288569	30848737	14010141	4542
安　徽	291803413	32086208	9276218	2891
福　建	210142138	23620835	7130761	3019
江　西	152468575	15151427	3805862	2512
山　东	507904902	80099985	18586990	2320
河　南	413519740	51283862	10583282	2064
湖　北	233627393	20881503	6098213	2920
湖　南	259700515	30820317	8223035	2668
广　东	544483781	52967879	20838329	3934
广　西	185174768	16639249	4704752	2828
海　南	70575133	9888022	4119798	4166
重　庆	178287210	27704993	11032542	3982
四　川	285342077	37181592	10279521	2765
贵　州	139793437	9273063	2128549	2295
云　南	142435070	10627048	3318065	3122
西　藏	2246590	398847	99107	2485
陕　西	174822114	10361502	3039858	2934
甘　肃	61644775	4986656	1149687	2306
青　海	15768990	1857737	550448	2963
宁　夏	37813371	8313536	2209316	2657
新　疆	68798366	6877223	1726140	2510

3-23　各地区按用途分的房地产开发企业房屋出租面积

单位：平方米

地　区	房　屋 出租面积	住宅	#别　墅、 高档公寓	办公楼	商业营 业用房	其　他
全国总计	**35195721**	**2447351**	**672413**	**10948379**	**16151133**	**5648858**
北　京	2657823	82177	54950	967412	1135059	473175
天　津	775183	3545		548008	145111	78519
河　北	44910				42248	2662
山　西	103421			723	75497	27201
内蒙古	82107	38300			36563	7244
辽　宁	127446	36338	16705	25856	65144	108
吉　林	486339			21668	464671	
黑龙江	84702				47361	37341
上　海	18682301	1285970	549079	7535170	6308317	3552844
江　苏	1695570	41096		187447	1353487	113540
浙　江	1271000	37		429755	739591	101617
安　徽	202129	9437		68194	47445	77053
福　建	1031343	67311	29233	79643	647056	237333
江　西	168196	2968			165228	
山　东	963753	37834		169755	675841	80323
河　南	15255				5255	10000
湖　北	141052	5888		48902	64035	22227
湖　南	417298	7106		111924	220979	77289
广　东	2066597	88106	20210	475659	1299360	203472
广　西	284782	21629	2236	6528	249821	6804
海　南	132534	7317		488	86646	38083
重　庆	685866			19006	452533	214327
四　川	643613	3849		65897	418288	155579
贵　州	120233			31799	57022	31412
云　南	532001	428466		7930	95605	
西　藏	1931				1931	
陕　西	612392	23728		99905	448621	40138
甘　肃	92857			11260	80893	704
青　海						
宁　夏	364112	22438		20650	319470	1554
新　疆	708975	233811		14800	402055	58309

3-24 各地区按资质等级分的房地产开发企业房屋出租面积

单位：平方米

地　区	总　计	一　级	二　级	三　级	四　级	暂　定	其　他
全国总计	**35195721**	**3654830**	**5783163**	**4271251**	**3063040**	**14844107**	**3579330**
北　京	2657823	304819	56697	231950	1235068	479856	349433
天　津	775183		340562	9010	222298	203313	
河　北	44910		10500	26094	5654	2662	
山　西	103421	15511	5340	8062	26515	47993	
内蒙古	82107		14662	1767	16178	49500	
辽　宁	127446		46067	52769		28610	
吉　林	486339		275397	88597	527	121818	
黑龙江	84702		49104	35578		20	
上　海	18682301	2502206	2702527	1204039	6955	9693951	2572623
江　苏	1695570	70563	403870	19585		922140	279412
浙　江	1271000	155569	52148	117577	102688	605343	237675
安　徽	202129			89875		111442	812
福　建	1031343		14616	671020	167360	178347	
江　西	168196		150	6210		161836	
山　东	963753	110518	107881	139295	127486	459510	19063
河　南	15255			10000		1285	3970
湖　北	141052		82104	15754	18519	24675	
湖　南	417298	4449	61631	209063	52386	89769	
广　东	2066597	14907	275960	727000	452333	523811	72586
广　西	284782		11262	20321	32254	220945	
海　南	132534				14072	118462	
重　庆	685866	340459	229498	34852		81057	
四　川	643613	56707	52047	165715	89343	279801	
贵　州	120233		1200	82988	14220	21825	
云　南	532001		401708	26758	42698	35837	25000
西　藏	1931				1931		
陕　西	612392	22152	108744	93094	284647	84999	18756
甘　肃	92857			40401	16896	35560	
青　海							
宁　夏	364112	56811	183472	38240	85589		
新　疆	708975	159	296016	105637	47423	259740	

3-25　各地区按资质等级分的房地产开发企业住宅出租面积

单位：平方米

地　区	总　计	一　级	二　级	三　级	四　级	暂　定	其　他
全国总计	**2447351**	**655307**	**759491**	**218026**	**17183**	**587587**	**209757**
北　京	82177	16435	181		6711	26995	31855
天　津	3545		3545				
河　北							
山　西							
内蒙古	38300					38300	
辽　宁	36338			16705		19633	
吉　林							
黑龙江							
上　海	1285970	634169	61400	33510	5596	384124	167171
江　苏	41096		39561			865	670
浙　江	37				37		
安　徽	9437			1000		8437	
福　建	67311			21083		46228	
江　西	2968					2968	
山　东	37834	4703		29363			3768
河　南							
湖　北	5888		1728			4160	
湖　南	7106			7106			
广　东	88106			53856	4839	23118	6293
广　西	21629					21629	
海　南	7317					7317	
重　庆							
四　川	3849			36		3813	
贵　州							
云　南	428466		401708	26758			
西　藏							
陕　西	23728			23728			
甘　肃							
青　海							
宁　夏	22438		17557	4881			
新　疆	233811		233811				

3-26 各地区房地产开发企业90平方米及以下住房开发规模及竣工情况

地　区	施工面积(平方米)	新开工面积(平方米)	竣工面积(平方米)	不可销售面积(平方米)	竣工套数(套)	出租面积(平方米)
全国总计	**1405216319**	**246125163**	**175426100**	**9127889**	**2349981**	**1432007**
北　京	34962032	7598237	4648665	836860	65152	2542
天　津	26132729	3793984	6963257	1097515	112205	
河　北	64809650	14239958	6307084	103905	80624	
山　西	25514244	4074461	2593549	247069	33704	
内蒙古	22295069	3256959	2996130	407002	40766	19521
辽　宁	83042729	10463313	9696908	264931	132965	4587
吉　林	37779800	6972679	4947981	205560	69204	
黑龙江	40425537	8880742	5293937	594370	68628	
上　海	34966055	7673622	7674156	118751	101651	589954
江　苏	89891388	15024700	11902603	238917	145356	36832
浙　江	48597237	11414634	6409411	481671	81071	37
安　徽	56474227	8060800	6343763	150156	81459	
福　建	54462970	9671140	5323730	244147	75710	18052
江　西	21662578	2951816	2093746	12771	27678	
山　东	91189837	13553725	15079622	337851	185321	29363
河　南	101178650	20307694	12833166	425456	165309	
湖　北	45687279	6535630	3321682	40111	46672	1728
湖　南	31342405	5526839	3845120	20025	52619	
广　东	124382239	23746595	11193515	176199	149958	34571
广　西	39979311	7097953	3791812	9287	49598	6040
海　南	37561158	5942319	6288591	193027	91157	7031
重　庆	65433944	10806860	10586881	61935	152529	
四　川	86736342	19117418	13621474	279606	181682	355
贵　州	24801503	4599155	2068358	4228	27237	
云　南	30940077	4610586	1478985	24459	21227	427122
西　藏	564696	350286	66715		772	
陕　西	44092550	5404865	2766375	1177910	39411	
甘　肃	14293263	1818407	922534	26459	10887	
青　海	3913748	306622	419114	94189	6385	
宁　夏	6416817	216214	2164948	999671	28490	20461
新　疆	15686255	2106950	1782288	253851	24554	233811

3-27　各地区按用途分的房地产开发企业商品房销售面积

单位：平方米

地　区	商品房销售面积	住　宅	#别　墅、高档公寓	办公楼	商业营业用房	其　他
全国总计	**1714645964**	**1477595890**	**44177739**	**43659523**	**119329480**	**74061071**
北　京	7157637	5463144	631439	757842	352658	583993
天　津	12523495	11438099	881997	364415	548518	172463
河　北	52403528	46996657	350660	1102729	2761334	1542808
山　西	23610186	22158597	532736	326075	706497	419017
内蒙古	20085242	17029967	244682	223862	1838450	992963
辽　宁	39499347	35701737	589653	187495	2576134	1033981
吉　林	20744471	18138240	340794	508286	1566493	531452
黑龙江	19132548	16655768	217147	148835	1823878	504067
上　海	17723798	13358912	1805032	1479389	1020270	1865227
江　苏	135001235	120499895	6614186	2790092	8161048	3550200
浙　江	97629444	79461019	4213449	4198797	6421600	7548028
安　徽	100385087	89011868	987687	1693892	7844756	1834571
福　建	62170207	47846203	1823708	3045872	4584197	6693935
江　西	62011610	53894370	1346349	1191754	5648238	1277248
山　东	131738384	115292106	1914277	2742191	8471844	5232243
河　南	139905259	124829019	645007	2239998	10428870	2407372
湖　北	88583491	80947559	1475226	1948882	4280817	1406233
湖　南	92490498	80062621	1900494	1364023	6996915	4066939
广　东	143304384	120470597	4931987	6056294	7360325	9417168
广　西	62155638	56047607	1037968	1151267	2812612	2144152
海　南	14423491	13013349	802907	440137	680286	289719
重　庆	65377933	54262627	3241241	1273733	5140429	4701144
四　川	122103838	98893452	1992419	3239867	10452772	9517747
贵　州	51779152	44378916	1142794	892785	5545046	962405
云　南	45323328	36439813	3243501	1109662	4693255	3080598
西　藏	736157	623659	13086	9308	89596	13594
陕　西	41184677	35455134	467449	2181398	2315079	1233066
甘　肃	15944182	14367541	96474	165945	1050475	360221
青　海	4474014	3768640	37575	88299	523237	93838
宁　夏	10267025	8881621	177614	191377	930759	263268
新　疆	14776678	12207153	478201	545022	1703092	321411

3-28 各地区按资质等级分的房地产开发企业商品房销售面积

单位：平方米

地 区	总 计	一 级	二 级	三 级	四 级	暂 定	其 他
全国总计	**1714645964**	**60884916**	**240844675**	**292775217**	**190201999**	**790120067**	**139819090**
北 京	7157637	654900	995698	273861	2411963	2732500	88715
天 津	12523495	325057	1001858	372515	7562604	2644482	616979
河 北	52403528	3246954	6673731	10058234	13393910	17727687	1303012
山 西	23610186	666643	3049141	2747896	8850159	7993263	303084
内蒙古	20085242	827454	2400895	2011441	11251279	2736306	857867
辽 宁	39499347	533883	3363545	8187309	204112	23068778	4141720
吉 林	20744471	966763	4466026	3481853	2414920	9231852	183057
黑龙江	19132548	362471	3520038	7592468	960974	4715910	1980687
上 海	17723798	633905	2209468	1077679	35117	12620923	1146706
江 苏	135001235	5210110	40715097	4583450	63099	68812906	15616573
浙 江	97629444	2117500	4867684	14705002	5694347	46482652	23762259
安 徽	100385087	1948848	9279782	15600060	2170538	63349795	8036064
福 建	62170207	1374146	5503653	14161339	3871307	33994594	3265168
江 西	62011610	912133	4692321	9818376	6392031	34041479	6155270
山 东	131738384	8230329	13354482	17191905	18596056	62945195	11420417
河 南	139905259	4879669	17573463	15789475	8090833	77357501	16214318
湖 北	88583491	4515696	12067800	8832603	11298228	47007903	4861261
湖 南	92490498	3398561	10491781	29798192	18030832	27452631	3318501
广 东	143304384	2503121	5935574	18455418	27659893	72841325	15909053
广 西	62155638	2155332	5516827	7511933	2680051	42215326	2076169
海 南	14423491	222524	631060	1618798	1273392	9301348	1376369
重 庆	65377933	4634209	24781241	7534204	168834	26978949	1280496
四 川	122103838	4333001	25678406	62390970	892016	23886193	4923252
贵 州	51779152	685576	8303641	7846237	5825541	27762480	1355677
云 南	45323328	1685383	6142559	3975420	12954379	16833204	3732383
西 藏	736157		137279	379352	86306	107888	25332
陕 西	41184677	1126085	7913240	7305291	9668139	10171205	5000717
甘 肃	15944182	714236	1660178	4491486	3833071	4926211	319000
青 海	4474014	193135	1638748	965730	445548	985352	245501
宁 夏	10267025	1331020	3950461	1570927	1143227	2244151	27239
新 疆	14776678	496272	2328998	2445793	2279293	6950078	276244

3-29 各地区按用途分的房地产开发企业商品房现房销售面积

单位：平方米

地 区	现房销售面 积	住 宅	#别 墅、高档公寓	办公楼	商业营业用房	其 他
全国总计	**310873790**	**232405007**	**7945711**	**12102768**	**38835786**	**27530229**
北 京	3341697	2223353	255322	486339	172141	459864
天 津	1896904	1264303	74548	201138	284357	147106
河 北	9890842	8503392	109195	206052	865746	315652
山 西	4722377	4225757	15775	52619	264283	179718
内 蒙 古	7672098	6003085	69481	89608	989346	590059
辽 宁	11945964	10486186	201411	134798	1044482	280498
吉 林	5540222	4650582	52255	98279	598449	192912
黑 龙 江	7441836	6064775	81854	51622	1014819	310620
上 海	7746214	4911023	565714	733563	581513	1520115
江 苏	28257715	22935343	1477225	1046312	3074989	1201071
浙 江	14423923	8475401	802533	1800796	2282558	1865168
安 徽	11005184	7883161	106515	590833	1986012	545178
福 建	8768369	4228941	164967	513400	1375080	2650948
江 西	9140985	7196599	191980	217012	1376813	350561
山 东	23527875	18106654	413590	980704	3310203	1130314
河 南	32960143	27534603	100795	434754	3819399	1171387
湖 北	16797724	14254353	381491	529209	1634447	379715
湖 南	13409078	9526001	180899	339918	1963494	1579665
广 东	25252294	17239025	894709	1056170	2175742	4781357
广 西	6763159	5569023	143151	169390	625634	399112
海 南	3464803	3071103	298732	65030	218518	110152
重 庆	8914012	4316594	147004	676045	1591884	2329489
四 川	14275636	8138349	294102	423176	2797864	2916247
贵 州	5680568	3943653	61252	151392	1244007	341516
云 南	9436045	6768394	613449	292334	1353365	1021952
西 藏	341106	262339	4818	9308	63847	5612
陕 西	5935665	4470196	27896	390653	716671	358145
甘 肃	4237505	3786232	3693	54130	316207	80936
青 海	575902	443975	646	6522	113276	12129
宁 夏	3597386	2896372	82655	139707	436214	125093
新 疆	3910559	3026240	128054	161955	544426	177938

3-30 各地区按资质等级分的房地产开发企业商品房现房销售面积

单位：平方米

地区	总计	一级	二级	三级	四级	暂定	其他
全国总计	**310873790**	**11466252**	**54289820**	**65474760**	**46372439**	**114065862**	**19204657**
北京	3341697	286138	901066	212482	1199647	725859	16505
天津	1896904	166109	203982	89127	1236324	146195	55167
河北	9890842	757951	2185602	2191339	2448988	2232170	74792
山西	4722377	388541	549795	675337	1995319	952610	160775
内蒙古	7672098	398881	854267	1032110	4365401	903343	118096
辽宁	11945964	178989	1128712	3300174	149141	6515319	673629
吉林	5540222	77405	1195798	1606794	1035706	1575080	49439
黑龙江	7441836	80799	1827782	2903985	587480	1625107	416683
上海	7746214	72152	1218836	816496	1096	4930026	707608
江苏	28257715	1564974	11106529	2315269	56214	10573143	2641586
浙江	14423923	481130	1328638	3330541	1672134	6102461	1509019
安徽	11005184	142354	1530572	2600562	494289	5916493	320914
福建	8768369	508451	728049	3781727	1055431	1975968	718743
江西	9140985	113162	813938	2853042	941275	3877504	542064
山东	23527875	911739	3611460	3296967	4433445	9932241	1342023
河南	32960143	579500	3680847	4264832	2899995	17979189	3555780
湖北	16797724	1220427	3186619	2072287	3399775	6449848	468768
湖南	13409078	310224	1365112	4871000	2992466	3018190	852086
广东	25252294	760347	1719986	5422773	6186670	9117628	2044890
广西	6763159	48150	536938	1387358	477140	3687600	625973
海南	3464803	37619	263361	705318	493354	1674105	291046
重庆	8914012	626929	4073746	1401707	8027	2677766	125837
四川	14275636	560644	3142798	7619404	193543	2555916	203331
贵州	5680568	769	757479	1224918	1051787	2370161	275454
云南	9436045	332827	1805974	778704	2653421	3423527	441592
西藏	341106		7053	216728	55051	62274	
陕西	5935665	83596	1703010	1413326	1580496	561583	593654
甘肃	4237505	13392	548465	1346430	1373361	718082	237775
青海	575902	20342	204311	117995	53713	76293	103248
宁夏	3597386	663460	1590746	697226	408372	237582	
新疆	3910559	79251	518349	928802	873378	1472599	38180

3-31　各地区按用途分的房地产开发企业商品房期房销售面积

单位：平方米

地　区	期房销售面积	住　宅	#别　墅、高档公寓	办公楼	商业营业用房	其　他
全国总计	**1403772174**	**1245190883**	**36232028**	**31556755**	**80493694**	**46530842**
北　京	3815940	3239791	376117	271503	180517	124129
天　津	10626591	10173796	807449	163277	264161	25357
河　北	42512686	38493265	241465	896677	1895588	1227156
山　西	18887809	17932840	516961	273456	442214	239299
内蒙古	12413144	11026882	175201	134254	849104	402904
辽　宁	27553383	25215551	388242	52697	1531652	753483
吉　林	15204249	13487658	288539	410007	968044	338540
黑龙江	11690712	10590993	135293	97213	809059	193447
上　海	9977584	8447889	1239318	745826	438757	345112
江　苏	106743520	97564552	5136961	1743780	5086059	2349129
浙　江	83205521	70985618	3410916	2398001	4139042	5682860
安　徽	89379903	81128707	881172	1103059	5858744	1289393
福　建	53401838	43617262	1658741	2532472	3209117	4042987
江　西	52870625	46697771	1154369	974742	4271425	926687
山　东	108210509	97185452	1500687	1761487	5161641	4101929
河　南	106945116	97294416	544212	1805244	6609471	1235985
湖　北	71785767	66693206	1093735	1419673	2646370	1026518
湖　南	79081420	70536620	1719595	1024105	5033421	2487274
广　东	118052090	103231572	4037278	5000124	5184583	4635811
广　西	55392479	50478584	894817	981877	2186978	1745040
海　南	10958688	9942246	504175	375107	461768	179567
重　庆	56463921	49946033	3094237	597688	3548545	2371655
四　川	107828202	90755103	1698317	2816691	7654908	6601500
贵　州	46098584	40435263	1081542	741393	4301039	620889
云　南	35887283	29671419	2630052	817328	3339890	2058646
西　藏	395051	361320	8268		25749	7982
陕　西	35249012	30984938	439553	1790745	1598408	874921
甘　肃	11706677	10581309	92781	111815	734268	279285
青　海	3898112	3324665	36929	81777	409961	81709
宁　夏	6669639	5985249	94959	51670	494545	138175
新　疆	10866119	9180913	350147	383067	1158666	143473

3-32 各地区按资质等级分的房地产开发企业商品房期房销售面积

单位：平方米

地　区	总 计	一 级	二 级	三 级	四 级	暂 定	其 他
全国总计	**1403772174**	**49418664**	**186554855**	**227300457**	**143829560**	**676054205**	**120614433**
北　京	3815940	368762	94632	61379	1212316	2006641	72210
天　津	10626591	158948	797876	283388	6326280	2498287	561812
河　北	42512686	2489003	4488129	7866895	10944922	15495517	1228220
山　西	18887809	278102	2499346	2072559	6854840	7040653	142309
内蒙古	12413144	428573	1546628	979331	6885878	1832963	739771
辽　宁	27553383	354894	2234833	4887135	54971	16553459	3468091
吉　林	15204249	889358	3270228	1875059	1379214	7656772	133618
黑龙江	11690712	281672	1692256	4688483	373494	3090803	1564004
上　海	9977584	561753	990632	261183	34021	7690897	439098
江　苏	106743520	3645136	29608568	2268181	6885	58239763	12974987
浙　江	83205521	1636370	3539046	11374461	4022213	40380191	22253240
安　徽	89379903	1806494	7749210	12999498	1676249	57433302	7715150
福　建	53401838	865695	4775604	10379612	2815876	32018626	2546425
江　西	52870625	798971	3878383	6965334	5450756	30163975	5613206
山　东	108210509	7318590	9743022	13894938	14162611	53012954	10078394
河　南	106945116	4300169	13892616	11524643	5190838	59378312	12658538
湖　北	71785767	3295269	8881181	6760316	7898453	40558055	4392493
湖　南	79081420	3088337	9126669	24927192	15038366	24434441	2466415
广　东	118052090	1742774	4215588	13032645	21473223	63723697	13864163
广　西	55392479	2107182	4979889	6124575	2202911	38527726	1450196
海　南	10958688	184905	367699	913480	780038	7627243	1085323
重　庆	56463921	4007280	20707495	6132497	160807	24301183	1154659
四　川	107828202	3772357	22535608	54771566	698473	21330277	4719921
贵　州	46098584	684807	7546162	6621319	4773754	25392319	1080223
云　南	35887283	1352556	4336585	3196716	10300958	13409677	3290791
西　藏	395051		130226	162624	31255	45614	25332
陕　西	35249012	1042489	6210230	5891965	8087643	9609622	4407063
甘　肃	11706677	700844	1111713	3145056	2459710	4208129	81225
青　海	3898112	172793	1434437	847735	391835	909059	142253
宁　夏	6669639	667560	2359715	873701	734855	2006569	27239
新　疆	10866119	417021	1810649	1516991	1405915	5477479	238064

3-33　各地区按资质等级分的房地产开发企业商品住宅销售面积

单位：平方米

地　区	总　计	一　级	二　级	三　级	四　级	暂　定	其　他
全国总计	**1477595890**	**53416180**	**207576782**	**245635086**	**162030953**	**688465621**	**120471268**
北　京	5463144	551433	780220	157992	1697471	2224992	51036
天　津	11438099	308223	961696	328106	6848322	2444529	547223
河　北	46996657	2987679	6231992	8817479	12104142	15654095	1201270
山　西	22158597	629414	2929346	2531569	8215446	7549738	303084
内蒙古	17029967	655532	2114112	1619805	9411093	2424997	804428
辽　宁	35701737	487544	2809203	7262376	197317	21155161	3790136
吉　林	18138240	888556	4037339	3106842	2049312	7890242	165949
黑龙江	16655768	310193	3176595	6559341	823801	4144600	1641238
上　海	13358912	512901	1715624	745822	35117	9711734	637714
江　苏	120499895	4795477	36058634	3911132	50633	61188133	14495886
浙　江	79461019	1767940	4068168	11825943	4684929	37102008	20012031
安　徽	89011868	1680816	8143375	12549133	1887064	57290518	7460962
福　建	47846203	957482	4440336	10436133	1895090	27758853	2358309
江　西	53894370	867954	4396534	8591963	5469376	29063354	5505189
山　东	115292106	7359323	11820261	15283840	16383936	54484032	9960714
河　南	124829019	4554111	15752348	13877394	7274801	69315078	14055287
湖　北	80947559	4362807	10756725	8126575	10452249	42883194	4366009
湖　南	80062621	2974485	8980027	25858344	15189341	24111921	2948503
广　东	120470597	2193157	4680164	15174792	22399133	63405212	12618139
广　西	56047607	1870519	5026384	6745937	2399894	38187199	1817674
海　南	13013349	174634	505238	1555032	1177070	8393953	1207422
重　庆	54262627	3714126	20327145	6088225	110857	22972247	1050027
四　川	98893452	3436754	20668680	50155429	657670	20057514	3917405
贵　州	44378916	637089	7351149	6475226	5141851	23741571	1032030
云　南	36439813	1312573	4760201	3122375	10354701	13656789	3233174
西　藏	623659		128280	349945	66957	78477	
陕　西	35455134	996368	6578358	6406654	8202585	8764615	4506554
甘　肃	14367541	690587	1513346	4054021	3573917	4240251	295419
青　海	3768640	186562	1377180	734003	339186	921447	210262
宁　夏	8881621	1168424	3423347	1306777	1002940	1952894	27239
新　疆	12207153	383517	2064775	1876881	1934752	5696273	250955

3-34 各地区按资质等级分的房地产开发企业90平方米及以下住宅销售面积

单位：平方米

地　区	总　计	一　级	二　级	三　级	四　级	暂　定	其　他
全国总计	**266687790**	**10579665**	**41068195**	**49342291**	**26934008**	**118464010**	**20299621**
北　京	2495919	285413	358977	65590	847588	900055	38296
天　津	2681909	116437	260544	82906	1553664	527433	140925
河　北	11848742	552564	1858095	3236106	2137769	3740665	323543
山　西	2955074	117080	178500	642617	1151524	752736	112617
内蒙古	3219886	26352	589741	417786	1768885	331386	85736
辽　宁	15754067	222914	781705	3391149	110100	9618696	1629503
吉　林	6616938	408021	1398215	1056425	1170313	2530085	53879
黑龙江	7408607	37162	1578039	2661937	687309	1718640	725520
上　海	6145455	384828	676111	261517	9236	4507856	305907
江　苏	14684303	1004827	4617207	761879	1051	6719284	1580055
浙　江	12040253	340800	775514	1259488	695215	5420328	3548908
安　徽	9465766	94096	1363609	2075782	187840	4948461	795978
福　建	9402754	559617	1125883	1920049	404288	4971277	421640
江　西	5693129	103670	407532	742665	578873	3115283	745106
山　东	14565236	258254	1522698	1736373	2491957	7242810	1313144
河　南	26657716	2085184	3625644	3208259	1207741	14755676	1775212
湖　北	10550009	913317	2082884	1016792	989641	4964633	582742
湖　南	5869277	131692	968406	2198976	1111417	1305038	153748
广　东	20788672	356196	726274	2554159	3846063	10864405	2441575
广　西	9998724	189422	629440	1094289	490610	7069580	525383
海　南	7767064	66767	232356	750641	718019	5131778	867503
重　庆	14476086	837735	6047976	1923964	29201	5367573	269637
四　川	24946526	916029	5477746	12449774	400284	5145070	557623
贵　州	4580830	8125	577595	749729	857303	2267567	120511
云　南	5150272	136980	908721	313327	1372338	2189141	229765
西　藏	88167			52356	336	35475	
陕　西	5183255	175264	1126708	870582	1249986	906648	854067
甘　肃	2568499	118104	172885	1174688	498672	589585	14565
青　海	547861	31761	152794	114650	122398	100632	25626
宁　夏	799871	94885	464141	88132	63172	89541	
新　疆	1736923	6169	382255	469704	181215	636673	60907

3-35　各地区按资质等级分的房地产开发企业144平方米以上住宅销售面积

单位：平方米

地　区	总　计	一　级	二　级	三　级	四　级	暂　定	其　他
全国总计	**219266434**	**8945583**	**31342224**	**33703277**	**26538597**	**100053556**	**18683197**
北　京	1507329	121691	191581	57606	450063	673995	12393
天　津	1508855	5340	162315	56700	864570	408105	11825
河　北	5031261	193365	925562	476470	1086318	2307417	42129
山　西	4459588	126577	410181	504187	1636721	1768874	13048
内蒙古	3188785	309889	529586	245378	1440309	572255	91368
辽　宁	3584696	66682	399451	677863	16649	2157808	266243
吉　林	2551464	36924	685817	560698	56960	1193112	17953
黑龙江	2008742	77481	373533	933983	34991	465664	123090
上　海	1535121	44623	159388	121403		1153187	56520
江　苏	21963686	1049573	5727436	797330	10149	11273331	3105867
浙　江	15157852	306169	959181	2468664	1201055	7390002	2832781
安　徽	7656327	36700	930210	801685	84089	5080986	722657
福　建	5768287	87838	473436	1479080	315246	2949910	462777
江　西	5716890	133206	668956	957557	530244	2252750	1174177
山　东	22427110	1694382	2538199	2822240	3420928	10372632	1578729
河　南	16669214	636121	2714519	1551165	831075	9530807	1405527
湖　北	9171775	786433	934008	1000399	1004541	4599860	846534
湖　南	14787117	569139	1474926	4276805	3250305	4539960	675982
广　东	21676451	556967	928490	3952685	3999229	9848631	2390449
广　西	7404218	176937	790317	886283	389544	4941239	219898
海　南	1056445	73121	37499	95638	148881	588213	113093
重　庆	6660631	390213	2806818	519390	1078	2883883	59249
四　川	8241204	176415	1625987	4567116	15565	1401569	454552
贵　州	7101848	392418	1425235	580295	446777	4172815	84308
云　南	11636724	322422	1397343	1263753	3413692	4140088	1099426
西　藏	143272		8341	128302	2946	3683	
陕　西	5404596	177236	923738	916900	1186162	1565465	635095
甘　肃	1461066	10292	268896	442394	172953	522502	44029
青　海	533351	41798	132188	103237	43352	121519	91257
宁　夏	1453901	251098	574603	136854	112309	375186	3851
新　疆	1798628	94533	164484	321217	371896	798108	48390

3-36 各地区按资质等级分的房地产开发企业别墅、高档公寓销售面积

单位：平方米

地　区	总　计	一　级	二　级	三　级	四　级	暂　定	其　他
全国总计	**44177739**	**1475819**	**5704779**	**7238728**	**5738885**	**20655128**	**3364400**
北　京	631439	31884	106245	14441	255435	222174	1260
天　津	881997		30847	13812	535678	291351	10309
河　北	350660	32496	15022	107674	80782	90945	23741
山　西	532736	4726	38965	197672	206203	85170	
内蒙古	244682	1397	3057	24270	138333	77455	170
辽　宁	589653	7863	45542	154621	5909	183716	192002
吉　林	340794		96699	2722	17795	221904	1674
黑龙江	217147	2391	63713	100058	1800	41731	7454
上　海	1805032	23125	89821	114329		1438002	139755
江　苏	6614186	248516	1496688	443310	9831	3629157	786684
浙　江	4213449	38964	150297	923449	429712	1828283	842744
安　徽	987687	9014	98923	311768	35026	486829	46127
福　建	1823708	28719	78076	174924	138365	1291736	111888
江　西	1346349	78287	30616	312862	125182	705877	93525
山　东	1914277	76687	118256	291110	220445	1107441	100338
河　南	645007	6920	55171	72415	32539	450227	27735
湖　北	1475226	131328	124766	69517	426895	600359	122361
湖　南	1900494	205055	138227	544225	499672	508019	5296
广　东	4931987	117008	153995	929147	1108103	2245185	378549
广　西	1037968	106988	57723	43849	29756	786843	12809
海　南	802907		14649	138739	149285	461882	38352
重　庆	3241241	35012	1481610	452320		1233308	38991
四　川	1992419	111187	322305	1267654	5685	213691	71897
贵　州	1142794		244325	20021	17194	793152	68102
云　南	3243501	134115	433932	409361	1016492	1164113	85488
西　藏	13086			5628	2640	4818	
陕　西	467449		145266	16375	70918	121262	113628
甘　肃	96474		1489	5474	5973	83538	
青　海	37575				36929	646	
宁　夏	177614	42075	37915	22569	28439	46616	
新　疆	478201	2062	30639	54412	107869	239698	43521

3-37 各地区按资质等级分的房地产开发企业办公楼销售面积

单位：平方米

地 区	总 计	一 级	二 级	三 级	四 级	暂 定	其 他
全国总计	**43659523**	**1109916**	**5507508**	**6682503**	**5230586**	**20878171**	**4250839**
北 京	757842	24646	73390	33289	350760	273429	2328
天 津	364415	3776	3930		210826	127100	18783
河 北	1102729	49032	22206	198539	158612	673500	840
山 西	326075	2811	31831	65373	116995	109065	
内蒙古	223862		35342	6276	169238	13006	
辽 宁	187495	11424	32145	32328		110454	1144
吉 林	508286	17493	31836	39466	1382	418109	
黑龙江	148835		40908	64743		39156	4028
上 海	1479389	88099	46979	20044		1155762	168505
江 苏	2790092	32846	983248	119830	882	1396195	257091
浙 江	4198797	61554	84011	598943	165994	2314733	973562
安 徽	1693892	50709	149296	382036	18821	1040684	52346
福 建	3045872	41578	242515	494025	747958	1369126	150670
江 西	1191754	1976	24927	119368	62447	902309	80727
山 东	2742191	130418	322229	130398	190932	1746623	221591
河 南	2239998	12184	474924	265842	77126	1298668	111254
湖 北	1948882	51077	404117	90715	12528	1124721	265724
湖 南	1364023	51583	107070	511944	393059	300367	
广 东	6056294	17441	222506	711915	1243934	2686107	1174391
广 西	1151267	19805	43620	60163	40024	833834	153821
海 南	440137	35702	366	349	899	314693	88128
重 庆	1273733	87696	572948	174202		422766	16121
四 川	3239867	168630	472361	1986681	25620	410680	175895
贵 州	892785	1821	148686	140295	76146	381112	144725
云 南	1109662	65328	134690	26382	429537	404841	48884
西 藏	9308				9308		
陕 西	2181398	63967	506466	174185	666511	641949	128320
甘 肃	165945		23252	71541	16688	54464	
青 海	88299		22614	53706	11979		
宁 夏	191377	16970	108136	57079	999	8193	
新 疆	545022	1350	140959	52846	31381	306525	11961

3-38 各地区按资质等级分的房地产开发企业商业营业用房销售面积

单位：平方米

地区	总计	一级	二级	三级	四级	暂定	其他
全国总计	**119329480**	**2864799**	**15205403**	**24439890**	**14780386**	**52905780**	**9133222**
北京	352658	12347	35890	42172	149653	102497	10099
天津	548518	13058	6028	29242	431230	54144	14816
河北	2761334	103900	287750	742575	702683	893789	30637
山西	706497	10650	61961	86698	315160	232028	
内蒙古	1838450	30970	211769	226486	1173842	165495	29888
辽宁	2576134	32775	417003	608932	6795	1267198	243431
吉林	1566493	15360	307390	218619	294890	718568	11666
黑龙江	1823878	50254	233618	696848	97562	435647	309949
上海	1020270		115025	109425		640957	154863
江苏	8161048	243688	2519254	447997	8728	4201224	740157
浙江	6421600	86957	227513	1027296	536385	3199206	1344243
安徽	7844756	139454	699815	2431934	253648	3909036	410869
福建	4584197	101255	267227	1167851	438263	2379244	230357
江西	5648238	41332	240208	844316	746978	3240463	534941
山东	8471844	356091	611927	995783	1282070	4695474	530499
河南	10428870	203230	891770	1305377	555329	5705176	1767988
湖北	4280817	68072	459162	455792	721675	2428249	147867
湖南	6996915	128314	738671	1943978	1698457	2249704	237791
广东	7360325	87088	301982	897348	1709887	3385384	978636
广西	2812612	85284	306535	383355	183491	1826179	27768
海南	680286	12188	90452	44262	68732	417495	47157
重庆	5140429	344625	1705978	836507	46720	2044018	162581
四川	10452772	316810	2082416	5515116	55460	1985261	497709
贵州	5545046	46666	648261	1065862	519687	3100047	164523
云南	4693255	126173	415676	717079	1512490	1689520	232317
西藏	89596		1017	29407	10041	23799	25332
陕西	2315079	25228	614956	566176	584725	337496	186498
甘肃	1050475	14518	51256	308051	202930	450139	23581
青海	523237	6573	222012	122275	94383	53238	24756
宁夏	930759	63845	354905	168439	107539	236031	
新疆	1703092	98094	77976	404692	270953	839074	12303

3-39　各地区按用途分的房地产开发企业商品房销售额

单位：万元

地　区	商品房销售额	住　宅	#别　墅、高档公寓	办公楼	商业营业用房	其　他
全国总计	**1496144174**	**1263740752**	**71798976**	**62780096**	**130104672**	**39518654**
北　京	24207379	19979037	3126003	2372071	1365761	490510
天　津	20096329	18194589	1443170	663174	1019505	219061
河　北	40413755	35698588	357191	999661	2890587	824919
山　西	16106793	14733766	664837	321479	825956	225592
内蒙古	11141299	9092744	229679	174529	1385167	488859
辽　宁	29912044	26396471	888646	191322	2709306	614945
吉　林	14507871	12319057	409497	395850	1522403	270561
黑龙江	13203133	11122816	280294	174461	1588735	317121
上　海	47697006	38769960	11842832	4876842	2708730	1341474
江　苏	142098887	127097129	10829036	3375161	9723195	1903402
浙　江	140904442	121056822	8466959	6188026	9852541	3807053
安　徽	70770109	61747771	1032956	1431698	6757595	833045
福　建	65798757	50766640	2648691	4807715	5835355	4389047
江　西	42201368	35245441	1165188	1021253	5225736	708938
山　东	99232528	85778532	2508654	2999525	7672371	2782100
河　南	80553109	69038002	674077	2252644	8017408	1245055
湖　北	75258877	65859405	1452466	3294820	5027438	1077214
湖　南	53583696	43810127	1601867	1547514	6654741	1571314
广　东	187347337	155791341	8829623	13458173	11284674	6813149
广　西	38267737	33386184	833379	1109349	2789676	982528
海　南	20950640	18349197	1853782	949571	1305532	346340
重　庆	52744748	44445218	3637390	1389847	5361639	1548044
四　川	85272894	66123576	2259498	3456833	12004348	3688137
贵　州	29215779	22780092	1005421	730485	5344044	361158
云　南	34069646	26908445	2516051	1157702	4518813	1484686
西　藏	529486	430658	11191	10441	81568	6819
陕　西	34068829	28082103	593718	2535964	2724060	726702
甘　肃	9220911	7744205	100117	231637	1066331	178738
青　海	2897449	2238923	17509	72941	543375	42210
宁　夏	5177905	4206787	129178	157394	721877	91847
新　疆	8693431	6547126	390076	432014	1576205	138086

3-40 各地区按资质等级分的房地产开发企业商品房销售额

单位：万元

地区	总计	一级	二级	三级	四级	暂定	其他
全国总计	**1496144174**	**57794243**	**193389951**	**219595057**	**144455737**	**729692380**	**151216806**
北京	24207379	2197501	1707933	1080486	6648770	12200637	372052
天津	20096329	333239	1454813	638759	12104726	4727813	836979
河北	40413755	2093954	5422310	7313373	9022642	15645088	916388
山西	16106793	279271	1835810	1503617	5402494	6888487	197114
内蒙古	11141299	653383	1352357	1007372	5832708	1746368	549111
辽宁	29912044	541836	2378623	5678278	68424	17405288	3839595
吉林	14507871	843966	3360999	2106084	1052856	7061675	82291
黑龙江	13203133	308675	2285224	5293602	310347	3573184	1432101
上海	47697006	1477731	4037399	2450632	125652	36911195	2694397
江苏	142098887	5606421	40071744	4013877	35049	74990628	17381168
浙江	140904442	3013648	5545479	20637668	5878387	67230503	38598757
安徽	70770109	1809339	6349334	9780608	1217174	44595778	7017876
福建	65798757	2344400	6020780	13269101	4777587	35988084	3398805
江西	42201368	750844	3170047	6033171	3934484	23699281	4613541
山东	99232528	6533627	9051623	11497551	10433231	52261522	9454974
河南	80553109	2654450	9796030	8123446	3669170	47563130	8746883
湖北	75258877	4331947	11604095	5319255	5689041	43068864	5245675
湖南	53583696	2655056	6579606	15935604	10188997	16578243	1646190
广东	187347337	6178610	8106531	25852761	32475732	89372090	25361613
广西	38267737	1371033	3693587	4058788	1186901	26821874	1135554
海南	20950640	390508	712459	2332645	1642117	13427672	2445239
重庆	52744748	3907296	20276458	4392678	108830	22821449	1238037
四川	85272894	3232375	17411978	44596189	565022	15510892	3956438
贵州	29215779	407197	5259275	4099650	2773420	15898214	778023
云南	34069646	1272173	4756845	2036670	8557935	13486386	3959637
西藏	529486		92605	232984	81406	109933	12558
陕西	34068829	917662	5652101	4962630	7060486	10576095	4899855
甘肃	9220911	414544	1016013	2724646	1814006	3126713	124989
青海	2897449	143061	1030133	679647	247802	693610	103196
宁夏	5177905	706722	1946442	646282	616988	1247402	14069
新疆	8693431	423774	1411318	1297003	933353	4464282	163701

3-41　各地区按用途分的房地产开发企业商品房现房销售额

单位：万元

地　区	现　房 销售额	住　宅		办公楼	商业营 业用房	其　他
			#别　墅、 高档公寓			
全国总计	**219466647**	**154144083**	**13864661**	**15934380**	**36145539**	**13242645**
北　京	8057073	5638925	1163491	1427852	652343	337953
天　津	2853308	1896067	135813	368239	416574	172428
河　北	7396090	6231794	114071	146347	868969	148980
山　西	1901046	1651956	7836	27181	168472	53437
内蒙古	3450915	2412763	63722	73672	682887	281593
辽　宁	7442278	6269833	200353	152449	904787	115209
吉　林	2617772	2054538	47345	69703	404556	88975
黑龙江	3869558	2937373	101414	48412	720426	163347
上　海	13835444	9599239	3636333	1978313	1224964	1032928
江　苏	19644314	15441692	2085611	858428	2795258	548936
浙　江	14986809	9439766	1297522	2120893	2619007	807143
安　徽	5937187	3757179	92035	485860	1508744	185404
福　建	7131496	3366934	271286	761866	1683274	1319422
江　西	5068014	3486794	171935	189632	1237619	153969
山　东	14240527	10148454	581123	1008885	2508566	574622
河　南	14083266	10615234	69823	416691	2489991	561350
湖　北	9443650	7046406	244049	881076	1269341	246827
湖　南	6529776	4019152	166946	355599	1637462	517563
广　东	30701705	22749152	1426650	2095423	2901042	2956088
广　西	3503888	2603527	106129	151019	568334	181008
海　南	4306419	3826668	589195	106429	248846	124476
重　庆	5837431	2701856	195623	709709	1666688	759178
四　川	8838115	4382051	374877	394495	3117118	944451
贵　州	2529934	1382018	40091	89854	951896	106166
云　南	5820161	3882958	519740	329831	1134314	473058
西　藏	216701	134162	5448	10441	68171	3927
陕　西	3612408	2351276	33745	360760	664041	236331
甘　肃	1945637	1635568	2935	73726	210144	26199
青　海	266723	194617	264	4089	63586	4431
宁　夏	1623514	1143641	51991	114732	322122	43019
新　疆	1775488	1142490	67265	122774	435997	74227

3-42 各地区按资质等级分的房地产开发企业商品房现房销售额

单位：万元

地 区	总 计	一 级	二 级	三 级	四 级	暂 定	其 他
全国总计	**219466647**	**11093451**	**36946392**	**43458635**	**30157746**	**83554141**	**14256282**
北 京	8057073	1010742	1238351	862462	2401315	2527830	16373
天 津	2853308	139208	286274	89106	2010086	266122	62512
河 北	7396090	478656	1715507	1690109	1338178	2127919	45721
山 西	1901046	156069	223642	291749	795153	381324	53109
内蒙古	3450915	317986	379739	490448	1836588	379051	47103
辽 宁	7442278	278121	621968	2019351	47113	4012596	463129
吉 林	2617772	53617	616435	812028	407721	719673	8298
黑龙江	3869558	105298	1088144	1500084	177664	826895	171473
上 海	13835444	259112	1498216	1195560	1096	9497862	1383598
江 苏	19644314	1068642	7296401	1400925	31002	8056621	1790723
浙 江	14986809	541152	1238984	3143571	1265820	7332278	1465004
安 徽	5937187	119176	807007	1513021	261608	3027444	208931
福 建	7131496	889766	718595	2288738	1205695	1647215	381487
江 西	5068014	82937	483847	1223198	682293	2296317	299422
山 东	14240527	702966	2222091	1798281	2371045	6274613	871531
河 南	14083266	253886	1583564	1774168	1214507	7754116	1503025
湖 北	9443650	651433	2408961	1110341	1539977	3513903	219035
湖 南	6529776	336635	852041	2300502	1352002	1339735	348861
广 东	30701705	2031606	2293197	7600444	6303918	9461578	3010962
广 西	3503888	45863	463900	664457	185141	1825894	318633
海 南	4306419	84733	324276	854119	584243	2050235	408813
重 庆	5837431	447038	2398458	815876	2653	2086330	87076
四 川	8838115	338778	1787362	4853958	140318	1572818	144881
贵 州	2529934	234	527404	549761	380213	967200	105122
云 南	5820161	251223	1423004	367194	1590867	1876596	311277
西 藏	216701		6077	84613	55025	70986	
陕 西	3612408	67970	1039550	734383	908762	467305	394438
甘 肃	1945637	4868	247743	706057	579973	316189	90807
青 海	266723	15927	102795	63919	22587	26587	34908
宁 夏	1623514	319604	773509	270638	170994	88769	
新 疆	1775488	40205	279350	389574	294189	762140	10030

3-43　各地区按用途分的房地产开发企业商品房期房销售额

单位：万元

地　区	期房销售额	住　宅	#别墅、高档公寓	办公楼	商业营业用房	其　他
全国总计	**1276677527**	**1109596669**	**57934315**	**46845716**	**93959133**	**26276009**
北　京	16150306	14340112	1962512	944219	713418	152557
天　津	17243021	16298522	1307357	294935	602931	46633
河　北	33017665	29466794	243120	853314	2021618	675939
山　西	14205747	13081810	657001	294298	657484	172155
内蒙古	7690384	6679981	165957	100857	702280	207266
辽　宁	22469766	20126638	688293	38873	1804519	499736
吉　林	11890099	10264519	362152	326147	1117847	181586
黑龙江	9333575	8185443	178880	126049	868309	153774
上　海	33861562	29170721	8206499	2898529	1483766	308546
江　苏	122454573	111655437	8743425	2516733	6927937	1354466
浙　江	125917633	111617056	7169437	4067133	7233534	2999910
安　徽	64832922	57990592	940921	945838	5248851	647641
福　建	58667261	47399706	2377405	4045849	4152081	3069625
江　西	37133354	31758647	993253	831621	3988117	554969
山　东	84992001	75630078	1927531	1990640	5163805	2207478
河　南	66469843	58422768	604254	1835953	5527417	683705
湖　北	65815227	58812999	1208417	2413744	3758097	830387
湖　南	47053920	39790975	1434921	1191915	5017279	1053751
广　东	156645632	133042189	7402973	11362750	8383632	3857061
广　西	34763849	30782657	727250	958330	2221342	801520
海　南	16644221	14522529	1264587	843142	1056686	221864
重　庆	46907317	41743362	3441767	680138	3694951	788866
四　川	76434779	61741525	1884621	3062338	8887230	2743686
贵　州	26685845	21398074	965330	640631	4392148	254992
云　南	28249485	23025487	1996311	827871	3384499	1011628
西　藏	312785	296496	5743		13397	2892
陕　西	30456421	25730827	559973	2175204	2060019	490371
甘　肃	7275274	6108637	97182	157911	856187	152539
青　海	2630726	2044306	17245	68852	479789	37779
宁　夏	3554391	3063146	77187	42662	399755	48828
新　疆	6917943	5404636	322811	309240	1140208	63859

3-44 各地区按资质等级分的房地产开发企业商品房期房销售额

单位：万元

地区	总计	一级	二级	三级	四级	暂定	其他
全国总计	**1276677527**	**46700792**	**156443559**	**176136422**	**114297991**	**646138239**	**136960524**
北京	16150306	1186759	469582	218024	4247455	9672807	355679
天津	17243021	194031	1168539	549653	10094640	4461691	774467
河北	33017665	1615298	3706803	5623264	7684464	13517169	870667
山西	14205747	123202	1612168	1211868	4607341	6507163	144005
内蒙古	7690384	335397	972618	516924	3996120	1367317	502008
辽宁	22469766	263715	1756655	3658927	21311	13392692	3376466
吉林	11890099	790349	2744564	1294056	645135	6342002	73993
黑龙江	9333575	203377	1197080	3793518	132683	2746289	1260628
上海	33861562	1218619	2539183	1255072	124556	27413333	1310799
江苏	122454573	4537779	32775343	2612952	4047	66934007	15590445
浙江	125917633	2472496	4306495	17494097	4612567	59898225	37133753
安徽	64832922	1690163	5542327	8267587	955566	41568334	6808945
福建	58667261	1454634	5302185	10980363	3571892	34340869	3017318
江西	37133354	667907	2686200	4809973	3252191	21402964	4314119
山东	84992001	5830661	6829532	9699270	8062186	45986909	8583443
河南	66469843	2400564	8212466	6349278	2454663	39809014	7243858
湖北	65815227	3680514	9195134	4208914	4149064	39554961	5026640
湖南	47053920	2318421	5727565	13635102	8836995	15238508	1297329
广东	156645632	4147004	5813334	18252317	26171814	79910512	22350651
广西	34763849	1325170	3229687	3394331	1001760	24995980	816921
海南	16644221	305775	388183	1478526	1057874	11377437	2036426
重庆	46907317	3460258	17878000	3576802	106177	20735119	1150961
四川	76434779	2893597	15624616	39742231	424704	13938074	3811557
贵州	26685845	406963	4731871	3549889	2393207	14931014	672901
云南	28249485	1020950	3333841	1669476	6967068	11609790	3648360
西藏	312785		86528	148371	26381	38947	12558
陕西	30456421	849692	4612551	4228247	6151724	10108790	4505417
甘肃	7275274	409676	768270	2018589	1234033	2810524	34182
青海	2630726	127134	927338	615728	225215	667023	68288
宁夏	3554391	387118	1172933	375644	445994	1158633	14069
新疆	6917943	383569	1131968	907429	639164	3702142	153671

3-45 各地区按资质等级分的房地产开发企业商品住宅销售额

单位：万元

地 区	总 计	一 级	二 级	三 级	四 级	暂 定	其 他
全国总计	**1263740752**	**50359630**	**163147806**	**179578968**	**116530421**	**624554607**	**129569320**
北 京	19979037	2038216	1186325	888976	4748796	10803537	313187
天 津	18194589	305185	1407408	585401	10753815	4389682	753098
河 北	35698588	1909456	5037471	6141973	8066948	13672798	869942
山 西	14733766	266198	1733230	1311159	4886226	6339839	197114
内蒙古	9092744	520700	1071464	790325	4676798	1514648	518809
辽 宁	26396471	475864	1702336	4838886	64443	15753584	3561358
吉 林	12319057	782512	2951100	1877992	836732	5794312	76409
黑龙江	11122816	230367	1990386	4383313	246945	3060725	1211080
上 海	38769960	1064994	3590124	1993399	125652	30325632	1670159
江 苏	127097129	5151639	35207989	3372504	28959	67409863	15926175
浙 江	121056822	2676099	4919777	18066988	5094387	56663494	33636077
安 徽	61747771	1592544	5105642	7433404	1026430	40038470	6551281
福 建	50766640	1759154	4952455	10099172	1933734	29499309	2522816
江 西	35245441	689152	2864625	4864271	3175468	19530466	4121459
山 东	85778532	5853261	7910199	10247170	9043168	44447425	8277309
河 南	69038002	2303059	8297471	6841945	3170675	41163447	7261405
湖 北	65859405	4092749	9878333	4612616	5081191	37830106	4364410
湖 南	43810127	2310824	5430281	13138735	7859228	13683416	1387643
广 东	155791341	5853924	6835855	22098273	25458628	75066147	20478514
广 西	33386184	1161350	3265811	3562733	1011358	23454941	929991
海 南	18349197	271624	582408	2249223	1524648	11738932	1982362
重 庆	44445218	3240980	17101417	3491872	68153	19512695	1030101
四 川	66123576	2459838	13482719	33885685	370151	12769863	3155320
贵 州	22780092	345119	4265700	2894024	2238879	12558257	478113
云 南	26908445	895406	3611708	1479133	6464151	10912759	3545288
西 藏	430658		87912	218575	53855	70316	
陕 西	28082103	756407	4309044	4104410	5498254	9024690	4389298
甘 肃	7744205	385618	867661	2290492	1652804	2442107	105523
青 海	2238923	134183	787431	465039	149669	612218	90383
宁 夏	4206787	599573	1540786	472945	514428	1064986	14069
新 疆	6547126	233635	1172738	878335	705848	3405943	150627

3-46 各地区按资质等级分的房地产开发企业90平方米及以下住宅销售额

单位：万元

地　区	总 计	一 级	二 级	三 级	四 级	暂 定	其 他
全国总计	**227298528**	**8729948**	**29771162**	**35635729**	**21613620**	**108961113**	**22586956**
北 京	5388069	521018	210694	310644	1280690	2885316	179707
天 津	3772106	86942	290284	119641	2230023	854683	190533
河 北	10204528	503642	1654119	2654828	1525438	3643669	222832
山 西	1553426	34123	117763	236245	555978	552655	56662
内蒙古	1256395	17971	190070	204817	636069	156686	50782
辽 宁	10050054	322450	467796	1954946	33818	5894217	1376827
吉 林	3694760	339277	884565	619286	432628	1400704	18300
黑龙江	3869445	22419	897082	1324545	201718	1040642	383039
上 海	10126533	395496	770445	308133	33945	8077679	540835
江 苏	14197171	948705	4095144	474501	327	7096939	1581555
浙 江	16192194	392355	872729	1320373	728865	7801523	5076349
安 徽	5927090	86523	725949	1248655	81840	3101067	683056
福 建	10477629	838219	1302975	1627684	368336	6051761	288654
江 西	4435833	73425	278710	453165	461471	2423513	745549
山 东	10474581	213192	1025807	1061745	1357034	5751935	1064868
河 南	15215357	834881	2041661	1738066	532477	9274118	794154
湖 北	7336092	619725	1380451	594279	423538	3917140	400959
湖 南	3323693	104846	572399	1231639	561261	755093	98455
广 东	35862977	624520	1488502	5734470	6109332	16304964	5601189
广 西	6097600	124625	415142	726312	259033	4297061	275427
海 南	9899074	109712	285539	936274	823333	6436967	1307249
重 庆	9988794	548872	4329067	1002160	16475	3861046	231174
四 川	15086656	566771	3347550	7720483	237456	2858528	355868
贵 州	2143977	4520	296252	345165	408368	1048903	40769
云 南	4008064	110262	544963	202504	1086842	1807784	255709
西 藏	64185			27494	144	36547	
陕 西	3832806	129539	699298	529923	862117	878276	733653
甘 肃	1335438	88438	103158	606366	203421	329565	4490
青 海	304627	16775	80225	80727	58957	57905	10038
宁 夏	323755	46682	174181	27599	41966	33327	
新 疆	855619	4023	228642	213060	60720	330900	18274

3-47 各地区按资质等级分的房地产开发企业144平方米以上住宅销售额

单位：万元

地区	总计	一级	二级	三级	四级	暂定	其他
全国总计	**248914666**	**12738814**	**33678205**	**33813824**	**23850179**	**119364845**	**25468799**
北京	8748326	723413	688963	404194	2342440	4456463	132853
天津	3065176	9814	335319	144093	1700752	847941	27257
河北	4984934	222243	876187	386974	893728	2553979	51823
山西	4426678	79716	297057	432775	1543610	2057955	15565
内蒙古	1992706	263363	332336	170856	779217	385282	61652
辽宁	3643685	60788	340183	743023	5612	2165096	328983
吉林	2293663	36025	622418	424606	23329	1171345	15940
黑龙江	1901439	71115	348652	887011	11024	456700	126937
上海	11156120	208061	1278074	843744		8459507	366734
江苏	30287517	1307944	8273588	1133585	10494	15340068	4221838
浙江	29958323	598256	1301260	4496252	1539822	14534082	7488651
安徽	6514590	27871	797981	622847	43431	4254433	768027
福建	7510368	220254	953477	1839701	601428	3528287	367221
江西	4602111	95159	511157	650027	442254	1819960	1083554
山东	19640542	1539384	2009249	2421825	2090017	10243209	1336858
河南	12111335	425442	1689098	841047	413215	7604921	1137612
湖北	10369803	754578	1112051	624603	517668	5964023	1396880
湖南	8763931	515423	1013125	2321024	1765465	2849298	299596
广东	31787935	3613057	1372669	6396029	4969825	12193527	3242828
广西	4693276	161577	607151	552200	148186	3125426	98736
海南	1966678	131814	59451	289485	263438	1031592	190898
重庆	8429088	539564	3516387	490284	1021	3799497	82335
四川	8322325	172660	1602118	4455130	13357	1428652	650408
贵州	4308485	240496	1053026	298575	199458	2454999	61931
云南	8646715	307870	1177802	625497	2104659	3299652	1131235
西藏	94982		6326	84103	1370	3183	
陕西	5539091	164294	844453	693037	1111456	2046490	679361
甘肃	936421	7300	190286	232594	84512	408169	13560
青海	326020	34246	65243	73635	23954	92920	36022
宁夏	886114	154410	305732	60342	77459	286169	2002
新疆	1006289	52677	97386	174726	127978	502020	51502

3-48 各地区按资质等级分的房地产开发企业别墅、高档公寓销售额

单位：万元

地区	总计	一级	二级	三级	四级	暂定	其他
全国总计	**71798976**	**1970302**	**8261735**	**10762731**	**7181020**	**37183191**	**6439997**
北京	3126003	155572	229167	45904	1253977	1437605	3778
天津	1443170		51842	43970	805309	518178	23871
河北	357191	46955	45066	81398	98374	63466	21932
山西	664837	4052	35921	273794	231307	119763	
内蒙古	229679	1536	1586	42088	107374	77036	59
辽宁	888646	16917	64721	189707	2263	218331	396707
吉林	409497		134824	4082	19310	248970	2311
黑龙江	280294	1809	109703	126451	630	32285	9416
上海	11842832	65789	730142	797876		9458360	790665
江苏	10829036	406197	2526346	862784	10079	5716704	1306926
浙江	8466959	115322	258536	1634460	626020	4149695	1682926
安徽	1032956	9203	127582	302210	23861	517616	52484
福建	2648691	122649	176690	362287	186503	1399184	401378
江西	1165188	54849	60179	319781	116292	539421	74666
山东	2508654	79329	142974	396797	178369	1614825	96360
河南	674077	2981	62327	76360	28065	482380	21964
湖北	1452466	102388	149306	96592	295663	689292	119225
湖南	1601867	158616	153648	482069	376066	430163	1305
广东	8829623	184435	235164	2052611	1471561	4105759	780093
广西	833379	113475	68712	47415	23747	575741	4289
海南	1853782		41281	386451	294637	1005979	125434
重庆	3637390	58492	1604762	403791		1505892	64453
四川	2259498	159601	369745	1378388	8642	248365	94757
贵州	1005421		251362	15045	15403	658072	65539
云南	2516051	81622	466313	231003	826318	847061	63734
西藏	11191			4502	1241	5448	
陕西	593718		122054	31104	87438	169874	183248
甘肃	100117		1466	4099	5517	89035	
青海	17509				17245	264	
宁夏	129178	24350	26657	11590	20637	45944	
新疆	390076	4163	13659	58122	49172	212483	52477

3-49 各地区按资质等级分的房地产开发企业办公楼销售额

单位：万元

地区	总计	一级	二级	三级	四级	暂定	其他
全国总计	**62780096**	**1932142**	**6625850**	**7978793**	**8447212**	**30826053**	**6970046**
北京	2372071	91892	319580	71600	1021034	863305	4660
天津	663174	6249	6020		413425	210281	27199
河北	999661	42367	9541	151403	150186	645860	304
山西	321479	2276	15486	63816	116500	123401	
内蒙古	174529		39044	7733	114280	13472	
辽宁	191322	22010	32535	32359		103629	789
吉林	395850	14934	24459	28107	1042	327308	
黑龙江	174461		38279	92219		39935	4028
上海	4876842	392270	54875	55869		3815454	558374
江苏	3375161	27480	1343620	165582	276	1462247	375956
浙江	6188026	84832	111892	622523	116974	3713567	1538238
安徽	1431698	47967	150268	366267	9476	803581	54139
福建	4807715	104060	372049	657970	1537769	1941326	194541
江西	1021253	2150	23534	115575	57976	765075	56943
山东	2999525	179447	260098	110012	195013	1998968	255987
河南	2252644	8523	471413	261657	45458	1389223	76370
湖北	3294820	100633	751006	147038	23211	1656783	616149
湖南	1547514	75076	82702	514175	505082	370479	
广东	13458173	52007	375783	1478220	2786218	6438298	2327647
广西	1109349	23426	37420	42612	27119	853256	125516
海南	949571	84233	918	1060	675	582498	280187
重庆	1389847	112309	586483	181273		504026	5756
四川	3456833	255363	419944	2221168	24353	378395	157610
贵州	730485	1385	123148	92365	84892	295958	132737
云南	1157702	95679	166762	25724	435370	425838	8329
西藏	10441				10441		
陕西	2535964	91453	553513	217116	724647	786417	162818
甘肃	231637		25621	121642	15184	69190	
青海	72941		16031	50064	6846		
宁夏	157394	11961	96093	46414	689	2237	
新疆	432014	2160	117733	37230	23076	246046	5769

3-50 各地区按资质等级分的房地产开发企业商业营业用房销售额

单位：万元

地 区	总 计	一 级	二 级	三 级	四 级	暂 定	其 他
全国总计	**130104672**	**3863060**	**17444445**	**24535459**	**14667026**	**58724528**	**10870154**
北 京	1365761	36643	127049	90913	703379	378050	29727
天 津	1019505	21805	6176	40127	832373	92057	26967
河 北	2890587	112536	305098	861134	626542	964297	20980
山 西	825956	7139	79288	98333	281031	360165	
内蒙古	1385167	52113	220078	135976	816814	139797	20389
辽 宁	2709306	43019	594767	625124	3981	1211583	230832
吉 林	1522403	21349	347099	140979	196112	812027	4837
黑龙江	1588735	77012	197038	652938	45578	412156	204013
上 海	2708730		96058	289295		2036364	287013
江 苏	9723195	362431	2884002	423070	5147	5036037	1012508
浙 江	9852541	141937	277444	1310394	533886	5041419	2547461
安 徽	6757595	130370	888148	1872602	178436	3336547	351492
福 建	5835355	266383	317207	1420612	798421	2790743	241989
江 西	5225736	58710	264192	894042	624770	2969060	414962
山 东	7672371	332225	569235	853254	907038	4523977	486642
河 南	8017408	296296	794171	892104	379299	4390143	1265395
湖 北	5027438	123476	570536	391210	548253	3197416	196547
湖 南	6654741	173052	803709	1781411	1455467	2234757	206345
广 东	11284674	102192	498593	1259461	2443360	5334179	1646889
广 西	2789676	119289	325611	302032	127124	1880689	34931
海 南	1305532	34651	116305	73031	59174	868226	154145
重 庆	5361639	427353	1876324	593294	36869	2247197	180602
四 川	12004348	397408	2558459	6562009	66025	1895315	525132
贵 州	5344044	60693	817768	1054272	424770	2825328	161213
云 南	4518813	151187	574601	490682	1305995	1674940	321408
西 藏	81568		1801	14409	17110	35690	12558
陕 西	2724060	39567	666019	554954	731452	483791	248277
甘 肃	1066331	18655	69385	270976	141437	546412	19466
青 海	543375	8878	216983	137547	91287	78184	10496
宁 夏	721877	62538	287734	117921	87976	165708	
新 疆	1576205	184153	93567	331353	197920	762274	6938

3-51　各地区按用途分的房地产开发企业商品住宅销售套数

单位：套

地　区	住　宅	#90平方米及以下住宅	#144平方米以上住宅	#别墅、高档公寓
全国总计	**13285469**	**3558376**	**1211519**	**281919**
北　京	52426	33776	6191	2110
天　津	107743	33801	8411	5918
河　北	448681	154469	29064	2169
山　西	191333	38369	26106	4830
内蒙古	157355	44365	17865	1473
辽　宁	380992	209819	20453	5311
吉　林	180862	87440	13862	1837
黑龙江	174122	97058	11356	1512
上　海	143986	84428	7198	12514
江　苏	1015201	184171	117421	37351
浙　江	664625	151281	76037	21999
安　徽	827763	157864	45190	7293
福　建	447061	130954	30666	10154
江　西	471073	77130	31289	9329
山　东	966547	186758	128466	13027
河　南	1114673	335622	100044	6940
湖　北	703299	133126	48945	8076
湖　南	659020	85731	84339	13620
广　东	1092852	293444	119597	37733
广　西	505979	133521	39047	6225
海　南	163055	118126	5759	7349
重　庆	522979	190778	35431	21125
四　川	957340	318473	47495	12432
贵　州	380694	62321	42304	7154
云　南	290021	70287	57370	15296
西　藏	5486	1313	802	107
陕　西	312157	70153	30632	3114
甘　肃	131077	32288	8576	666
青　海	34372	8680	2840	750
宁　夏	75814	11322	8436	1462
新　疆	106881	21508	10327	3043

3-52 各地区按资质等级分的房地产开发企业商品住宅销售套数

单位：套

地 区	总 计	一 级	二 级	三 级	四 级	暂 定	其 他
全国总计	**13285469**	**476233**	**1868695**	**2246981**	**1428757**	**6200612**	**1064191**
北 京	52426	6477	7775	1416	16205	20051	502
天 津	107743	3623	8759	2995	64054	22794	5518
河 北	448681	27554	58014	86496	111229	153943	11445
山 西	191333	5345	25102	23522	70138	64475	2751
内蒙古	157355	4485	21538	14943	88254	21028	7107
辽 宁	380992	5195	26875	78070	2303	226200	42349
吉 林	180862	9505	40897	30913	22552	75391	1604
黑龙江	174122	2792	34201	67078	9985	42565	17501
上 海	143986	7628	17728	7819	337	103634	6840
江 苏	1015201	41659	304528	33383	409	512920	122302
浙 江	664625	15093	33833	95287	37728	308260	174424
安 徽	827763	15256	73006	119225	16613	537798	65865
福 建	447061	11773	41917	98145	17822	256143	21261
江 西	471073	7135	36903	75538	46897	257736	46864
山 东	966547	56758	99021	129181	139558	459481	82548
河 南	1114673	44594	142614	126331	62919	619986	118229
湖 北	703299	37443	97184	69773	90585	373986	34328
湖 南	659020	25210	76353	215088	123939	194909	23521
广 东	1092852	18445	41508	130128	200002	588277	114492
广 西	505979	17101	43429	60989	21921	344376	18163
海 南	163055	2068	5359	17782	14253	108566	15027
重 庆	522979	34570	197067	61469	1122	217682	11069
四 川	957340	31989	200204	488780	8300	190798	37269
贵 州	380694	4307	61042	57478	46333	201985	9549
云 南	290021	11262	39561	22123	81282	110974	24819
西 藏	5486		938	3026	605	917	
陕 西	312157	8470	58917	55910	72241	74147	42472
甘 肃	131077	6232	13142	38816	32752	37719	2416
青 海	34372	1704	12789	6866	3492	7895	1626
宁 夏	75814	9677	29876	11508	8458	16118	177
新 疆	106881	2883	18615	16903	16469	49858	2153

3-53　各地区按用途分的房地产开发企业商品住宅现房销售套数

单位：套

地　区	住　宅	#90平方米及以下住宅	#144平方米以上住宅	#别墅、高档公寓
全国总计	**2175474**	**863578**	**205664**	**40452**
北　京	22037	14978	2229	735
天　津	11869	4035	917	317
河　北	87216	37003	5667	606
山　西	38128	12967	3412	111
内 蒙 古	57696	24847	5169	321
辽　宁	115409	80018	7965	2203
吉　林	49437	29312	3379	456
黑 龙 江	65913	43827	4593	505
上　海	51205	29597	2445	2941
江　苏	194231	52120	22214	6113
浙　江	66419	20506	11757	3461
安　徽	79487	32229	5086	614
福　建	44150	20830	3693	520
江　西	65562	12180	3638	1019
山　东	158489	51743	18746	2337
河　南	251955	80487	15559	434
湖　北	127702	44235	9675	2402
湖　南	79882	16690	10435	1037
广　东	153111	55776	27244	4537
广　西	51607	22740	4147	467
海　南	42084	33796	1717	2507
重　庆	48730	33766	1693	788
四　川	81578	35257	5975	1108
贵　州	37692	13707	2764	341
云　南	53438	15035	12393	2675
西　藏	2379	551	464	54
陕　西	44042	17189	4308	181
甘　肃	35868	10414	1649	11
青　海	4085	1859	274	3
宁　夏	27118	8073	2781	844
新　疆	26955	7811	3676	804

3-54 各地区按用途分的房地产开发企业商品住宅期房销售套数

单位：套

地区	住宅	#90平方米及以下住宅	#144平方米以上住宅	#别墅、高档公寓
全国总计	**11109995**	**2694798**	**1005855**	**241467**
北京	30389	18798	3962	1375
天津	95874	29766	7494	5601
河北	361465	117466	23397	1563
山西	153205	25402	22694	4719
内蒙古	99659	19518	12696	1152
辽宁	265583	129801	12488	3108
吉林	131425	58128	10483	1381
黑龙江	108209	53231	6763	1007
上海	92781	54831	4753	9573
江苏	820970	132051	95207	31238
浙江	598206	130775	64280	18538
安徽	748276	125635	40104	6679
福建	402911	110124	26973	9634
江西	405511	64950	27651	8310
山东	808058	135015	109720	10690
河南	862718	255135	84485	6506
湖北	575597	88891	39270	5674
湖南	579138	69041	73904	12583
广东	939741	237668	92353	33196
广西	454372	110781	34900	5758
海南	120971	84330	4042	4842
重庆	474249	157012	33738	20337
四川	875762	283216	41520	11324
贵州	343002	48614	39540	6813
云南	236583	55252	44977	12621
西藏	3107	762	338	53
陕西	268115	52964	26324	2933
甘肃	95209	21874	6927	655
青海	30287	6821	2566	747
宁夏	48696	3249	5655	618
新疆	79926	13697	6651	2239

3-55　各地区按资质等级分的房地产开发企业90平方米及以下住宅销售套数

单位：套

地　区	总　计	一　级	二　级	三　级	四　级	暂　定	其　他
全国总计	**3558376**	**139836**	**535211**	**656717**	**353600**	**1608876**	**264136**
北　京	33776	4726	5031	934	11175	11465	445
天　津	33801	1752	3112	985	19473	6738	1741
河　北	154469	7080	23538	38977	26696	54509	3669
山　西	38369	1354	2322	8467	14004	10931	1291
内蒙古	44365	300	9977	5114	23355	4593	1026
辽　宁	209819	2962	10232	45077	1551	126852	23145
吉　林	87440	5377	19643	13680	14735	33336	669
黑龙江	97058	589	21330	34899	8815	22094	9331
上　海	84428	6685	8817	3807	108	60965	4046
江　苏	184171	12254	58768	8909	12	84655	19573
浙　江	151281	4390	9906	16949	8732	68132	43172
安　徽	157864	1122	16599	30350	2331	97386	10076
福　建	130954	8618	14470	29622	6263	66696	5285
江　西	77130	1226	5591	10008	7471	43572	9262
山　东	186758	3243	19397	22910	32237	93123	15848
河　南	335622	25464	47789	41308	14557	185243	21261
湖　北	133126	11344	25021	12323	13606	63653	7179
湖　南	85731	3171	14287	31585	15512	19128	2048
广　东	293444	4913	9972	34466	51132	158856	34105
广　西	133521	2920	8754	15818	6763	91897	7369
海　南	118126	1398	3163	10716	10314	80296	12239
重　庆	190778	10406	78814	26372	379	71107	3700
四　川	318473	10913	68479	163105	6128	62156	7692
贵　州	62321	106	7401	9946	11076	31439	2353
云　南	70287	2030	12054	4127	19687	29512	2877
西　藏	1313			750	6	557	
陕　西	70153	2063	14888	11745	16402	11905	13150
甘　肃	32288	1461	2036	15303	6142	7180	166
青　海	8680	525	2653	1652	1792	1383	675
宁　夏	11322	1364	6423	1135	868	1532	
新　疆	21508	80	4744	5678	2278	7985	743

3-56 各地区按资质等级分的房地产开发企业144平方米以上住宅销售套数

单位：套

地　区	总 计	一 级	二 级	三 级	四 级	暂 定	其 他
全国总计	**1211519**	**49028**	**170094**	**184013**	**145382**	**557302**	**105700**
北　京	6191	500	673	191	1644	3129	54
天　津	8411	32	754	303	4984	2273	65
河　北	29064	1041	5616	2659	6234	13253	261
山　西	26106	649	2378	3087	9489	10418	85
内蒙古	17865	1747	2868	1373	8132	3183	562
辽　宁	20453	407	2244	3985	99	12071	1647
吉　林	13862	222	3458	3143	316	6613	110
黑龙江	11356	465	2058	4985	220	2843	785
上　海	7198	205	739	593		5331	330
江　苏	117421	5373	28308	4048	36	61582	18074
浙　江	76037	1514	4931	11257	5509	38055	14771
安　徽	45190	166	5565	4341	412	30457	4249
福　建	30666	411	2294	7121	1357	16409	3074
江　西	31289	710	3075	5241	2794	12307	7162
山　东	128466	9941	15283	16246	19642	58211	9143
河　南	100044	3853	16377	9130	5082	57058	8544
湖　北	48945	4381	4960	6062	5552	24332	3658
湖　南	84339	3279	8166	23655	18107	26857	4275
广　东	119597	2516	5346	21023	22233	55081	13398
广　西	39047	886	3798	4804	2286	26114	1159
海　南	5759	308	196	557	773	3297	628
重　庆	35431	1821	14980	3029	6	15271	324
四　川	47495	1037	8842	26175	75	8503	2863
贵　州	42304	2478	8194	3597	2611	24956	468
云　南	57370	1764	6701	5567	17038	20519	5781
西　藏	802		46	724	13	19	
陕　西	30632	1011	5605	5132	6586	8814	3484
甘　肃	8576	62	1616	2667	1086	2871	274
青　海	2840	230	807	600	277	748	178
宁　夏	8436	1472	3332	812	555	2247	18
新　疆	10327	547	884	1906	2234	4480	276

3-57　各地区按资质等级分的房地产开发企业别墅、高档公寓销售套数

单位：套

地　区	总　计	一　级	二　级	三　级	四　级	暂　定	其　他
全国总计	**281919**	**8842**	**32128**	**43292**	**36858**	**138623**	**22176**
北　京	2110	83	269	65	807	872	14
天　津	5918		90	42	3869	1862	55
河　北	2169	182	44	431	739	565	208
山　西	4830	80	497	1272	2178	803	
内蒙古	1473	3	10	76	938	445	1
辽　宁	5311	32	240	2066	27	1249	1697
吉　林	1837		550	18	210	1053	6
黑龙江	1512	11	239	918	6	212	126
上　海	12514	103	408	621		10110	1272
江　苏	37351	1124	7183	2040	34	21578	5392
浙　江	21999	116	621	4827	1777	9997	4661
安　徽	7293	45	532	2657	174	3640	245
福　建	10154	108	269	761	550	7485	981
江　西	9329	444	219	2427	970	4985	284
山　东	13027	268	923	1554	1382	8367	533
河　南	6940	140	1284	483	325	4422	286
湖　北	8076	618	488	266	2565	3555	584
湖　南	13620	1840	1051	3180	3907	3605	37
广　东	37733	464	876	5413	7763	20434	2783
广　西	6225	917	163	126	110	4856	53
海　南	7349		97	1121	1051	4736	344
重　庆	21125	148	9353	3037		8257	330
四　川	12432	638	1895	7939	65	1510	385
贵　州	7154		1704	83	139	4739	489
云　南	15296	932	1567	1406	5007	6103	281
西　藏	107			42	11	54	
陕　西	3114		1066	51	397	765	835
甘　肃	666		11	16	29	610	
青　海	750				747	3	
宁　夏	1462	541	249	134	254	284	
新　疆	3043	5	230	220	827	1467	294

3-58 各地区按用途分的房地产开发企业商品房平均销售价格

单位：元/平方米

地区	商品房平均销售价格	住宅	#别墅、高档公寓	办公楼	商业营业用房	其他
全国总计	**8726**	**8553**	**16252**	**14379**	**10903**	**5336**
北京	33820	36571	49506	31300	38728	8399
天津	16047	15907	16363	18198	18587	12702
河北	7712	7596	10186	9065	10468	5347
山西	6822	6649	12480	9859	11691	5384
内蒙古	5547	5339	9387	7796	7534	4923
辽宁	7573	7394	15071	10204	10517	5947
吉林	6994	6792	12016	7788	9719	5091
黑龙江	6901	6678	12908	11722	8711	6291
上海	26911	29022	65610	32965	26549	7192
江苏	10526	10547	16372	12097	11914	5361
浙江	14433	15235	20095	14738	15343	5044
安徽	7050	6937	10458	8452	8614	4541
福建	10584	10610	14524	15784	12729	6557
江西	6805	6540	8654	8569	9252	5551
山东	7533	7440	13105	10938	9056	5317
河南	5758	5531	10451	10056	7688	5172
湖北	8496	8136	9846	16906	11744	7660
湖南	5793	5472	8429	11345	9511	3864
广东	13073	12932	17903	22222	15332	7235
广西	6157	5957	8029	9636	9918	4582
海南	14525	14100	23088	21574	19191	11954
重庆	8068	8191	11222	10912	10430	3293
四川	6984	6686	11340	10670	11484	3875
贵州	5642	5133	8798	8182	9638	3753
云南	7517	7384	7757	10433	9628	4819
西藏	7193	6905	8552	11217	9104	5016
陕西	8272	7920	12701	11625	11767	5893
甘肃	5783	5390	10378	13959	10151	4962
青海	6476	5941	4660	8261	10385	4498
宁夏	5043	4737	7273	8224	7756	3489
新疆	5883	5363	8157	7927	9255	4296

3-59 各地区按资质等级分的房地产开发企业商品房平均销售价格

单位：元/平方米

地区	总计	一级	二级	三级	四级	暂定	其他
全国总计	**8726**	**9492**	**8030**	**7500**	**7595**	**9235**	**10815**
北京	33820	33555	17153	39454	27566	44650	41938
天津	16047	10252	14521	17147	16006	17878	13566
河北	7712	6449	8125	7271	6736	8825	7033
山西	6822	4189	6021	5472	6104	8618	6504
内蒙古	5547	7896	5633	5008	5184	6382	6401
辽宁	7573	10149	7072	6935	3352	7545	9271
吉林	6994	8730	7526	6049	4360	7649	4495
黑龙江	6901	8516	6492	6972	3230	7577	7230
上海	26911	23312	18273	22740	35781	29246	23497
江苏	10526	10761	9842	8757	5555	10898	11130
浙江	14433	14232	11392	14034	10323	14464	16244
安徽	7050	9284	6842	6270	5608	7040	8733
福建	10584	17061	10940	9370	12341	10586	10409
江西	6805	8232	6756	6145	6155	6962	7495
山东	7533	7938	6778	6688	5610	8303	8279
河南	5758	5440	5574	5145	4535	6148	5395
湖北	8496	9593	9616	6022	5035	9162	10791
湖南	5793	7812	6271	5348	5651	6039	4961
广东	13073	24684	13658	14008	11741	12269	15942
广西	6157	6361	6695	5403	4429	6354	5469
海南	14525	17549	11290	14410	12896	14436	17766
重庆	8068	8431	8182	5830	6446	8459	9668
四川	6984	7460	6781	7148	6334	6494	8036
贵州	5642	5939	6334	5225	4761	5727	5739
云南	7517	7548	7744	5123	6606	8012	10609
西藏	7193		6746	6142	9432	10190	4957
陕西	8272	8149	7143	6793	7303	10398	9798
甘肃	5783	5804	6120	6066	4733	6347	3918
青海	6476	7407	6286	7038	5562	7039	4203
宁夏	5043	5310	4927	4114	5397	5558	5165
新疆	5883	8539	6060	5303	4095	6423	5926

3-60 各地区按资质等级分的房地产开发企业90平方米及以下住宅平均销售价格

单位：元/平方米

地　区	总　计	一　级	二　级	三　级	四　级	暂　定	其　他
全国总计	**8523**	**8252**	**7249**	**7222**	**8025**	**9198**	**11127**
北　京	21588	18255	5869	47361	15110	32057	46926
天　津	14065	7467	11141	14431	14353	16205	13520
河　北	8612	9115	8902	8204	7136	9741	6887
山　西	5257	2915	6597	3676	4828	7342	5031
内蒙古	3902	6820	3223	4902	3596	4728	5923
辽　宁	6379	14465	5984	5765	3072	6128	8449
吉　林	5584	8315	6326	5862	3697	5536	3396
黑龙江	5223	6033	5685	4976	2935	6055	5280
上　海	16478	10277	11395	11783	36753	17919	17680
江　苏	9668	9441	8869	6228	3111	10562	10009
浙　江	13448	11513	11254	10483	10484	14393	14304
安　徽	6262	9195	5324	6015	4357	6267	8581
福　建	11143	14978	11573	8477	9111	12173	6846
江　西	7792	7083	6839	6102	7972	7779	10006
山　东	7191	8255	6737	6115	5446	7942	8109
河　南	5708	4004	5631	5417	4409	6285	4474
湖　北	6954	6785	6628	5845	4280	7890	6881
湖　南	5663	7961	5911	5601	5050	5786	6404
广　东	17251	17533	20495	22451	15885	15008	22941
广　西	6098	6579	6595	6637	5280	6078	5242
海　南	12745	16432	12289	12473	11467	12543	15069
重　庆	6900	6552	7158	5209	5642	7193	8574
四　川	6048	6187	6111	6201	5932	5556	6382
贵　州	4680	5563	5129	4604	4763	4626	3383
云　南	7782	8049	5997	6463	7920	8258	11129
西　藏	7280			5251	4286	10302	
陕　西	7395	7391	6207	6087	6897	9687	8590
甘　肃	5199	7488	5967	5162	4079	5590	3083
青　海	5560	5282	5251	7041	4817	5754	3917
宁　夏	4048	4920	3753	3132	6643	3722	
新　疆	4926	6521	5981	4536	3351	5197	3000

3-61　各地区按资质等级分的房地产开发企业144平方米以上住宅平均销售价格

单位：元/平方米

地　区	总　计	一　级	二　级	三　级	四　级	暂　定	其　他
全国总计	**11352**	**14240**	**10745**	**10033**	**8987**	**11930**	**13632**
北　京	58039	59447	35962	70165	52047	66120	107200
天　津	20315	18378	20659	25413	19672	20778	23050
河　北	9908	11493	9467	8122	8227	11069	12301
山　西	9926	6298	7242	8584	9431	11634	11929
内蒙古	6249	8499	6275	6963	5410	6733	6748
辽　宁	10165	9116	8516	10961	3371	10034	12356
吉　林	8990	9757	9076	7573	4096	9818	8879
黑龙江	9466	9178	9334	9497	3151	9808	10313
上　海	72673	46626	80186	69499		73358	64886
江　苏	13790	12462	14446	14217	10340	13607	13593
浙　江	19764	19540	13566	18213	12821	19667	26436
安　徽	8509	7594	8579	7769	5165	8373	10628
福　建	13020	25075	20140	12438	19078	11961	7935
江　西	8050	7144	7641	6788	8341	8079	9228
山　东	8758	9085	7916	8581	6110	9875	8468
河　南	7266	6688	6222	5422	4972	7979	8094
湖　北	11306	9595	11906	6244	5153	12966	16501
湖　南	5927	9056	6869	5427	5432	6276	4432
广　东	14665	64870	14784	16181	12427	12381	13566
广　西	6339	9132	7682	6231	3804	6325	4490
海　南	18616	18027	15854	30269	17695	17538	16880
重　庆	12655	13827	12528	9440	9471	13175	13896
四　川	10098	9787	9853	9755	8581	10193	14309
贵　州	6067	6129	7388	5145	4464	5883	7346
云　南	7431	9549	8429	4950	6165	7970	10289
西　藏	6629		7584	6555	4650	8642	
陕　西	10249	9270	9142	7558	9370	13073	10697
甘　肃	6409	7093	7077	5258	4886	7812	3080
青　海	6113	8193	4936	7133	5525	7647	3947
宁　夏	6095	6149	5321	4409	6897	7627	5199
新　疆	5595	5572	5921	5440	3441	6290	10643

3-62 各地区按资质等级分的房地产开发企业别墅、高档公寓平均销售价格

单位：元/平方米

地　区	总　计	一　级	二　级	三　级	四　级	暂　定	其　他
全国总计	**16252**	**13351**	**14482**	**14868**	**12513**	**18002**	**19142**
北　京	49506	48793	21570	31787	49092	64706	29984
天　津	16363		16806	31835	15033	17785	23155
河　北	10186	14449	30000	7560	12178	6979	9238
山　西	12480	8574	9219	13851	11217	14062	
内蒙古	9387	10995	5188	17342	7762	9946	3471
辽　宁	15071	21515	14211	12269	3830	11884	20662
吉　林	12016		13943	14996	10851	11220	13805
黑龙江	12908	7566	17218	12638	3500	7736	12632
上　海	65610	28449	81289	69788		65774	56575
江　苏	16372	16345	16880	19462	10252	15752	16613
浙　江	20095	29597	17202	17700	14568	22697	19970
安　徽	10458	10210	12897	9693	6812	10632	11378
福　建	14524	42707	22631	20711	13479	10832	35873
江　西	8654	7006	19656	10221	9290	7642	7984
山　东	13105	10345	12090	13630	8091	14582	9604
河　南	10451	4308	11297	10545	8625	10714	7919
湖　北	9846	7796	11967	13895	6926	11481	9744
湖　南	8429	7735	11116	8858	7526	8467	2464
广　东	17903	15763	15271	22091	13280	18287	20607
广　西	8029	10606	11904	10813	7981	7317	3348
海　南	23088		28180	27855	19737	21780	32706
重　庆	11222	16706	10831	8927		12210	16530
四　川	11340	14354	11472	10874	15201	11623	13180
贵　州	8798		10288	7515	8958	8297	9624
云　南	7757	6086	10746	5643	8129	7276	7455
西　藏	8552			7999	4701	11308	
陕　西	12701		8402	18995	12329	14009	16127
甘　肃	10378		9846	7488	9237	10658	
青　海	4660				4670	4087	
宁　夏	7273	5787	7031	5135	7257	9856	
新　疆	8157	20189	4458	10682	4558	8865	12058

3-63　各地区按用途分的房地产开发企业商品房待售面积

单位：平方米

地　区	商品房待售面积	住　宅	#别　墅、高档公寓	办公楼	商业营业用房	其　他
全国总计	**529092890**	**253276358**	**21679138**	**37027634**	**139058237**	**99730661**
北　京	22263778	8479639	2195668	4145368	3940950	5697821
天　津	6713959	3155252	516903	1258040	1436785	863882
河　北	9672987	6482394	268647	344007	1580823	1265763
山　西	9848476	6393184	156328	223080	1899072	1333140
内蒙古	12442089	7380440	382690	593009	3079970	1388670
辽　宁	32607996	21923327	927898	864592	6985758	2834319
吉　林	12581648	6900326	324783	870163	3312938	1498221
黑龙江	17528740	10072810	189699	436193	4365689	2654048
上　海	22111197	6642971	2128944	4006890	4336445	7124891
江　苏	50157432	25076342	3100345	4303370	14685238	6092482
浙　江	25928788	8498550	1783163	4024674	8517763	4887801
安　徽	16851293	7795474	494609	763752	6152065	2140002
福　建	18903914	5315620	557491	1576279	5146635	6865380
江　西	9506819	4980999	283772	399079	3444019	682722
山　东	26906523	14685402	721458	2046542	7381227	2793352
河　南	28081746	19143758	261672	1291091	5504300	2142597
湖　北	17693868	9626946	383752	887460	5138002	2041460
湖　南	17276301	8102822	416824	852620	5118843	3202016
广　东	50298233	23842940	3051667	2660998	10520690	13273605
广　西	14087361	7984065	421300	234231	3687603	2181462
海　南	6497381	4481529	640496	123183	980592	912077
重　庆	17879539	3940608	300656	1068958	5150977	7718996
四　川	24288247	5961057	357570	920171	6798581	10608438
贵　州	7836734	3001413	85495	476993	2995554	1362774
云　南	11593020	5018135	1009832	524298	3453673	2596914
西　藏	275213	119081	10839		128608	27524
陕　西	7269528	3366993	31778	408427	2232070	1262038
甘　肃	7964166	4677566	11810	300279	2186620	799701
青　海	1413534	653508	6704	35673	641066	83287
宁　夏	9453561	3876442	324606	670126	3437835	1469158
新　疆	13158819	5696765	331739	718088	4817846	1926120

3-64 各地区按资质等级分的房地产开发企业商品房待售面积

单位：平方米

地 区	总 计	一 级	二 级	三 级	四 级	暂 定	其 他
全国总计	**529092890**	**22652888**	**102451642**	**118129790**	**83839598**	**178448809**	**23570163**
北 京	22263778	2334140	4035863	2294221	9899853	3006684	693017
天 津	6713959	202225	798762	403394	4282561	812972	214045
河 北	9672987	450136	1822740	1787865	3048577	2411998	151671
山 西	9848476	763864	1556067	1269241	4473835	1522459	263010
内蒙古	12442089	520819	2232286	1873301	6311643	1289563	214477
辽 宁	32607996	938819	3362077	9227875	879591	16502194	1697440
吉 林	12581648	127776	2875639	2770077	2016111	4776306	15739
黑龙江	17528740	639019	4812692	8629400	469046	2595242	383341
上 海	22111197	784702	2317482	2752961	650	14513032	1742370
江 苏	50157432	2534020	21149950	2612146	121659	19994394	3745263
浙 江	25928788	1160164	2854177	6700347	3666908	9256593	2290599
安 徽	16851293	268617	2753629	4989819	1047632	7345932	445664
福 建	18903914	861828	1897996	7920629	2727836	5008894	486731
江 西	9506819	64503	964469	2223199	1067088	4659144	528416
山 东	26906523	1088898	3723725	5071677	4927805	10694792	1399626
河 南	28081746	613425	3600321	3470600	2400059	15219876	2777465
湖 北	17693868	670187	4351565	2175417	4005061	6241602	250036
湖 南	17276301	332648	2840300	7333201	3330917	2927750	511485
广 东	50298233	2204448	2998413	13640142	12298593	16391712	2764925
广 西	14087361	238594	1584195	3285457	1325600	6982230	671285
海 南	6497381	2604	424590	874273	972524	3817753	405637
重 庆	17879539	2026834	9149931	2395635	65927	4120317	120895
四 川	24288247	1284081	5845504	12757091	381594	3464532	555445
贵 州	7836734		2017286	1866370	1274336	2550925	127817
云 南	11593020	198675	2350445	1224750	3759626	3933598	125926
西 藏	275213		53799	139070	41234	41110	
陕 西	7269528	305381	1938455	1870110	1935857	742131	477594
甘 肃	7964166	193469	1045599	2287445	2769822	1526712	141119
青 海	1413534	63447	537414	297203	275916	239554	
宁 夏	9453561	1397382	4235924	1862981	1271905	637395	47974
新 疆	13158819	382183	2320347	2123893	2789832	5221413	321151

3-65 各地区按用途分的房地产开发企业商品房待售1-3年面积

单位：平方米

地 区	待售1-3年面 积	住 宅	#别 墅、高档公寓	办公楼	商业营业用房	其 他
全国总计	**234962565**	**110113424**	**9743450**	**16321299**	**61535990**	**46991852**
北 京	10269532	3516889	596224	1892686	1907824	2952133
天 津	2914806	1246511	197939	722461	669053	276781
河 北	5377997	3632535	98379	177759	672732	894971
山 西	3319605	2062535	38898	139476	838031	279563
内蒙古	4905100	2715396	55882	263290	1418584	507830
辽 宁	16234284	10990839	552015	263969	3459578	1519898
吉 林	5190505	2937555	199604	412566	1237801	602583
黑龙江	6994502	4388791	85644	151235	1629124	825352
上 海	7151339	2071614	451072	1454514	1301583	2323628
江 苏	21880307	10861952	1614910	1698881	6448526	2870948
浙 江	10345974	3381406	1111262	1559880	3315038	2089650
安 徽	9102534	4525849	236404	358560	3048967	1169158
福 建	7262683	1720399	166512	847681	1964898	2729705
江 西	4722575	2494202	232882	260145	1653713	314515
山 东	10616842	5809927	401781	716968	2891217	1198730
河 南	6642319	4163694	176262	324775	1577645	576205
湖 北	7425413	4759409	150784	264645	1756915	644444
湖 南	9829610	4187117	270221	621720	2916609	2104164
广 东	27514267	12096638	1531454	1683208	6054273	7680148
广 西	7114709	4271786	232090	76356	1824807	941760
海 南	3804378	2767871	375805	50565	476352	509590
重 庆	10316790	1900712	190845	734411	3181707	4499960
四 川	12376343	3151201	159671	326903	3473066	5425173
贵 州	3195121	1271180	22836	262054	1059904	601983
云 南	5375347	2349348	338444	175780	1538140	1312079
西 藏	187680	90638			78612	18430
陕 西	1974829	952904	4716	46312	613193	362420
甘 肃	3597784	2190992	11810	131583	937380	337829
青 海	608074	230939		9427	328944	38764
宁 夏	3812617	1485203	121286	371727	1397369	558318
新 疆	4898699	1887392	117818	321762	1864405	825140

3-66 各地区按资质等级分的房地产开发企业商品房待售1-3年面积

单位：平方米

地　区	总　计	一　级	二　级	三　级	四　级	暂　定	其　他
全国总计	**234962565**	**10257705**	**43726059**	**52807947**	**35720988**	**82155630**	**10294236**
北　京	10269532	1174249	1430378	991859	4556936	1834613	281497
天　津	2914806	111472	363028	75683	1954715	323105	86803
河　北	5377997	173738	751704	1276924	1513100	1542128	120403
山　西	3319605	411178	835685	349257	1183747	457072	82666
内蒙古	4905100	244587	823435	714409	2749444	312086	61139
辽　宁	16234284	544258	901744	3574093	601516	9535016	1077657
吉　林	5190505	65957	615090	1354195	1094675	2060588	
黑龙江	6994502	395341	1455423	3637331	208183	1222332	75892
上　海	7151339	27279	827287	609145		5086760	600868
江　苏	21880307	593990	9322638	886779	66721	9180935	1829244
浙　江	10345974	384747	1093975	2493876	1393948	4009021	970407
安　徽	9102534	76791	1551535	2802413	681418	3693832	296545
福　建	7262683	461980	374335	2761033	1000961	2400637	263737
江　西	4722575	10170	617637	999552	543055	2303348	248813
山　东	10616842	487593	1147141	2377854	1897085	4010480	696689
河　南	6642319	202581	1282403	745789	196804	3908835	305907
湖　北	7425413	296840	2095673	814382	1239534	2791082	187902
湖　南	9829610	247154	1807070	4467124	1577992	1566774	163496
广　东	27514267	1475078	1476661	7602934	6724552	8708560	1526482
广　西	7114709	51610	611509	1573358	626946	3840889	410397
海　南	3804378	2604	248612	459627	537256	2351747	204532
重　庆	10316790	1124351	5066796	1274134	16557	2771222	63730
四　川	12376343	929316	2740911	6691767	245122	1610623	158604
贵　州	3195121		1110478	728377	436236	912622	7408
云　南	5375347	149321	1206367	606839	1471410	1905993	35417
西　藏	187680		53799	117484		16397	
陕　西	1974829	86344	587981	303714	511530	263551	221709
甘　肃	3597784	6708	362461	1054062	1107139	956198	111216
青　海	608074	63447	305033	103170	85176	51248	
宁　夏	3812617	313020	1809786	830305	553597	305909	
新　疆	4898699	146001	849484	530478	945633	2222027	205076

3-67　各地区按用途分的房地产开发企业商品房待售3年以上面积

单位：平方米

地　区	待售3年以上面积	住　宅	#别　墅、高档公寓	办公楼	商业营业用房	其　他
全国总计	**117275865**	**48252356**	**6950720**	**9266606**	**35791493**	**23965410**
北　京	8797965	3452577	1479487	1584351	1744065	2016972
天　津	2019172	694015	132919	414599	545775	364783
河　北	1712694	1103506	49272	101960	312464	194764
山　西	2590096	1772627	117430	33789	456252	327428
内 蒙 古	1777042	959273	241983	56054	545590	216125
辽　宁	6587703	4220087	233711	104228	1694141	569247
吉　林	3555397	1837377	97235	107526	1156782	453712
黑 龙 江	5304054	2665427	94286	69431	1575214	993982
上　海	7561809	1897857	942500	1373480	1954577	2335895
江　苏	9954601	3741279	788935	1190822	3976805	1045695
浙　江	8239736	2621636	454332	1237133	2989546	1391421
安　徽	1847412	700005	198931	121632	832796	192979
福　建	7323803	2117520	286851	312565	2052677	2841041
江　西	1387018	507571	25786	35735	732282	111430
山　东	6570355	2933768	155555	452963	2555268	628356
河　南	2441110	1578571	8229	159187	576580	126772
湖　北	5761472	2596781	105834	291940	2013236	859515
湖　南	3031574	1365514	106567	51720	934933	679407
广　东	7384060	3108044	724910	388156	1885459	2002401
广　西	1940567	810280	22491	122799	723081	284407
海　南	1083675	612528	95233	15842	230151	225154
重　庆	3086058	797864	27226	225762	672607	1389825
四　川	4957118	941336	42300	216725	1250676	2548381
贵　州	906304	244639	36305	34599	435411	191655
云　南	2227891	752467	217972	210182	757988	507254
西　藏	2872	2096			776	
陕　西	1253604	613214	2530	13947	442142	184301
甘　肃	1343891	718216		44848	332663	248164
青　海	221577	95010			113246	13321
宁　夏	2640600	1165012	78030	72872	964704	438012
新　疆	3764635	1626259	183880	221759	1333606	583011

3-68 各地区按资质等级分的房地产开发企业商品房待售3年以上面积

单位：平方米

地　区	总　计	一　级	二　级	三　级	四　级	暂　定	其　他
全国总计	**117275865**	**5557559**	**26772410**	**31888548**	**20768784**	**28471038**	**3817526**
北　京	8797965	1048938	1875571	1116310	4034669	367905	354572
天　津	2019172	25959	358496	238773	1052167	265639	78138
河　北	1712694	34850	672722	176580	698027	130515	
山　西	2590096	186229	446198	345209	1283243	329217	
内蒙古	1777042	166	472692	142455	1053847	55787	52095
辽　宁	6587703	125601	1194192	2861246	98101	2243488	65075
吉　林	3555397	60047	1412358	768389	427670	875813	11120
黑龙江	5304054	225945	1612887	2930158	116450	402103	16511
上　海	7561809	271614	1005136	1481614	650	4219988	582807
江　苏	9954601	469408	4487918	787023	20321	3703610	486321
浙　江	8239736	509391	1154955	2491606	1208508	2281906	593370
安　徽	1847412	93483	351586	734200	66226	595753	6164
福　建	7323803	32224	1101851	3985514	906346	1143411	154457
江　西	1387018	48841	192186	603336	177962	337641	27052
山　东	6570355	233595	1028101	1614000	1244766	2251875	198018
河　南	2441110	98654	319459	685491	264449	994844	78213
湖　北	5761472	219918	1179357	1069739	1424377	1862589	5492
湖　南	3031574	67323	640966	1038387	859156	349808	75934
广　东	7384060	253136	344561	2688992	2079690	1406369	611312
广　西	1940567		384279	449345	270579	816800	19564
海　南	1083675		63992	155233	319384	434545	110521
重　庆	3086058	574191	1376554	456549	35982	597486	45296
四　川	4957118	230664	1646972	2082342	87546	764451	145143
贵　州	906304		123488	267613	198572	316631	
云　南	2227891	46911	379666	263517	948260	562726	26811
西　藏	2872					2872	
陕　西	1253604	88520	414967	376175	314095	37925	21922
甘　肃	1343891		305455	555872	377167	105397	
青　海	221577		88935	66423	16723	49496	
宁　夏	2640600	422926	1201055	618555	196260	201804	
新　疆	3764635	189025	935855	837902	987591	762644	51618

3-69 各地区房地产开发企业90平方米及以下住宅待售情况

单位：平方米

地 区	待售面积	待售1-3年	待售3年以上
全国总计	**72538187**	**32519240**	**13499309**
北 京	2803805	1053018	853345
天 津	817976	371310	132837
河 北	1684403	1017141	345005
山 西	1341435	521554	337761
内蒙古	2052146	643840	278946
辽 宁	11255157	5388644	2070175
吉 林	3817361	1619095	1086725
黑龙江	5246441	2322031	1288386
上 海	1878732	543699	334119
江 苏	5095849	1723423	545071
浙 江	1185615	451465	315592
安 徽	1982598	1077303	322121
福 建	945287	307099	321354
江 西	708687	350083	71550
山 东	3787742	1245648	1223341
河 南	3947577	666088	270083
湖 北	3162809	2158364	432259
湖 南	1021779	465797	315859
广 东	4928694	2641183	641165
广 西	2069641	1388789	214665
海 南	2638119	1664195	408594
重 庆	1429973	767048	135654
四 川	2365377	1361428	358075
贵 州	714890	370671	56343
云 南	974009	526600	90590
西 藏	75022	70000	2096
陕 西	731723	331571	40859
甘 肃	1454499	695431	221658
青 海	76131	52986	18844
宁 夏	840265	282489	308052
新 疆	1504445	441247	458185

3-70 各地区房地产开发企业土地开发及其购置情况

地　区	待开发土地面积（平方米）	本年土地购置面积（平方米）	本年土地成交价款（万元）
全国总计	**458040199**	**293206467**	**161540763**
北　京	6944288	2247528	5528289
天　津	8094993	2263234	3483122
河　北	16230948	11589496	2846473
山　西	6462247	2863793	819416
内蒙古	5545157	3629455	570134
辽　宁	16892134	8175426	2964645
吉　林	4969645	7735467	2287814
黑龙江	2229924	2460593	800528
上　海	3784685	1478948	2337651
江　苏	44531476	25240774	17680702
浙　江	17865026	30569698	30157792
安　徽	30329265	29597048	13404493
福　建	10871990	12854956	11648189
江　西	11033228	5582206	2534660
山　东	33080756	27352888	9242560
河　南	25942301	10184300	4989322
湖　北	16335517	9565767	3218487
湖　南	24485487	14285731	4569365
广　东	44836029	19745543	17966503
广　西	12776073	6101927	2027254
海　南	5999745	1232207	479083
重　庆	30984297	12560964	6244707
四　川	20372400	15411036	7476035
贵　州	11280981	5965584	1397567
云　南	16633655	5715528	1595011
西　藏	231377	360825	38493
陕　西	11866509	7947626	2372493
甘　肃	4193472	1809840	358349
青　海	967257	563907	194565
宁　夏	2350123	1448986	161037
新　疆	9919214	6665186	2146024

3-71　各地区按资质等级分的房地产开发企业待开发土地面积

单位：平方米

地　区	总　计	一　级	二　级	三　级	四　级	暂　定	其　他
全国总计	**458040199**	**9784350**	**53250925**	**66052278**	**50174015**	**234960702**	**43817929**
北　京	6944288	258760	542475	199789	2368057	3111071	464136
天　津	8094993	15328	28431	2004679	4277998	770120	998437
河　北	16230948	176733	1135676	1852241	4733505	8064215	268578
山　西	6462247	86310	250287	958504	2342323	2743916	80907
内蒙古	5545157	827685	225951	571929	2462065	1128632	328895
辽　宁	16892134	65967	216596	2879738	98714	11749981	1881138
吉　林	4969645		432063	809787	612652	2855495	259648
黑龙江	2229924		549542	605995		494514	579873
上　海	3784685	151469	300286	338920		2140325	853685
江　苏	44531476	1751587	11854338	1526793	23400	25157780	4217578
浙　江	17865026	123177	385666	3213241	960534	8133187	5049221
安　徽	30329265	276497	1432341	3605484	547431	20170396	4297116
福　建	10871990		590509	1198395	682967	7198975	1201144
江　西	11033228		245160	1374381	504937	7482042	1426708
山　东	33080756	1660932	1990540	5155439	3436592	16526445	4310808
河　南	25942301	352134	2665855	2502649	1858019	13767403	4796241
湖　北	16335517	351153	1188247	2077816	2968024	8774038	976239
湖　南	24485487	572712	1402344	7070011	4271249	10549408	619763
广　东	44836029	721293	1492068	7099913	6767093	23784009	4971653
广　西	12776073		815437	536018	486497	10873716	64405
海　南	5999745	9309	462269	532790	1573385	3254620	167372
重　庆	30984297	910861	11828590	3177267	30653	14751162	285764
四　川	20372400	422229	5995934	10318857	14246	2980156	640978
贵　州	11280981		858966	1075135	577521	8639491	129868
云　南	16633655	418614	1801784	556544	3191423	8453832	2211458
西　藏	231377		71692	119685		40000	
陕　西	11866509	36123	1881631	1576292	2528289	3634045	2210129
甘　肃	4193472		129147	1515831	1014203	1500546	33745
青　海	967257		175720	242264	189345	220391	139537
宁　夏	2350123		958266	269845	230422	824990	66600
新　疆	9919214	595477	1343114	1086046	1422471	5185801	286305

3-72 各地区按资质等级分的房地产开发企业土地购置面积

单位：平方米

地　区	总　计	一　级	二　级	三　级	四　级	暂　定	其　他
全国总计	**293206467**	**4428198**	**17768728**	**27945306**	**18637206**	**179004408**	**45422621**
北　京	2247528	120431	81908	31421	561580	1168654	283534
天　津	2263234			100447	1310097	514933	337757
河　北	11589496	192024	683139	1525931	2184959	6486099	517344
山　西	2863793	23109	135876	200724	672416	1749948	81720
内蒙古	3629455		34923	218729	1669957	1209460	496386
辽　宁	8175426	4250	228451	627194	38843	5006523	2270165
吉　林	7735467	93000	647770	932287	780554	5281856	
黑龙江	2460593		364801	467076	97177	1064992	466547
上　海	1478948		25428	50717		1402803	
江　苏	25240774	485711	3444058	382651	3624	16491401	4433329
浙　江	30569698	374829	580028	3203163	1437137	15798377	9176164
安　徽	29597048	296509	423682	2042945	485536	21297783	5050593
福　建	12854956	63112	166467	604125	261196	10140641	1619415
江　西	5582206		96536	218099	262779	3860691	1144101
山　东	27352888	773226	2137569	1667547	2165085	15963878	4645583
河　南	10184300	62974	488436	291918	70160	7672436	1598376
湖　北	9565767	227706	251436	755236	1123258	5426771	1781360
湖　南	14285731	267111	508575	2205811	1940326	8913646	450262
广　东	19745543	362408	189207	377919	1795268	12291418	4729323
广　西	6101927	18173		326275	147969	5487049	122461
海　南	1232207				18288	1159515	54404
重　庆	12560964	409292	2878167	1029101	15869	7847519	381016
四　川	15411036	168752	2457397	8436686	13824	3083487	1250890
贵　州	5965584	132374	191410	154686	95887	4878826	512401
云　南	5715528	93836	1075521	218668	555124	2810003	962376
西　藏	360825			108098	30667	222060	
陕　西	7947626	93584	369475	727986	263875	4329200	2163506
甘　肃	1809840		72894	205213	313268	1209507	8958
青　海	563907		10207	5799		465607	82294
宁　夏	1448986		43808	218140	25825	1161213	
新　疆	6665186	165787	181559	610714	296658	4608112	802356

3-73　各地区按资质等级分的房地产开发企业土地成交价款

单位：万元

地　区	总　计	一　级	二　级	三　级	四　级	暂　定	其　他
全国总计	**161540763**	**3577069**	**8048529**	**11633822**	**6066032**	**99411381**	**32803930**
北　京	5528289	241066	196227	108100	171488	4075107	736301
天　津	3483122			63800	1666760	973717	778845
河　北	2846473	149262	164324	423751	370835	1615906	122395
山　西	819416	6000	39769	77683	160586	485176	50202
内蒙古	570134		17146	42128	255875	165370	89615
辽　宁	2964645	9007	60639	113417	7325	1532584	1241673
吉　林	2287814	4652	162144	360459	93196	1667363	
黑龙江	800528		81057	173117	5928	285867	254559
上　海	2337651		317477	37546		1982628	
江　苏	17680702	458056	2077325	99491	840	12666093	2378897
浙　江	30157792	464055	622735	2035747	743732	15708219	10583304
安　徽	13404493	151153	113605	749132	91372	9672140	2627091
福　建	11648189	304478	112218	187639	100816	9140635	1802403
江　西	2534660		44322	87698	43208	1949375	410057
山　东	9242560	342759	569283	631751	511307	5671924	1515536
河　南	4989322	32678	287176	52570	20449	3948456	647993
湖　北	3218487	268889	66927	248081	170519	2076705	387366
湖　南	4569365	233674	181111	570790	517685	2990665	75440
广　东	17966503	447227	355712	137424	800304	9415002	6810834
广　西	2027254	3200		86479	16048	1904012	17515
海　南	479083				1046	455820	22217
重　庆	6244707	123845	1419149	277324	10430	4330150	83809
四　川	7476035	165382	835261	4657994	7719	1252795	556884
贵　州	1397567	45668	46914	41234	19719	1159061	84971
云　南	1595011	12357	181409	35552	114823	801514	449356
西　藏	38493			15638	1200	21655	
陕　西	2372493	65326	50825	122388	50090	1174369	909495
甘　肃	358349		5071	82645	36929	232219	1485
青　海	194565		437	643		179574	13911
宁　夏	161037		4590	16163	1475	138809	
新　疆	2146024	48335	35676	97438	74328	1738471	151776

第四章

房地产开发企业主要财务状况

4-1　各地区房地产开发企业主要财务指标

单位：万元

地　区	资产总计	负债合计	所有者权益合计	主营业务收入
全国总计	**8527205372**	**6743333639**	**1783829764**	**1129246843**
北　京	571725818	464167399	107558419	35155039
天　津	296173855	229273763	66970173	20897470
河　北	225135552	190239248	34835364	27482727
山　西	123844497	109122047	14722450	8876438
内蒙古	81519458	70521005	10998453	9205889
辽　宁	220135802	172602904	47541350	24937659
吉　林	68687865	56059438	12628427	10658263
黑龙江	99377014	69790559	29586455	10751505
上　海	592145371	399711313	192434058	56122712
江　苏	722328318	552958813	169372201	155657990
浙　江	592102863	474664064	117438799	81766211
安　徽	284294451	229762342	54532109	46632904
福　建	378454404	287996691	90457713	45125974
江　西	147185431	114843376	32342054	26792480
山　东	540914019	446714910	94198407	75574991
河　南	337085759	279404629	57681129	50433460
湖　北	328799284	255000594	73798690	59314029
湖　南	192277009	153433430	38843579	40402387
广　东	1117160100	893033274	224084561	144841102
广　西	159536816	127349198	32191210	20925721
海　南	122842309	100544689	22278817	15256780
重　庆	314949169	235491193	79457975	37136884
四　川	317812394	256727996	61083902	54444267
贵　州	148843569	118333201	30510368	16089649
云　南	205756354	169428446	36327908	16779845
西　藏	6119909	3894997	2224913	472925
陕　西	161293706	137493395	23800311	17823484
甘　肃	58291143	49638896	8648665	7799016
青　海	15959071	13916169	2042902	1444454
宁　夏	30379009	26112385	4266625	3300791
新　疆	66075056	55103275	10971781	7143800

4-1 续表 1

单位：万元

地区	土地转让收入	商品房销售收入	自持物业收入	房屋出租收入	其他收入
全国总计	**12073834**	**1066883771**	**20081475**	**14843031**	**30207763**
北京	1234996	27125082	2217317	1959874	4577646
天津	357033	19508542	374795	237764	657099
河北	223285	26715816	138106	109618	405520
山西	602069	7974555	94469	75723	205345
内蒙古	8416	8996971	77576	60527	122926
辽宁	596186	23513269	300076	174482	528129
吉林	104458	10306609	125836	87101	121360
黑龙江	172264	9995913	119239	68414	464089
上海	874741	46970418	5663019	4458971	2614534
江苏	1904315	150028751	1212739	755348	2512185
浙江	390737	79291072	914974	755966	1169429
安徽	120270	44536997	341783	215648	1633854
福建	115590	43347988	427024	358934	1235373
江西	470080	25741610	107544	84622	473246
山东	1161078	72365559	563475	393205	1484880
河南	411162	47712645	538460	327319	1771193
湖北	313980	57160030	616286	481005	1223733
湖南	278111	38570003	427594	175517	1126679
广东	613203	138503107	3352331	2138070	2372461
广西	110334	20123849	221258	180882	470280
海南	21721	14832685	163636	94753	238739
重庆	613454	34809226	637281	511440	1076923
四川	289211	52597713	520916	442708	1036427
贵州	115792	14994621	181308	133088	797928
云南	809663	14857221	217077	167094	895883
西藏		432546	34462	5088	5917
陕西	60720	16888788	228349	159567	645626
甘肃	45762	7564229	75413	60451	113612
青海	2931	1386753	17800	16171	36970
宁夏	49925	3162245	42623	38789	45998
新疆	2351	6868959	128711	114896	143779

4-1 续表 2　　　　单位：万元

地　区	主营业务成本	主营业务税金及附加	其他业务利润	销售费用
全国总计	**792812141**	**67855328**	**3588272**	**42613580**
北　京	24088323	3091718	241538	1126548
天　津	15381035	1378484	265222	800965
河　北	19350681	1753039	112610	1128969
山　西	6953445	439025	40075	568298
内蒙古	7296764	391444	16974	232840
辽　宁	19664405	1254777	111523	892666
吉　林	8418439	434693	140485	324138
黑龙江	7880188	703367	113885	342108
上　海	36042607	5275318	124839	1590710
江　苏	110420486	7613736	393937	3904428
浙　江	61515791	4212782	207957	3529958
安　徽	33703569	2067208	155328	1813226
福　建	31291312	2995527	116293	1406863
江　西	18881985	1271466	63373	1020454
山　东	56825207	4112523	232952	2473451
河　南	35224791	2185221	98662	2049181
湖　北	39478195	3316509	135963	1488107
湖　南	28807072	1837392	118468	1583442
广　东	86913672	13878024	331423	6474683
广　西	14759725	1113650	79593	1127770
海　南	9604828	1376496	24745	1575275
重　庆	26414386	1521747	70881	1632750
四　川	39562518	2647648	97131	2244328
贵　州	11909073	701267	80466	758717
云　南	12642796	725412	63922	790291
西　藏	322670	11742	1088	15492
陕　西	14001029	687099	41227	865332
甘　肃	6178100	318675	30313	233667
青　海	1200521	54012	14321	63394
宁　夏	2710024	130513	35559	125833
新　疆	5368503	354818	27520	429698

4-1 续表 3 单位：万元

地　　区	管理费用	财务费用	营业利润	营业外收入
全国总计	**43406341**	**28381023**	**185437091**	**5980004**
北　　京	2324501	2110005	5937760	233621
天　　津	884684	1140619	1590082	201108
河　　北	1219298	824613	3054533	111652
山　　西	587907	407212	288182	21968
内 蒙 古	398826	193750	695580	78245
辽　　宁	974371	1019111	1353442	135383
吉　　林	462685	289760	666833	47129
黑 龙 江	509808	420911	1021212	755038
上　　海	2680122	2839049	15912928	297468
江　　苏	3665808	1498629	28578857	512014
浙　　江	3182879	1543529	10639262	439650
安　　徽	1507335	725203	7285586	115934
福　　建	1325453	898479	8713791	105789
江　　西	798673	377661	4492970	92024
山　　东	2944196	1697578	8982576	501062
河　　南	2152954	1372352	7912797	190169
湖　　北	1539960	986912	13595904	191829
湖　　南	1423258	592518	5080880	236385
广　　东	5983349	3947223	35142647	490119
广　　西	896907	347202	2573938	187888
海　　南	860381	482303	2045034	59305
重　　庆	1360819	1143860	5882978	363697
四　　川	1803257	1250587	7292968	217836
贵　　州	834875	347240	2275419	91518
云　　南	1052025	841992	1688661	98385
西　　藏	25205	7726	82774	3970
陕　　西	814391	478722	1203528	85031
甘　　肃	364736	251657	652590	31388
青　　海	105824	39828	107476	7362
宁　　夏	213096	97034	80430	47603
新　　疆	508759	207762	605475	29439

4-1　续表 4　　　　单位：万元

地　区	营业外支出	所得税费用	应付职工薪酬
全国总计	**6850058**	**36968015**	**31021283**
北　京	234596	1269497	1860045
天　津	174695	729956	722319
河　北	237306	804517	891056
山　西	54114	217922	358135
内 蒙 古	62586	129575	235203
辽　宁	196112	539775	604842
吉　林	70317	272627	355842
黑 龙 江	79732	303938	257590
上　海	182871	3867765	1508409
江　苏	600485	4417055	2527986
浙　江	529231	2677354	1908980
安　徽	306807	1257862	1185336
福　建	315105	1397622	1204743
江　西	95234	911049	588324
山　东	438739	1791268	1952014
河　南	294319	1140972	1646021
湖　北	265458	1809267	1483682
湖　南	176172	836931	1142429
广　东	999045	7137970	3982189
广　西	258407	706073	727976
海　南	140346	709171	527840
重　庆	273963	911997	1186882
四　川	242083	1310469	1374166
贵　州	155134	528618	634287
云　南	171012	451820	720118
西　藏	-455	8205	13361
陕　西	147024	288135	696943
甘　肃	50164	254326	251690
青　海	11314	27253	67244
宁　夏	31840	52069	111109
新　疆	56305	206957	294522

4-2 各地区按登记注册类型分的房地产开发企业资产总计

单位：万元

地区	总计	内资					
			国有	集体	股份合作	国有联营	集体联营
全国总计	**8527205372**	**7790660025**	**63871352**	**9934175**	**809385**	**141665**	**31733**
北京	571725818	521967016	6791549	2062260			
天津	296173855	275182448	3811409	116992		3052	
河北	225135552	218755066	319273				
山西	123844497	122410862	1889344	45227			
内蒙古	81519458	81258247	94055				
辽宁	220135802	188841746	540488	19906	7516		
吉林	68687865	67384884	798906				
黑龙江	99377014	97427525	1435613	5959	2943		
上海	592145371	497586245	887759	917226		50127	
江苏	722328318	635621207	3848277	1023606	34894		
浙江	592102863	543032442	5196120	116776	34223	88485	
安徽	284294451	279093406	3058982	4414	8019		
福建	378454404	338917966	10090877	324762			
江西	147185431	140969160	2108772				
山东	540914019	514921735	4762906	1952368	229939		
河南	337085759	325896576	2188708	100212	10354		
湖北	328799284	313795429	4639915	307255			
湖南	192277009	183601497	504785	18158	18081		
广东	1117160100	937805891	2317879	2599071	237227		31733
广西	159536816	149528922	895126	37588	4811		
海南	122842309	107766610	368769	80438			
重庆	314949169	279950601	618042		8865		
四川	317812394	299177064	1151332	6672	201054		
贵州	148843569	144358563	321050	905			
云南	205756354	195751879	1560695	9339	4311		
西藏	6119909	6119909	15850				
陕西	161293706	156560789	2357419	158300	7149		
甘肃	58291143	57899284	870467	22632			
青海	15959071	15941974					
宁夏	30379009	29585904					
新疆	66075056	63549181	426986	4109			

4-2 续表 1　　　　单位：万元

地　　区	内　　资						
	国有与集体联　　营	其他联营	国有独资公　　司	其他有限责任公司	股份有限公　　司	私营独资	私营合伙
全国总计	**5217**	**96396**	**932693608**	**4250424649**	**313995993**	**877354**	**195646**
北　　京			40687340	392433540	40789794		
天　　津			56375182	158711250	11070777		
河　　北			3165897	89155367	7939395		
山　　西			12896976	49834636	1547636		
内 蒙 古			4255270	43338019	2487522	10422	
辽　　宁			14262150	99185124	3953650		
吉　　林			4396749	40455679	4306850	25617	
黑 龙 江			12813863	57593499	3257617	147643	
上　　海			104595166	263722031	23889866		
江　　苏			78896440	273344018	18521168		21209
浙　　江			59379424	228742410	15613723		
安　　徽			12813998	187787467	9248803		
福　　建	5217		51960055	183057593	8595030		
江　　西			20281638	71456450	5328619	5600	58240
山　　东			74865245	275473997	19609752		
河　　南		266	23177469	224854058	12898360	68690	15761
湖　　北			31126605	181990859	16654127	58922	
湖　　南			22217620	95873913	6816199	20240	1706
广　　东		96130	78256295	536206973	58238495	95584	29625
广　　西			20998352	75656401	1581851		
海　　南			22525683	65120601	4818285	228968	
重　　庆			62802221	117693628	11009255		65188
四　　川			27344252	186926442	6819123	21312	3917
贵　　州			22521059	81984620	2199189		
云　　南			25742264	106364329	10484458	1000	
西　　藏			4178533	1160279	27267		
陕　　西			18912282	91853898	3447011	185260	
甘　　肃			4558162	30762801	1380810	2777	
青　　海			2137507	6558312	449937		
宁　　夏			2499850	8652217	61245	5320	
新　　疆			12050059	24474239	950180		

4-2 续表 2

单位：万元

地　区	内　资			港澳台商投　资			
	私营有限责任公司	私营股份有限公司	其他内资企　业		合资经营	合作经营	独　资
全国总计	**2128473760**	**88842093**	**266998**	**516074377**	**192691740**	**26355425**	**280208112**
北　京	37452844	1749688		34240723	19530430	4465395	9651647
天　津	44534884	558903		12657192	4399899		7966441
河　北	117383944	791190		3692442	1497255		2195186
山　西	55135778	1061265		653871	191939		286314
内蒙古	30358928	714031		115022	115022		
辽　宁	69137892	1728537	6483	19759165	8084249	33007	11579549
吉　林	16518041	883043		1056095	307711		634173
黑龙江	21349405	820982		1463643	491083	31935	940624
上　海	93753229	9770843		67197811	30035374	829370	32366854
江　苏	256357152	3574442		60985104	23615703	1797211	34844767
浙　江	232321716	1539565		29572138	9909054	295443	17921104
安　徽	63574301	2597423		4206999	937233	32790	2852958
福　建	82476424	2408007		32174266	20349258	143155	11410941
江　西	37747996	3981846		5301540	2729844		2571696
山　东	131503650	6450862	73015	19075500	7975069	769217	9927553
河　南	60005354	2577343		9782148	611093	633652	8346555
湖　北	77012227	2005519		10047801	2793222	887263	5142566
湖　南	55290436	2761259	79098	6745192	1798017	214150	4350357
广　东	247244266	12452615		123026133	30046296	14956645	76749062
广　西	48822883	1531910		6389722	3047923	24218	3090811
海　南	13868374	755492		11163235	3566091	32572	3823659
重　庆	73268496	14484906		27507180	12306064	560840	14143785
四　川	74338045	2256514	108402	10009915	2703960	50819	7188147
贵　州	35766169	1565571		4173113	1371585		2801528
云　南	48944127	2641356		8354824	734828	15260	7269165
西　藏	730564	7416					
陕　西	37261482	2377989		3405624	239696	582484	2138532
甘　肃	19696936	604700		304090	298643		5448
青　海	6384490	411728					
宁　夏	15865097	2502175		488017	488017		
新　疆	24368632	1274975		2525875	2517183		8692

4-2 续表 3　　　　单位：万元

地　　区	港澳台商投资		外商投资					
	股份有限	其　他		合资经营	合作经营	独　资	股份有限	其　他
全国总计	**14185444**	**2633656**	**220470970**	**86968190**	**13882183**	**101142717**	**8348051**	**10129828**
北　京		593250	15518079	5104601	3365713	4655863	7925	2383977
天　津	290853		8334215	1822485	59371	1913562	4538797	
河　北			2688045	544505		2080298	63243	
山　西	175619		779764	99169		680595		
内蒙古			146189	146189				
辽　宁	36619	25741	11534891	6183181	39279	5153418		159013
吉　林	98822	15389	246886	123971		122915		
黑龙江			485847	306578	12465	166803		
上　海	3921555	44658	27361315	9141503	3136210	14392423	671817	19362
江　苏	615348	112075	25722007	11745786	839265	12136171	136334	864451
浙　江	1432621	13916	19498283	3658424	167297	14874015	39069	759478
安　徽	384018		994046	283492		578254		132300
福　建	245016	25895	7362172	1227116		5021704	862531	250820
江　西			914731	700143		213988	600	
山　东	29710	373951	6916785	4772408	852499	1169270	24618	97990
河　南	175848	15000	1407036	786802		536577		83657
湖　北	1215753	8997	4956055	1351927		2497455		1106673
湖　南	44971	337699	1930320	1054343		651827	7568	216582
广　东	897151	376981	56328075	27119019	2813236	22690244	1069707	2635869
广　西		226770	3618172	1429397		1773046	130854	284875
海　南	3716206	24708	3912464	424575	611994	1971411		904484
重　庆	403676	92815	7491388	2417740	856151	3686005	301195	230298
四　川	66990		8625415	4256459	940424	3428532		
贵　州			311893	113180	188279	10434		
云　南		335571	1649651	1138554		29202	481895	
西　藏								
陕　西	434671	10242	1327293	784586		530807	11900	
甘　肃			87769	72959		14810		
青　海			17097	17097				
宁　夏			305089	142002		163087		
新　疆								

4-3 各地区按资质等级分的房地产开发企业资产总计

单位：万元

地区	总计	一级	二级	三级	四级	暂定	其他
全国总计	**8527205372**	**929707512**	**1420065390**	**1192397765**	**958610992**	**3259152491**	**767271222**
北京	571725818	128605465	71126190	43426084	196013708	114443111	18111260
天津	296173855	29991503	31064375	12788541	147427120	41908292	32994025
河北	225135552	22990604	35514910	33526134	55882348	70365931	6855626
山西	123844497	3919460	20110031	13851503	39068495	36743294	10151715
内蒙古	81519458	6639920	13448924	10608617	38647035	10305525	1869437
辽宁	220135802	8755346	18950594	53235241	6430885	106821283	25942454
吉林	68687865	2927656	17348079	9936083	6425823	31576658	473566
黑龙江	99377014	2974937	26908057	43858674	834204	14065972	10735171
上海	592145371	130537414	89786644	39018524	271884	292728743	39802162
江苏	722328318	51039472	231947992	23240376	396684	332582614	83121181
浙江	592102863	51308355	42732597	96578955	26395394	237538130	137549431
安徽	284294451	12485321	33043527	52763766	4388204	153471350	28142283
福建	378454404	46205066	52195823	57798146	31405956	167009456	23839956
江西	147185431	4059428	12303824	28013545	13306839	78698634	10803161
山东	540914019	40158854	58769664	73533193	55331099	265902497	47218713
河南	337085759	34867893	54456431	38027995	12091297	169762649	27879492
湖北	328799284	36290334	67656253	24931308	18409299	163908521	17603569
湖南	192277009	10109204	25392017	72007327	32484876	47526501	4757084
广东	1117160100	169688560	99319645	167214949	135869960	400259480	144807505
广西	159536816	8096652	23998998	25919661	5684663	88735074	7101768
海南	122842309	4267056	14407424	13486608	9397110	71357491	9926620
重庆	314949169	50139919	139921579	19038418	425202	101201416	4222635
四川	317812394	19267185	84151396	147737372	2400563	48261400	15994478
贵州	148843569	1137064	39543438	20935613	13639536	62068455	11519463
云南	205756354	26690062	38118211	11469091	45758800	64492798	19227392
西藏	6119909	7416	174392	1223601	296444	4343548	74508
陕西	161293706	13113264	30957617	24447794	36028625	33289290	23457115
甘肃	58291143	3302239	12892688	14838656	11061423	15661597	534540
青海	15959071	1067230	6763634	3410842	1486888	2651239	579238
宁夏	30379009	3917314	10222105	5412580	4738044	5983625	105342
新疆	66075056	5147318	16838333	10118569	6612586	25487919	1870330

4-4 各地区按登记注册类型分的房地产开发企业负债合计

单位：万元

地 区	总 计	内 资					
			国 有	集 体	股份合作	国有联营	集体联营
全国总计	**6743333639**	**6241790925**	**44376533**	**8863310**	**577099**	**44347**	**31643**
北 京	464167399	425262416	5091322	2017156			
天 津	229273763	214105215	2494546	104999		831	
河 北	190239248	185801181	318214				
山 西	109122047	107961169	1762165	43639			
内蒙古	70521005	70260784	90870				
辽 宁	172602904	154230360	497458	19911	8063		
吉 林	56059438	55239427	426369				
黑龙江	69790559	68382175	1076350	4410	3		
上 海	399711313	348945736	504024	494753		6618	
江 苏	552958813	498665511	3304129	1261031	8241		
浙 江	474664064	443507607	3641106	99043	9745	36899	
安 徽	229762342	226278186	1626245	3561	6001		
福 建	287996691	258805902	4676417	304020			
江 西	114843376	110108645	1550437				
山 东	446714910	429254075	4000106	1886562	145291		
河 南	279404629	270944011	1752385	58417	2009		
湖 北	255000594	245884703	3560678	216854			
湖 南	153433430	147648246	424037	14394			
广 东	893033274	756511695	1308897	2053694	226884		31643
广 西	127349198	119678212	549366	29695	2982		
海 南	100544689	87969326	297250	71156			
重 庆	235491193	213797468	518790		2569		
四 川	256727996	245697680	653810	2692	159847		
贵 州	118333201	114598826	260186	754			
云 南	169428446	161834776	1219377	2239	1845		
西 藏	3894997	3894997	14263				
陕 西	137493395	134287958	1960800	154908	3618		
甘 肃	49638896	49289147	695943	15030			
青 海	13916169	13902632					
宁 夏	26112385	25455483					
新 疆	55103275	53587376	100992	4391			

4-4 续表 1

单位：万元

地　区	内资						
	国有与集体联营	其他联营	国有独资公司	其他有限责任公司	股份有限公司	私营独资	私营合伙
全国总计	**5593**	**102979**	**610374798**	**3461881432**	**239129123**	**795973**	**147712**
北　京			24986766	329924475	29448802		
天　津			36902891	127271644	9058112		
河　北			2483023	77104974	6613490		
山　西			9273109	43872892	1494029		
内蒙古			3912838	37030019	2382834	8778	
辽　宁			9761375	79437729	3066209		
吉　林			3354736	33979608	3495089	26176	
黑龙江			8474369	38120789	2842183	125416	
上　海			53440675	198090893	15196276		
江　苏			53882709	214940014	14064524		12493
浙　江			44798071	182514650	10560870		
安　徽			8982026	153332837	7079272		
福　建	5593		30171226	146715855	6223019		
江　西			11589996	58325657	3963309		21069
山　东			53299077	232407036	15530202		
河　南		35	14958666	190783326	10648991	49581	10240
湖　北			20781320	145114679	10730618	57922	
湖　南			16330911	78816284	5608785	19151	1606
广　东		102944	50390923	437178508	44531548	98359	30892
广　西			13167548	61622621	1190640		
海　南			16146312	54490503	4120026	222542	
重　庆			36039755	92916312	9227389		68287
四　川			19496981	155695553	5646607	3536	3124
贵　州			16419176	63436223	1992228		
云　南			16481247	89440979	8819699		
西　藏			2260449	1013058	26732		
陕　西			15122734	78840798	3089393	178355	
甘　肃			3929320	26235529	1220446	1741	
青　海			1748058	5787529	399721		
宁　夏			1910763	7188346	55512	4417	
新　疆			9877751	20252112	802568		

4-4　续表 2

单位：万元

地　区	内资			港澳台商投资			
	私营有限责任公司	私营股份有限公司	其他内资企业		合资经营	合作经营	独资
全国总计	**1798418618**	**76798017**	**243749**	**348232683**	**133306888**	**19364317**	**184548588**
北　京	32823585	970312		27380870	16310209	3334892	7720053
天　津	37797137	475056		9405900	3307996		5893734
河　北	98559811	721669		2258502	1040310		1218192
山　西	50483632	1031704		421243	75301		193553
内蒙古	26227575	607870		113902	113902		
辽　宁	59882537	1549339	7739	11714726	5288769	63194	6336125
吉　林	13237342	720106		670650	198341		386692
黑龙江	17110784	627872		1074798	287143	12003	775652
上　海	72455081	8757416		37566254	15721173	497298	18597725
江　苏	208236753	2955617		37536716	15371806	1279868	20648747
浙　江	200515844	1331379		16577478	5720080	285110	9703608
安　徽	53160103	2088141		2748309	747724	27931	1732324
福　建	68678417	2031356		23869543	15617973	78322	7952098
江　西	31557351	3100827		4114757	2148132		1966625
山　东	116139909	5776460	69432	12610575	6212568	640602	5416900
河　南	50661112	2019249		7320353	505963	241214	6459786
湖　北	63690802	1731832		5391686	1966017	598494	2025081
湖　南	44285346	2088689	59044	4273128	1423163	227786	2418453
广　东	208763667	11793736		91808233	20652591	11139066	59124122
广　西	41776457	1338902		4744315	2369239	20748	2187460
海　南	12030913	590624		9399189	3958081	32966	2705957
重　庆	62469840	12554526		17121592	8177619	324105	8252833
四　川	61965004	1962991	107534	5747739	1747905	42705	3942216
贵　州	31148016	1342242		3571211	1423772		2147439
云　南	43478461	2390929		6315047	552795	12653	5443073
西　藏	575465	5030					
陕　西	33039260	1898093		2298165	197673	505362	1292981
甘　肃	16654733	536404		268634	268184		450
青　海	5597909	369416					
宁　夏	14057089	2239356		393271	393271		
新　疆	21358686	1190875		1515899	1509190		6709

4-4 续表 3

单位：万元

地区	港澳台商投资		外商投资					
	股份有限	其他		合资经营	合作经营	独资	股份有限	其他
全国总计	**9591396**	**1421493**	**153310031**	**59475443**	**8851221**	**69691454**	**6713307**	**8578605**
北京		15716	11524114	3145803	2564155	3673380	3150	2137625
天津	204170		5762648	702182	52249	1005195	4003022	
河北			2179566	405504		1729126	44936	
山西	152389		739635	104485		635149		
内蒙古			146319	146319				
辽宁	25119	1519	6657818	3537054	37678	2995949		87136
吉林	79681	5936	149361	36451		112910		
黑龙江			333586	234871	114	98601		
上海	2706900	43158	13199323	3808774	1853965	6974683	542035	19865
江苏	199294	37000	16756586	7525339	643068	7913812	102589	571777
浙江	868316	365	14578979	2241542	145092	11447686	23057	721601
安徽	240329		735848	160578		492521		82749
福建	202613	18538	5321246	1037226		3522043	568064	193914
江西			619975	503759		115816	400	
山东	21983	318523	4850260	3271669	631536	837823	18653	90579
河南	99694	13696	1140265	790765		269436		80064
湖北	794995	7099	3724206	1069665		1609978		1044563
湖南	41323	162404	1512055	753667		554799	6768	196822
广东	616556	275898	44713347	22091212	1642551	18120818	710722	2148044
广西		166868	2926671	1122768		1469751	85898	248254
海南	2690324	11861	3176174	323329	491660	1549030		812154
重庆	332419	34617	4572133	1436031	338119	2362349	292179	143456
四川	14913		5282578	3187830	345359	1749389		
贵州			163164	50457	105676	7030		
云南		306527	1278622	966792		11496	300335	
西藏								
陕西	300379	1770	907273	599256		296517	11500	
甘肃			81115	66223		14892		
青海			13537	13537				
宁夏			263630	142355		121275		
新疆								

4-5　各地区按资质等级分的房地产开发企业负债合计

单位：万元

地　区	总　计	一　级	二　级	三　级	四　级	暂　定	其　他
全国总计	**6743333639**	**698803094**	**1100367206**	**933495859**	**783377113**	**2633738613**	**593551754**
北　京	464167399	99581489	53835016	34710294	163410889	97447322	15182389
天　津	229273763	23891930	24255588	9840769	117339314	32548026	21398137
河　北	190239248	18373062	29413240	26993643	48218522	61396035	5844747
山　西	109122047	3374601	18604457	12713588	35288519	32000411	7140472
内蒙古	70521005	5285839	11512245	9552871	33589254	9082354	1498442
辽　宁	172602904	6926712	16026412	40364524	4361481	83456261	21467514
吉　林	56059438	2438978	13921513	8112482	4904651	26253627	428188
黑龙江	69790559	2930006	19619035	28387746	598653	11294095	6961025
上　海	399711313	86503560	58812114	28186036	227292	200761714	25220598
江　苏	552958813	37725549	175444072	18939728	315483	255136255	65397725
浙　江	474664064	36029762	33555021	77010453	21027862	193566195	113474771
安　徽	229762342	9345830	26247144	39491939	3309944	127810925	23556560
福　建	287996691	31420928	41193374	42776736	22914450	133541124	16150080
江　西	114843376	3368841	8704285	20255211	9927472	63402953	9184615
山　东	446714910	31959583	46708778	60733440	43933095	222708865	40671149
河　南	279404629	28780163	44885618	30451457	10274483	143663541	21349367
湖　北	255000594	27004153	48199864	18670389	14907001	133195751	13023436
湖　南	153433430	8109351	20027225	56078910	26457725	39500883	3259336
广　东	893033274	131421246	79227671	127659347	109040986	338422905	107261119
广　西	127349198	6629488	17822449	17590093	4400393	76081953	4824822
海　南	100544689	3268416	11469349	10409385	7552124	59028498	8816917
重　庆	235491193	36051355	103574270	14684314	373990	77321493	3485771
四　川	256727996	15544392	67686396	121152957	1689138	38100762	12554351
贵　州	118333201	1082418	30107750	17925565	10860413	50441615	7915441
云　南	169428446	20129025	33604417	9851913	38220798	52850876	14771416
西　藏	3894997	5030	155149	949846	258968	2457933	68072
陕　西	137493395	11401412	26811805	20693169	29624296	28879855	20082859
甘　肃	49638896	2553979	10909737	12885175	9214362	13586910	488734
青　海	13916169	892292	5638503	2989944	1347490	2509858	538082
宁　夏	26112385	3298224	8858143	4671200	4000316	5202915	81586
新　疆	55103275	3475483	13536568	8762737	5787750	22086705	1454032

4-6 各地区按登记注册类型分的房地产开发企业所有者权益

单位：万元

地区	总计	内资					
			国有	集体	股份合作	国有联营	集体联营
全国总计	**1783829764**	**1548827131**	**19494819**	**1070865**	**232286**	**97318**	**90**
北京	107558419	96704600	1700228	45105			
天津	66970173	61147313	1316863	11993		2221	
河北	34835364	32892945	1059				
山西	14722450	14449693	127179	1589			
内蒙古	10998453	10997463	3185				
辽宁	47541350	34619837	43030	-5	-547		
吉林	12628427	12145457	372536				
黑龙江	29586455	29045350	359264	1548	2941		
上海	192434058	148640509	383735	422472		43510	
江苏	169372201	136958391	544149	-237424	26652		
浙江	117438799	99524836	1555014	17733	24478	51587	
安徽	54532109	52815220	1432736	852	2018		
福建	90457713	80112065	5414461	20743			
江西	32342054	30860515	558335				
山东	94198407	85666957	762800	65806	84648		
河南	57681129	54952564	436323	41795	8345		
湖北	73798690	67910726	1079237	90401			
湖南	38843579	35953250	80748	3765	18081		
广东	224084561	181251932	1008981	545377	10343		90
广西	32191210	29854302	345760	7893	1829		
海南	22278817	19778480	71519	9282			
重庆	79457975	66153133	99252		6296		
四川	61083902	53478888	497522	3979	41207		
贵州	30510368	29759736	60863	150			
云南	36327908	33917103	341318	7100	2465		
西藏	2224913	2224913	1587				
陕西	23800311	22272831	396619	3393	3531		
甘肃	8648665	8606555	174523	7602			
青海	2042902	2039342					
宁夏	4266625	4130420					
新疆	10971781	9961805	325994	-282			

4-6 续表 1

单位：万元

地区	内资						
	国有与集体联营	其他联营	国有独资公司	其他有限责任公司	股份有限公司	私营独资	私营合伙
全国总计	**-376**	**-6583**	**322318810**	**788531872**	**74866870**	**81381**	**47935**
北京			15700575	62509065	11340992		
天津			19472291	31439606	2012665		
河北			682874	12050392	1325905		
山西			3623868	5961744	53608		
内蒙古			342432	6308000	104688	1644	
辽宁			4500775	19755897	887441		
吉林			1042013	6476071	811761	-559	
黑龙江			4339494	19472710	415435	22228	
上海			51154490	65631138	8693590		
江苏			25013731	58404004	4456644		8716
浙江			14581353	46227760	5052854		
安徽			3831973	34454630	2169531		
福建	-376		21788830	36341739	2372011		
江西			8691642	13130793	1365310	5600	37171
山东			21566169	43066259	4079550		
河南		231	8218803	34070732	2249369	19109	5521
湖北			10345286	36876180	5923510	1000	
湖南			5886709	17057629	1207414	1090	100
广东		-6814	27865372	99028465	13706947	-2774	-1267
广西			7830804	14033935	391211		
海南			6379371	10611294	698259	6426	
重庆			26762466	24777315	1781866		-3099
四川			7847271	31230394	1172515	17776	793
贵州			6101883	18548397	206961		
云南			9261018	16923350	1664759	1000	
西藏			1918084	147222	535		
陕西			3789548	13013101	357617	6905	
甘肃			628842	4527272	160364	1036	
青海			389449	770783	50217		
宁夏			589087	1463870	5733	903	
新疆			2172308	4222127	147613		

4-6 续表 2

单位：万元

地区	内资			港澳台商投资			
	私营有限责任公司	私营股份有限公司	其他内资企业		合资经营	合作经营	独资
全国总计	**330024518**	**12044077**	**23250**	**167841695**	**59384853**	**6991108**	**95659524**
北京	4629259	779377		6859853	3220222	1130503	1931594
天津	6807828	83847		3251292	1091903		2072707
河北	18763194	69521		1433940	456946		976994
山西	4652145	29561		232628	116637		92761
内蒙古	4131353	106161		1120	1120		
辽宁	9255305	179198	-1255	8044439	2795480	-30188	5243424
吉林	3280699	162937		385445	109370		247481
黑龙江	4238621	193110		388844	203940	19932	164972
上海	21298147	1013427		29631558	14314201	332073	13769129
江苏	48123094	618826		23448389	8243897	517343	14196019
浙江	31805872	208186		12994660	4188975	10333	8217497
安徽	10414198	509282		1458691	189509	4859	1120633
福建	13798007	376651		8304723	4731286	64833	3458843
江西	6190645	881019		1186783	581712		605071
山东	15363741	674402	3583	6464925	1762501	128615	4510653
河南	9344242	558094		2461795	105130	392438	1886769
湖北	13321425	273687		4656115	827204	288770	3117485
湖南	11005091	672570	20054	2472064	374854	-13636	1931904
广东	38438334	658879		31217901	9393705	3817579	17624940
广西	7049863	193008		1645407	678684	3470	903351
海南	1837461	164868		1764047	-391990	-394	1117702
重庆	10798656	1930381		10385588	4128445	236735	5890952
四川	12373041	293523	868	4262177	956055	8115	3245931
贵州	4618153	223329		601902	-52187		654089
云南	5465666	250427		2039776	182033	2607	1826092
西藏	155100	2386					
陕西	4222223	479896		1107459	42023	77122	845551
甘肃	3038621	68296		35456	30459		4998
青海	786581	42312					
宁夏	1808008	262819		94746	94746		
新疆	3009945	84100		1009976	1007993		1983

4-6 续表 3　　　　单位：万元

地　区	港澳台商投资		外商投资					
	股份有限	其　他		合资经营	合作经营	独　资	股份有限	其　他
全国总计	**4594048**	**1212163**	**67160939**	**27492747**	**5030962**	**31451263**	**1634744**	**1551223**
北　京		577535	3993965	1958798	801558	982482	4775	246352
天　津	86683		2571567	1120303	7122	908368	535774	
河　北			508480	139001		351171	18307	
山　西	23230		40129	-5317		45446		
内 蒙 古			-131	-131				
辽　宁	11500	24222	4877073	2646126	1602	2157469		71876
吉　林	19140	9454	97525	87520		10005		
黑 龙 江			152261	71707	12352	68202		
上　海	1214655	1500	14161992	5332729	1282245	7417740	129782	-503
江　苏	416054	75075	8965421	4220447	196197	4222359	33745	292673
浙　江	564305	13551	4919304	1416882	22204	3426329	16012	37877
安　徽	143690		258198	122914		85733		49551
福　建	42404	7357	2040926	189890		1499661	294468	56907
江　西			294757	196384		98173	200	
山　东	7727	55428	2066525	1500738	220964	331447	5965	7411
河　南	76154	1304	266771	-3963		267141		3593
湖　北	420758	1898	1231849	282262		887477		62110
湖　南	3648	175295	418265	300677		97028	800	19760
广　东	280595	101083	11614728	5027808	1170685	4569426	358985	487825
广　西		59901	691501	306629		303295	44957	36620
海　南	1025882	12847	736290	101246	120334	422380		92330
重　庆	71258	58198	2919255	981709	518032	1323656	9016	86842
四　川	52076		3342837	1068629	595065	1679143		
贵　州			148729	62723	82603	3404		
云　南		29044	371029	171763		17706	181560	
西　藏								
陕　西	134292	8472	420021	185330		234290	400	
甘　肃			6654	6736		-82		
青　海			3560	3560				
宁　夏			41459	-354		41812		
新　疆								

4-7 各地区按资质等级分的房地产开发企业所有者权益

单位：万元

地区	总计	一级	二级	三级	四级	暂定	其他
全国总计	**1783829764**	**230904418**	**319702946**	**258901906**	**175286755**	**625338419**	**173695320**
北京	107558419	29023976	17291174	8715791	32602819	16995788	2928871
天津	66970173	6099573	6808787	2947773	30157886	9360266	11595888
河北	34835364	4617542	6101671	6532491	7663826	8908956	1010879
山西	14722450	544859	1505574	1137915	3779976	4742883	3011243
内蒙古	10998453	1354081	1936679	1055746	5057781	1223171	370995
辽宁	47541350	1828635	2928943	12870717	2069403	23369087	4474565
吉林	12628427	488678	3426566	1823602	1521172	5323031	45378
黑龙江	29586455	44931	7289022	15470927	235551	2771877	3774146
上海	192434058	44033855	30974530	10832488	44591	91967030	14581564
江苏	169372201	13313922	56503920	4300648	83896	77446359	17723456
浙江	117438799	15278593	9177577	19568502	5367532	43971935	24074661
安徽	54532109	3139491	6796384	13271827	1078260	25660425	4585723
福建	90457713	14784138	11002449	15021410	8491506	33468333	7689877
江西	32342054	690587	3599539	7758334	3379367	15295681	1618546
山东	94198407	8199271	12060887	12799752	11398003	43192930	6547564
河南	57681129	6087730	9570813	7576539	1816814	26099108	6530125
湖北	73798690	9286181	19456389	6260918	3502298	30712770	4580133
湖南	38843579	1999853	5364792	15928418	6027150	8025618	1497748
广东	224084561	38267315	20091973	39555602	26828975	61818085	37522612
广西	32191210	1467163	6176549	8329568	1284269	12656713	2276946
海南	22278817	998640	2938075	3077223	1825087	12330089	1109703
重庆	79457975	14088564	36347308	4354104	51213	23879923	736864
四川	61083902	3722792	16465001	26584415	711425	10160142	3440127
贵州	30510368	54647	9435688	3010047	2779124	11626840	3604023
云南	36327908	6561037	4513794	1617177	7538001	11641922	4455976
西藏	2224913	2386	19243	273756	37476	1885615	6436
陕西	23800311	1711852	4145812	3754626	6404329	4409435	3374257
甘肃	8648665	748260	1982950	1953481	1847062	2071106	45807
青海	2042902	174939	1125131	420898	139398	141382	41155
宁夏	4266625	619090	1363962	741380	737727	780709	23756
新疆	10971781	1671835	3301765	1355832	824837	3401214	416298

4-8 各地区按登记注册类型分的房地产开发企业营业利润

单位：万元

地区	总计	内资	国有	集体	股份合作	国有联营	集体联营
全国总计	**185437091**	**161727201**	**414705**	**244124**	**22937**	**511**	**-121**
北京	5937760	5387184	33320	15938			
天津	1590082	975880	-2863	-7278		10	
河北	3054533	2992192	-3638				
山西	288182	298274	-6651	-253			
内蒙古	695580	710548	-521				
辽宁	1353442	1148831	-3335	-46	-150		
吉林	666833	654018	-1194				
黑龙江	1021212	989444	-28735	-12	-57		
上海	15912928	12594632	8814	-2325		218	
江苏	28578857	24304376	59082	-32309	526		
浙江	10639262	9068562	6114	-556	-94	283	
安徽	7285586	7044477	22165	-50	-94		
福建	8713791	7653702	61703	1268			
江西	4492970	4387397	8667				
山东	8982576	7753517	12838	45864	5741		
河南	7912797	7777204	21717	32534	688		
湖北	13595904	12782924	6859	8896			
湖南	5080880	4791738	32517	977			
广东	35142647	29359311	87446	183054	-1186		-121
广西	2573938	1952710	20344	-448	19		
海南	2045034	1674091	-6013	-1877			
重庆	5882978	4403030	16790		-21		
四川	7292968	6665922	12163	1364	16995		
贵州	2275419	2050100	-3372	0			
云南	1688661	1673413	36302	345	-11		
西藏	82774	82774	10612				
陕西	1203528	1123942	24896	-632	581		
甘肃	652590	643686	-8716	-319			
青海	107476	107223					
宁夏	80430	63352					
新疆	605475	612750	-2606	-12			

4-8 续表 1

单位：万元

地区	内资						
	国有与集体联营	其他联营	国有独资公司	其他有限责任公司	股份有限公司	私营独资	私营合伙
全国总计	**-1**	**-760**	**7594943**	**98500576**	**7575449**	**204251**	**494**
北京			222071	4089429	1171946		
天津			98893	708862	-41393		
河北			177453	901699	31031		
山西			50495	227748	13774		
内蒙古			30550	336329	6374	1488	
辽宁			8764	563895	-29628		
吉林			-18835	400841	90270	-239	
黑龙江			60149	565033	14212		
上海			1548235	8573741	1156727		
江苏			644030	10918462	613054		1161
浙江			46809	5980310	444830		
安徽			194703	4602346	263465		
福建	-1		784864	4804874	319123		
江西			149356	2433305	239348	760	
山东			555027	4553788	446905		
河南		19	93046	5569472	425020	10150	397
湖北			535027	7578165	548529	176	
湖南			20844	2424344	200505	-216	-35
广东		-779	1223086	20102732	1096681	-3388	-375
广西			161297	1183478	68576		
海南			127949	1427029	93630	195009	
重庆			317234	2141063	61651		34
四川			50127	4363658	120400		-687
贵州			74183	1518861	8985		
云南			334265	702655	145972	1080	
西藏			-2030	58237	-296		
陕西			63466	957946	-15862	-320	
甘肃			-16341	373632	29954	-217	
青海			1632	50405	-804		
宁夏			8559	13211	-182	-32	
新疆			50037	375029	52651		

4-8 续表 2

单位：万元

地区	内资			港澳台商投资			
	私营有限责任公司	私营股份有限公司	其他内资企业		合资经营	合作经营	独资
全国总计	**45350207**	**1830795**	**-10908**	**16743241**	**6035722**	**772564**	**9068297**
北京	-213804	68285		180270	296794	-86712	-27926
天津	222811	-3162		467134	257924		207694
河北	1888409	-2762		70395	-5166		75561
山西	17621	-4460		1146	-341		3153
内蒙古	329209	7119		-15943	-15943		
辽宁	604692	4675	-36	113246	153680	-5893	-34370
吉林	159481	23695		12725	4875		8711
黑龙江	373558	5296		24578	6458	1681	16439
上海	1140654	168567		1792003	1360818	31383	391372
江苏	11967496	132875		2966011	787178	150953	1981127
浙江	2587897	2969		968159	293406	86282	486235
安徽	1838993	122949		194010	7323	5483	181481
福建	1613784	68088		985965	586722	5505	393420
江西	1126318	429643		91995	79044		12951
山东	2049928	82224	1203	725228	343835	-2692	374380
河南	1474110	150053		140448	-161975	37494	245631
湖北	3963211	142062		725262	121417	209812	197106
湖南	2060056	67645	-14899	269950	72738	-348	157466
广东	6855759	-183599		4251934	867631	321933	3025665
广西	515747	3696		344293	63011	-190	233722
海南	-152490	-9148		336808	-739	-134	9381
重庆	1412022	454256		1461479	855787	5809	575413
四川	2054294	44786	2824	349886	128883	-79	209908
贵州	435817	15626		200076	-60941		261017
云南	451962	844		26350	-153	-2	29966
西藏	17093	-842					
陕西	93745	122		65842	-803	12280	53062
甘肃	259938	5753		-1377	-1377		
青海	53916	2075					
宁夏	-216	42014		2644	2644		
新疆	148198	-10548		-7274	-7007		-268

4-8 续表 3

单位：万元

地　区	港澳台商投资		外商投资					
	股份有限	其　他		合资经营	合作经营	独　资	股份有限	其　他
全国总计	**752306**	**114352**	**6966649**	**3068013**	**524730**	**2760452**	**217567**	**395887**
北　京		-1887	370306	196073	25041	37727	-825	112291
天　津	1516		147067	-6630	-1099	71215	83581	
河　北			-8054	-3793		-10729	6468	
山　西	-1666		-11239	-1245		-9994		
内蒙古			976	976				
辽　宁	-478	307	91365	-6607	-751	98762		-39
吉　林	-679	-183	91	91				
黑龙江			7190	4566	22	2603		
上　海	8433	-4	1526293	533296	188344	808927	-4140	-134
江　苏	49070	-2316	1308469	585565	15699	651430	16598	39178
浙　江	101680	557	602541	30857	-498	578128	-734	-5212
安　徽	-277		47099	14637		10196		22266
福　建	663	-345	74125	22149		25069	25980	926
江　西			13579	-2410		15819	170	
山　东	875	8830	503831	457354	47246	629	-1169	-230
河　南	19296	3	-4855	-5682		-872		1699
湖　北	195807	1120	87718	19134		51404		17180
湖　南	-361	40455	19193	50436		-33747	120	2385
广　东	22359	14347	1531402	945526	173960	222175	51456	138286
广　西		47750	276935	64898		135294	32192	44551
海　南	327720	581	34135	-1443	-4377	14966		24989
重　庆	15596	8873	18469	9148	-16308	28199	-321	-2249
四　川	11174		277160	162143	72516	42501		
贵　州			25243	-166	24935	474		
云　南		-3461	-11102	-18852		-1257	9007	
西　藏								
陕　西	1578	-275	13745	7264		7296	-815	
甘　肃			10281	10391		-110		
青　海			253	253				
宁　夏			14434	84		14350		
新　疆								

4-9 各地区按资质等级分的房地产开发企业营业利润

单位：万元

地区	总计	一级	二级	三级	四级	暂定	其他
全国总计	**185437091**	**22582027**	**29086646**	**24765688**	**14342215**	**77798762**	**16861753**
北京	5937760	2821772	628315	97325	1189682	927524	273142
天津	1590082	-265670	573103	-70581	771738	508146	73345
河北	3054533	145824	584079	1184946	991188	143286	5210
山西	288182	31224	-7450	830	-22441	293796	-7779
内蒙古	695580	89213	-29521	32361	342053	227648	33826
辽宁	1353442	-33946	120058	301192	7432	857790	100916
吉林	666833	87978	150573	24460	-79786	488070	-4462
黑龙江	1021212	13856	231291	344632	-8340	299142	140633
上海	15912928	2496459	3482997	948129	2287	8027339	955717
江苏	28578857	1511002	8006158	774502	16984	14877469	3392744
浙江	10639262	1835309	784731	1421855	362403	4719374	1515590
安徽	7285586	297709	652393	1440464	164613	4030871	699536
福建	8713791	818903	1047878	2160482	622822	3263948	799759
江西	4492970	23361	531798	699835	711349	2263860	262767
山东	8982576	878404	985641	1137890	1056926	4369165	554550
河南	7912797	413513	842081	910218	313659	4607420	825907
湖北	13595904	1297768	2104213	1067823	816748	7797654	511699
湖南	5080880	239721	654869	1859937	797210	1311818	217326
广东	35142647	6233333	1819594	5642864	5097818	11087557	5261481
广西	2573938	319925	323516	282489	39547	1501336	107125
海南	2045034	378145	62072	218979	69192	1412586	-95939
重庆	5882978	1474571	1886125	365911	22266	2012400	121704
四川	7292968	804688	1848964	3199567	6119	989244	444386
贵州	2275419	-20057	1101778	282124	153491	580301	177781
云南	1688661	238832	-14868	101432	502274	475408	385583
西藏	82774	-842	12739	49296	5951	16671	-1042
陕西	1203528	165664	272973	101079	291544	275841	96427
甘肃	652590	178696	150561	98801	12118	192527	19886
青海	107476	12382	90879	30768	21217	-23035	-24735
宁夏	80430	61683	39115	-21703	27697	-25683	-679
新疆	605475	32609	149992	77782	36457	289289	19347

4-10 各地区按登记注册类型分的房地产开发企业主营业务收入

单位：万元

地　区	总　计	内　资					
			国　有	集　体	股份合作	国有联营	集体联营
全国总计	**1129246843**	**1035723323**	**4259803**	**1642922**	**172737**	**4419**	**6**
北　京	35155039	32617979	297406	32867			
天　津	20897470	18287965	89344	24795		280	
河　北	27482727	26966406	3712				
山　西	8876438	8796124	49850	329			
内蒙古	9205889	9184309	1435				
辽　宁	24937659	20120844	13570	1	764		
吉　林	10658263	10498582	2201				
黑龙江	10751505	10555252	52246	0			
上　海	56122712	46265232	168357	124360		1299	
江　苏	155657990	137638680	619769	149807	4267		
浙　江	81766211	75829691	207967	3638	17256	2839	
安　徽	46632904	45809662	109009	349	1130		
福　建	45125974	40526066	323702	8582			
江　西	26792480	26217962	218757				
山　东	75574991	70343912	280538	334021	22152		
河　南	50433460	49635660	242681	45473	5985		
湖　北	59314029	56823277	126326	83953			
湖　南	40402387	38497259	205479	22792			
广　东	144841102	124929130	332864	783393	5015		6
广　西	20925721	18968977	85617	1575	1051		
海　南	15256780	14572271	11929	2737			
重　庆	37136884	32256858	94621		311		
四　川	54444267	51822934	166579	18379	113818		
贵　州	16089649	15169679	7785	99			
云　南	16779845	16311164	192073	1349	42		
西　藏	472925	472925	29317				
陕　西	17823484	17184584	285916	3799	946		
甘　肃	7799016	7740900	34721	420			
青　海	1444454	1443848					
宁　夏	3300791	3146123					
新　疆	7143800	7089070	6037	204			

4-10 续表 1 单位：万元

地 区	内资						
	国有与集体联营	其他联营	国有独资公司	其他有限责任公司	股份有限公司	私营独资	私营合伙
全国总计		**222**	**48379748**	**581616883**	**30901137**	**100397**	**6523**
北 京			3962664	26242948	952308		
天 津			1709680	12317414	651174		
河 北			657087	9878978	241095		
山 西			447981	3285475	153949		
内蒙古			432902	4605050	145623	2022	
辽 宁			645969	10637704	224379		
吉 林			195147	6484177	774967		
黑龙江			664320	5979410	564911		
上 海			4940979	30647353	1096944		
江 苏			6116551	56448636	3303405		2735
浙 江			3009890	37260759	1553577		
安 徽			1465068	29904850	1126841		
福 建			2849772	24160254	1267340		
江 西			1243363	13439651	1272196	900	
山 东			3581658	40274151	3383305		
河 南		69	954725	35037201	2216491	31578	3766
湖 北			2081084	32531565	1805530	3050	
湖 南			1084399	19618839	1541494		
广 东		153	2723157	77311768	3187021	399	23
广 西			935688	10373618	479643		
海 南			982615	10967835	654866	44140	
重 庆			2143958	15815183	1366070		
四 川			1281012	31802421	991499	17892	
贵 州			757127	8637446	312008		
云 南			1111430	8470221	678701	130	
西 藏			106023	268601			
陕 西			1506542	10248315	381676		
甘 肃			64989	4023560	292071	273	
青 海			77266	699405	16450		
宁 夏			362179	874004		12	
新 疆			284527	3370096	265602		

4-10 续表 2

单位：万元

地区	内资			港澳台商投资			
	私营有限责任公司	私营股份有限公司	其他内资企业		合资经营	合作经营	独资
全国总计	**357133255**	**11472463**	**32808**	**66167033**	**23470241**	**3902470**	**37009956**
北京	1036141	93646		1471985	887261	236111	335720
天津	3494819	459		1704345	794151		894569
河北	16149132	36401		398281	13201		385081
山西	4840029	18512		52602	519		37298
内蒙古	3945623	51654		13914	13914		
辽宁	8434006	164451		2579510	958828	283	1612347
吉林	2875128	166963		149181	47654		98301
黑龙江	3142148	152217		130297	68028	20064	42205
上海	8780370	505571		6436904	3431202	96553	2872969
江苏	69760267	1233245		12304095	3955558	395227	7811023
浙江	33553869	219895		5051157	1588051	315114	2777119
安徽	12585153	617262		562758	130889	19150	412720
福建	11362219	554198		4052636	2377130	21603	1648487
江西	8888084	1155011		546286	334415		211871
山东	21779249	669802	19036	3531015	1583476	23206	1827300
河南	10154587	943104		747180	17292	73296	608050
湖北	19635984	555785		1836328	401332	540011	697579
湖南	15257673	766417	167	1487451	392748	21624	922708
广东	40196232	389100		13646312	3561361	1951568	7807249
广西	6657597	434188		1102752	347825	1365	673892
海南	1796140	112009		500868	172274		314587
重庆	12127335	709380		4461556	1253739	90851	2892223
四川	16844455	573274	13605	1565387	663947	2188	880365
贵州	5293178	162036		832821	192269		640552
云南	5443840	413377		310722	89480	207	220668
西藏	63896	5089					
陕西	4502158	255234		502352	5356	94050	385074
甘肃	3187493	137373		8691	8691		
青海	592112	58616					
宁夏	1676646	233283		124920	124920		
新疆	3077692	84913		54730	54730		

4-10　续表 3　　　　单位：万元

地　区	港澳台商投资		外商投资					
	股份有限	其　他		合资经营	合作经营	独　资	股份有限	其　他
全国总计	**1289543**	**494823**	**27356488**	**12015431**	**2146124**	**11137673**	**1099839**	**957422**
北　京		12893	1065076	648276	276032	82993	5902	51873
天　津	15625		905160	56351	221	414201	434387	
河　北			118040	9858		96075	12107	
山　西	14784		27712	1510		26201		
内蒙古			7666	7666				
辽　宁	3631	4421	2237305	841807	13293	1367601		14604
吉　林	3226		10500	10500				
黑龙江			65957	58042	184	7731		
上　海	36149	31	3420576	1034675	479904	1883019	22978	
江　苏	138783	3505	5715215	2689977	157129	2648165	69350	150594
浙　江	367138	3735	885363	475774		400419		9171
安　徽			260484	42508		52409		165567
福　建	5158	259	547272	113913		301553	124104	7702
江　西			28233	6373		21660	200	
山　东	7702	89332	1700064	1439040	190949	70063		12
河　南	47187	1355	50621	8839		36243		5539
湖　北	193802	3604	654424	137780		302251		214393
湖　南		150370	417678	253596		148909	531	14641
广　东	251584	74550	6265660	2973294	691489	2288077	152639	160161
广　西		79670	853992	196558		393257	120921	143255
海　南	7109	6898	183641	14532	29123	120483		19504
重　庆	160906	63837	418470	257584	16297	124245	19938	406
四　川	18887		1055946	588641	206554	260751		
贵　州			87150	1967	84949	234		
云　南		366	157959	19643		1533	136783	
西　藏								
陕　西	17872		136548	76655		59892		
甘　肃			49425	49296		129		
青　海			606	606				
宁　夏			29748	170		29579		
新　疆								

4-11 各地区按资质等级分的房地产开发企业主营业务收入

单位：万元

地　区	总　计	一　级	二　级	三　级	四　级	暂　定	其　他
全国总计	**1129246843**	**61631103**	**176067716**	**174944711**	**120113249**	**503074956**	**93415109**
北　京	35155039	3941258	5572917	2766318	12927412	8694799	1252335
天　津	20897470	811236	1991795	846192	12123223	4374731	750293
河　北	27482727	2370155	4137542	6464899	7531837	6603377	374918
山　西	8876438	376156	1407901	1212194	3008615	2855102	16470
内蒙古	9205889	504950	1061000	1099617	4608049	1508022	424250
辽　宁	24937659	490831	2728620	5360075	155920	13703474	2498740
吉　林	10658263	776778	2525419	1279088	940295	5057425	79258
黑龙江	10751505	345760	2453496	4560255	216121	2546020	629854
上　海	56122712	4226232	6398846	2839582	3457	37975270	4679325
江　苏	155657990	6084476	44554864	4749737	103256	82260475	17905183
浙　江	81766211	2846169	6209827	13763209	4264520	39790361	14892125
安　徽	46632904	1638936	4490081	8661745	1213216	26636321	3992606
福　建	45125974	2932212	4400992	11683641	3591125	20202176	2315829
江　西	26792480	421507	2706278	4494719	3400351	13854087	1915539
山　东	75574991	5920910	8627363	10170106	9497067	36724886	4634660
河　南	50433460	2160557	6803176	6126065	2172862	28119368	5051433
湖　北	59314029	4250879	8695599	5292830	4936452	33586155	2552114
湖　南	40402387	2076787	5724721	13861266	7616331	9805060	1318223
广　东	144841102	7150751	7662255	22890619	25304113	62980023	18853341
广　西	20925721	1067865	2461920	3027728	790602	12671535	906071
海　南	15256780	946030	620233	2503306	1208447	9463026	515738
重　庆	37136884	3373085	15171381	3646752	141181	13935084	869402
四　川	54444267	3198825	12948962	26411078	246763	8771528	2867110
贵　州	16089649	175137	4217850	2784809	1534637	6400683	976533
云　南	16779845	584259	2993031	951411	5892887	5361443	996814
西　藏	472925	5089	42937	231055	31763	162082	
陕　西	17823484	1379243	4423573	2959933	4256765	3151784	1652185
甘　肃	7799016	485433	1854873	2144594	1050990	2059270	203856
青　海	1444454	67102	605088	493464	163493	55711	59597
宁　夏	3300791	477502	1244715	516971	511146	542823	7635
新　疆	7143800	544993	1330464	1151455	670357	3222855	223676

第二部分　城市篇

第五章　35 个大中城市房地产综合情况

5-1　35个大中城市按登记注册类型分的房地产开发企业个数

单位：个

地　区	总　计	内　资					
			国　有	集　体	股份合作	国有联营	集体联营
总　计	**30577**	**28379**	**267**	**62**	**12**	**3**	
北　京	1551	1445	20	6			
天　津	1169	1102	25	4		1	
石家庄	472	465					
太　原	714	704	9				
呼和浩特	186	186					
沈　阳	541	465	1				
大　连	694	607	4				
长　春	668	649	2				
哈尔滨	777	758	19	1	1		
上　海	2568	2204	16	11		1	
南　京	605	543	6				
杭　州	1727	1592	5	1		1	
宁　波	857	783					
合　肥	567	551	2				
福　州	598	546	13	7			
厦　门	422	330	5				
南　昌	526	487	8				
济　南	707	673	17	1	1		
青　岛	1116	1013	4	4	2		
郑　州	1458	1422	9				
武　汉	1234	1153	16	3			
长　沙	852	822	3				
广　州	1281	1005	15	14	1		
深　圳	637	554	1	1			
南　宁	501	480	2				
海　口	383	365	13	3			
重　庆	2250	2142	8		1		
成　都	1455	1375	3		3		
贵　阳	706	679	10	1			
昆　明	832	805	7	1	2		
西　安	1053	1021	12	1	1		
兰　州	561	551	10	3			
西　宁	184	183					
银　川	303	298					
乌鲁木齐	422	421	2				

5-1 续表 1

单位：个

地区	内资						
	国有与集体联营	其他联营	国有独资公司	其他有限责任公司	股份有限公司	私营独资	私营合伙
总计	**1**	**3**	**1227**	**14724**	**663**	**2**	**3**
北京			53	1050	23		
天津			85	645	32		
石家庄			3	153	2		
太原			30	182	9		
呼和浩特			5	68	9		
沈阳			9	204	13		
大连			13	233	8		
长春			8	367	31		
哈尔滨			24	379	22	1	
上海			185	1116	28		
南京			29	253	23		
杭州			43	862	24		
宁波			31	299	19		
合肥			21	359	18		
福州	1		21	266	9		
厦门			41	192	8		
南昌			25	286	25		1
济南			32	398	27		
青岛			52	498	32		
郑州			24	1035	38		
武汉			62	651	41		
长沙			39	412	17		
广州		2	41	518	15		1
深圳		1	17	234	27		
南宁			25	213	7		
海口			11	236	9		
重庆			87	809	59		1
成都			46	869	13		
贵阳			37	458	7		
昆明			29	387	30		
西安			47	557	15	1	
兰州			14	231	13		
西宁			11	59	6		
银川			16	88			
乌鲁木齐			11	157	4		

5-1　续表 2　　　　单位：个

地　区	内资			港澳台商投资			
	私营有限责任公司	私营股份有限公司	其他内资企业		合资经营	合作经营	独资
总　计	**11074**	**337**	**1**	**1526**	**541**	**118**	**830**
北　京	288	5		60	21	18	20
天　津	303	7		38	16		21
石家庄	303	4		1			1
太　原	461	13		6	3		2
呼和浩特	103	1					
沈　阳	230	8		49	17		32
大　连	345	4		65	28	1	36
长　春	231	10		13	6		6
哈尔滨	294	17		12	6	1	5
上　海	826	21		252	99	8	141
南　京	224	8		47	18		29
杭　州	646	10		101	34	1	62
宁　波	427	7		46	21		22
合　肥	147	4		12	4		7
福　州	226	3		39	12		26
厦　门	80	4		72	17	4	51
南　昌	136	6		33	15		18
济　南	182	15		26	12	2	12
青　岛	409	12		64	31	8	24
郑　州	305	11		23	8	2	11
武　汉	371	9		55	20	3	29
长　沙	346	5		23	9	2	10
广　州	395	3		201	45	60	96
深　圳	267	6		64	22	1	39
南　宁	227	6		10	6		4
海　口	89	4		15	4		10
重　庆	1120	57		78	17	3	53
成　都	434	6	1	48	15	1	31
贵　阳	157	9		20	13		7
昆　明	332	17		22	10	1	10
西　安	377	10		21	3	2	14
兰　州	261	19		7	6		1
西　宁	98	9					
银　川	188	6		2	2		
乌鲁木齐	246	1		1	1		

5-1 续表 3

单位：个

地　区	港澳台商投资		外商投资					
	股份有限	其　他		合资经营	合作经营	独　资	股份有限	其　他
总　计	**23**	**14**	**672**	**283**	**47**	**295**	**23**	**24**
北　京		1	46	22	11	11	1	1
天　津	1		29	14	2	9	4	
石家庄			6	2		4		
太　原	1		4	2		2		
呼和浩特								
沈　阳			27	13		14		
大　连			22	17		4		1
长　春		1	6	5		1		
哈尔滨			7	3	1	3		
上　海	3	1	112	38	5	65	3	1
南　京			15	7	1	4	1	2
杭　州	4		34	17	1	13	1	2
宁　波	3		28	9		17		2
合　肥	1		4	1		2		1
福　州		1	13	3		8	1	1
厦　门			20	3		13	2	2
南　昌			6	3		2	1	
济　南			8	4		3		1
青　岛		1	39	24	6	8	1	
郑　州	1	1	13	5		7		1
武　汉	3		26	12		11		3
长　沙		2	7	5		2		
广　州			75	26	11	35		3
深　圳	1	1	19	4	2	11	1	1
南　宁			11	4		6	1	
海　口	1		3	1		1		1
重　庆	2	3	30	13	2	10	4	1
成　都	1		32	11	2	19		
贵　阳			7	3	2	2		
昆　明		1	5	3	1		1	
西　安	1	1	11	5		5	1	
兰　州			3	2		1		
西　宁			1	1				
银　川			3	1		2		
乌鲁木齐								

5-2 35个大中城市按资质等级分的房地产开发企业个数

单位：个

地　区	总　计	一　级	二　级	三　级	四　级	暂　定	其　他
总　计	**30577**	**635**	**3537**	**6109**	**3876**	**13139**	**3281**
北　京	1551	68	105	109	753	370	146
天　津	1169	17	66	77	753	173	83
石家庄	472	8	28	35	113	283	5
太　原	714	5	68	84	271	257	29
呼和浩特	186	3	15	31	118	16	3
沈　阳	541	3	28	75		329	106
大　连	694	7	29	170	9	373	106
长　春	668	9	103	111	91	352	2
哈尔滨	777	8	149	432	12	139	37
上　海	2568	38	207	254	2	1721	346
南　京	605	22	175	74	2	220	112
杭　州	1727	42	96	169	54	872	494
宁　波	857	17	34	391	43	245	127
合　肥	567	19	50	95	22	301	80
福　州	598	15	47	132	59	321	24
厦　门	422	12	36	27	143	97	107
南　昌	526	10	50	78	41	315	32
济　南	707	20	50	116	13	429	79
青　岛	1116	16	53	125	49	743	130
郑　州	1458	35	162	167	23	889	182
武　汉	1234	38	229	196	2	717	52
长　沙	852	15	94	308	173	246	16
广　州	1281	12	78	425	66	523	177
深　圳	637	21	31	132	111	145	197
南　宁	501	13	37	61	32	344	14
海　口	383	2	14	42	48	248	29
重　庆	2250	62	700	505	24	903	56
成　都	1455	23	205	899	22	203	103
贵　阳	706	2	73	124	135	322	50
昆　明	832	19	143	93	229	260	88
西　安	1053	21	140	157	255	245	235
兰　州	561	8	65	219	92	170	7
西　宁	184	2	62	46	24	36	14
银　川	303	12	68	73	55	95	
乌鲁木齐	422	11	47	77	37	237	13

5-3 35个大中城市按登记注册类型分的房地产开发企业从业人数

单位：人

地 区	总 计	内 资					
			国 有	集 体	股份合作	国有联营	集体联营
总 计	**1005108**	**905785**	**12561**	**1523**	**219**	**52**	
北 京	62518	54806	1065	205			
天 津	35189	31859	1098	43		7	
石家庄	19481	17063					
太 原	18443	18041	391				
呼和浩特	4868	4868					
沈 阳	15408	11854	23				
大 连	14734	12410	68				
长 春	20354	19463	135				
哈尔滨	16101	15284	497	248	4		
上 海	64602	47074	211	208		24	
南 京	22160	18843	230				
杭 州	33500	30089	130			21	
宁 波	16249	14456					
合 肥	19564	18469	117				
福 州	23352	21541	617	182			
厦 门	13448	10974	192				
南 昌	16683	15650	332				
济 南	22064	20582	855	5	9		
青 岛	29900	26750	78	148	53		
郑 州	47156	45816	551				
武 汉	48206	45356	899	40			
长 沙	31107	28772	196				
广 州	47021	36829	295	265	42		
深 圳	33454	29605	10	27			
南 宁	21922	20335	259				
海 口	15701	13438	406	69			
重 庆	100766	94594	382		16		
成 都	49365	44351	100		72		
贵 阳	23253	22224	172	7			
昆 明	26858	24731	263	29	8		
西 安	43782	42424	2666	15	15		
兰 州	17838	17499	239	32			
西 宁	6791	6765					
银 川	9676	9436					
乌鲁木齐	13594	13534	84				

5-3 续表 1

单位：人

地区	内资						
	国有与集体联营	其他联营	国有独资公司	其他有限责任公司	股份有限公司	私营独资	私营合伙
总计	**7**	**46**	**53360**	**488245**	**30513**	**100**	**55**
北京			3712	40363	2279		
天津			2803	17198	1206		
石家庄			127	7729	12		
太原			1054	6866	139		
呼和浩特			181	2126	195		
沈阳			332	6293	417		
大连			401	5161	156		
长春			284	13300	920		
哈尔滨			653	8345	451	81	
上海			4594	22673	1699		
南京			1173	9574	590		
杭州			922	15983	809		
宁波			609	5474	538		
合肥			627	12359	616		
福州	7		970	12150	662		
厦门			2613	6490	136		
南昌			1078	9045	1067		12
济南			1411	12538	730		
青岛			1999	12594	1281		
郑州			1086	33923	1502		
武汉			2317	23247	2881		
长沙			1141	15657	999		
广州		28	1995	20545	987		18
深圳		18	1079	13924	2701		
南宁			966	10486	207		
海口			789	8788	256		
重庆			5617	35402	3332		25
成都			3723	27997	1342		
贵阳			985	15556	278		
昆明			1710	12780	870		
西安			3189	24069	684	19	
兰州			602	8462	302		
西宁			771	2668	124		
银川			880	2954			
乌鲁木齐			967	5526	145		

5-3 续表 2

单位：人

地　　区	内　　资			港澳台商投　资			
	私营有限责任公司	私营股份有限公司	其他内资企　业		合资经营	合作经营	独　资
总　　计	**307737**	**11305**	**62**	**66441**	**23209**	**4873**	**36696**
北　　京	6763	419		4508	1453	1548	1507
天　　津	9404	100		1934	841		1020
石 家 庄	9113	82		144			144
太　　原	9352	239		170	64		60
呼和浩特	2354	12					
沈　　阳	4655	134		1783	688		1095
大　　连	6527	97		1844	647	1	1196
长　　春	4630	194		634	351		271
哈 尔 滨	4832	173		739	69	42	628
上　　海	17014	651		12961	5837	620	6369
南　　京	7109	167		2531	1226		1305
杭　　州	12141	83		2560	593	7	1815
宁　　波	7706	129		1023	390		586
合　　肥	4652	98		992	153		684
福　　州	6896	57		1467	609		811
厦　　门	1408	135		1876	652	58	1166
南　　昌	3663	453		876	412		464
济　　南	4715	319		1398	440	15	943
青　　岛	10287	310		1843	890	93	820
郑　　州	8603	151		1063	122	135	736
武　　汉	15775	197		1891	709	44	1081
长　　沙	10536	243		1561	400	104	869
广　　州	11663	991		6194	1226	1625	3343
深　　圳	11712	134		2083	523	37	1479
南　　宁	8210	207		1134	249		885
海　　口	2966	164		1058	350		430
重　　庆	47015	2805		4763	1351	169	3043
成　　都	10784	271	62	3212	1711	51	1420
贵　　阳	5050	176		885	433		452
昆　　明	8597	474		1791	200	7	1573
西　　安	11173	594		1034	132	317	500
兰　　州	7491	371		271	270		1
西　　宁	2887	315					
银　　川	5286	316		158	158		
乌鲁木齐	6768	44		60	60		

5-3　续表 3　　　　　　　　　　　　　　　　　　单位：人

地　　区	港澳台商投资		外商投资					
	股份有限	其　他		合资经营	合作经营	独　资	股份有限	其　他
总　计	**1272**	**391**	**32882**	**11082**	**2671**	**16516**	**753**	**1860**
北　京			3204	1144	1042	757	214	47
天　津	73		1396	362	6	810	218	
石 家 庄			2274	98		2176		
太　原	46		232	59		173		
呼和浩特								
沈　阳			1771	420		1351		
大　连			480	353		112		15
长　春		12	257	215		42		
哈 尔 滨			78	43	5	30		
上　海	132	3	4567	1733	345	2422	61	6
南　京			786	468	13	255	10	40
杭　州	145		851	294	24	493	16	24
宁　波	47		770	231		493		46
合　肥	155		103	33		58		12
福　州		47	344	75		212	35	22
厦　门			598	36		438	43	81
南　昌			157	83		59	15	
济　南			84	34		26		24
青　岛		40	1307	779	387	132	9	
郑　州	41	29	277	71		173		33
武　汉	57		959	407		425		127
长　沙		188	774	74		700		
广　州			3998	1851	497	1510		140
深　圳	40	4	1766	394	21	1302	40	9
南　宁			453	223		219	11	
海　口	278		1205	14		22		1169
重　庆	158	42	1409	376	149	756	63	65
成　都	30		1802	596	84	1122		
贵　阳			144	61	79	4		
昆　明		11	336	306	19		11	
西　安	70	15	324	166		151	7	
兰　州			68	56		12		
西　宁			26	26				
银　川			82	1		81		
乌鲁木齐								

5-4　35个大中城市按资质等级分的房地产开发企业从业人数

单位：人

地　区	总　计	一　级	二　级	三　级	四　级	暂　定	其　他
总　计	**1005108**	**83143**	**179708**	**182095**	**103973**	**376039**	**80150**
北　京	62518	8972	7895	6333	26131	10692	2495
天　津	35189	1656	3500	3032	20364	4672	1965
石家庄	19481	3459	2224	1352	3392	8922	132
太　原	18443	236	3696	2849	5812	5486	364
呼和浩特	4868	156	511	914	2695	561	31
沈　阳	15408	146	2188	2110		8900	2064
大　连	14734	594	656	3870	88	7580	1946
长　春	20354	4779	3771	2299	1639	7776	90
哈尔滨	16101	496	3112	8585	177	2905	826
上　海	64602	4397	5888	6275	36	40178	7828
南　京	22160	2248	7705	1459	11	7728	3009
杭　州	33500	2847	2316	2984	449	14870	10034
宁　波	16249	1084	819	7644	421	4185	2096
合　肥	19564	1453	2779	2904	457	9539	2432
福　州	23352	2427	2762	5456	1429	10781	497
厦　门	13448	2220	2833	1049	3359	2032	1955
南　昌	16683	465	2091	2260	1361	9578	928
济　南	22064	1306	2577	3189	144	12412	2436
青　岛	29900	1613	2151	3313	1437	18739	2647
郑　州	47156	3468	7042	5005	618	27805	3218
武　汉	48206	3378	12472	5761	303	24092	2200
长　沙	31107	1273	5518	11374	4619	7878	445
广　州	47021	5827	4129	12680	1436	18100	4849
深　圳	33454	4083	2152	7600	4558	6884	8177
南　宁	21922	1316	2387	2654	631	14240	694
海　口	15701	325	760	1905	2903	8792	1016
重　庆	100766	8203	38209	16209	681	35566	1898
成　都	49365	2044	10576	28084	271	5364	3026
贵　阳	23253	94	7169	3149	1714	9824	1303
昆　明	26858	2802	7613	1954	4361	7733	2395
西　安	43782	5620	9163	6843	8033	7743	6380
兰　州	17838	1686	3765	5745	1824	4701	117
西　宁	6791	141	3352	1409	644	965	280
银　川	9676	1328	2783	1676	1346	2543	
乌鲁木齐	13594	1001	3144	2170	629	6273	377

5-5　35个大中城市房地产开发企业投资规模与完成情况

单位：万元

地区	计划总投资	自开始建设至本年底累计完成投资	本年完成投资
总　计	**3762168775**	**2670827212**	**576343978**
北　京	285437620	218566959	38784343
天　津	191526526	122832251	24584908
石家庄	44287160	26846924	9590316
太　原	53807142	28761127	5294128
呼和浩特	23881594	17537176	1742500
沈　阳	70541192	51473058	9971302
大　连	67916224	51359035	6992748
长　春	47719518	34557503	7737978
哈尔滨	39982585	28584523	5849890
上　海	294175743	215421914	40331459
南　京	151109178	92512319	23577661
杭　州	157730583	114412063	30736068
宁　波	65965202	47431208	15851536
合　肥	103715526	66709498	15271740
福　州	86115356	77021775	14403195
厦　门	57231173	49398572	8845759
南　昌	55554209	38907435	8904296
济　南	90650191	57252333	13670350
青　岛	77284938	56539395	14411656
郑　州	180071153	111570654	32580450
武　汉	180611092	121319492	27797737
长　沙	116531968	82647815	15059695
广　州	198870519	158523523	27023709
深　圳	132915446	91395188	26336111
南　宁	71159546	49479827	11030758
海　口	38778833	27279105	6088480
重　庆	280093044	217277650	42496622
成　都	158066973	107163249	22783010
贵　阳	76376154	53077262	9852557
昆　明	106763318	81014828	18397925
西　安	156610554	101325301	22147345
兰　州	26340267	19019149	5752180
西　宁	16414334	11671061	2922514
银　川	29673437	22160866	2945982
乌鲁木齐	28260477	19777174	6577070

5-6 35个大中城市按用途分的房地产开发企业完成投资

单位：万元

地区	本年完成投资	住宅	#别墅、高档公寓	办公楼	商业营业用房	其他
总计	**576343978**	**374299683**	**22907445**	**46974547**	**68406600**	**86663148**
北京	38784343	20246713	2466818	5251874	3160750	10125006
天津	24584908	18872320	982682	653650	1616327	3442611
石家庄	9590316	7034840	44988	793354	1019459	742663
太原	5294128	3973382	112500	233852	385144	701750
呼和浩特	1742500	1202943	9720	41298	367535	130724
沈阳	9971302	7751542	344677	68672	1029208	1121880
大连	6992748	5216880	380075	233740	843782	698346
长春	7737978	5295343	311656	489922	1245264	707449
哈尔滨	5849890	3721004	67468	277040	1052413	799433
上海	40331459	22259058	4936243	6963300	4559051	6550050
南京	23577661	15745363	514443	1535404	3532440	2764454
杭州	30736068	19544569	1426489	2507332	3046533	5637634
宁波	15851536	11019994	862935	594358	1136614	3100570
合肥	15271740	11658622	326480	1072710	1523560	1016848
福州	14403195	9669341	444686	854857	1334806	2544191
厦门	8845759	5363167	150682	760169	833861	1888562
南昌	8904296	6127931	164253	579506	1406589	790270
济南	13670350	9272365	424703	1045097	1878455	1474433
青岛	14411656	10053825	485819	938843	1448890	1970098
郑州	32580450	23458081	557019	1828418	2970959	4322992
武汉	27797737	19598448	599463	2201957	3493211	2504121
长沙	15059695	9068393	453863	1003553	2388507	2599242
广州	27023709	17325242	710251	2874854	2677831	4145782
深圳	26336111	13007192	1165002	5966474	3275858	4086587
南宁	11030758	7699928	198944	612670	1010642	1707518
海口	6088480	4187935	111867	220366	676785	1003394
重庆	42496622	30126158	2248983	1067065	5655959	5647440
成都	22783010	12467934	702865	1814563	4884099	3616414
贵阳	9852557	6397442	200774	645821	1472165	1337129
昆明	18397925	11612412	608135	891179	2876133	3018201
西安	22147345	14475555	493270	1900081	2673265	3098444
兰州	5752180	3000702	85704	446344	992316	1312818
西宁	2922514	1753288	5056	162456	585587	421183
银川	2945982	1978944	83576	93615	504724	368699
乌鲁木齐	6577070	4112827	225356	350153	847878	1266212

5-7　35个大中城市房地产开发企业实际到位资金情况

单位：万元

地　区	本年实际到位资金合计	上年末结余资金	本年实际到位资金			
				国内贷款		
					#银行贷款	#非银行金融机构贷款
总　计	**1147980637**	**335599592**	**812381045**	**144879213**	**115526487**	**29352726**
北　京	100565357	43264812	57300545	16538678	11681059	4857619
天　津	61103517	21256859	39846658	8515820	5816605	2699215
石家庄	13975208	2975379	10999829	1424235	1274751	149484
太　原	11509066	3039706	8469360	818055	750199	67856
呼和浩特	2917103	600593	2316510	164101	144081	20020
沈　阳	18613954	5077021	13536933	1194022	1088020	106002
大　连	14983040	4224154	10758886	981071	775641	205430
长　春	12572184	2624966	9947218	444158	355071	89087
哈尔滨	12041168	2798293	9242875	786040	652460	133580
上　海	81239253	27896723	53342530	13260188	11546423	1713765
南　京	52723891	18793183	33930708	6417800	5492924	924876
杭　州	56793301	20855600	35937701	7518466	5819506	1698960
宁　波	31498719	8525657	22973062	3362226	2870055	492171
合　肥	30126931	7492153	22634778	4108364	2790481	1317883
福　州	26837414	5890363	20947051	3342548	2770473	572075
厦　门	13806870	3686875	10119995	1446155	1394312	51843
南　昌	16473288	4260952	12212336	1819520	1547232	272288
济　南	28687095	7514467	21172628	3768412	2829359	939053
青　岛	35155628	9664605	25491023	4314973	3615693	699280
郑　州	43650157	11578149	32072008	3909535	3266361	643174
武　汉	61345982	14175251	47170731	8816504	5446184	3370320
长　沙	28297020	7375091	20921929	2920722	2613714	307008
广　州	65262598	24367311	40895287	8485435	7443653	1041782
深　圳	55137645	16635121	38502524	11667804	10803808	863996
南　宁	22925168	6295841	16629327	2528847	2187308	341539
海　口	10284559	2039120	8245439	964103	940505	23598
重　庆	84030775	17124860	66905915	10904587	8442305	2462282
成　都	51285373	11986394	39298979	6374711	4887568	1487143
贵　阳	14708220	4116700	10591520	687664	637709	49955
昆　明	22938031	5472409	17465622	2625169	1808042	817127
西　安	40282443	9028574	31253869	2601852	1970694	631158
兰　州	7980693	1904972	6075721	663284	606129	57155
西　宁	3731000	911867	2819133	436204	357754	78450
银　川	4984947	784693	4200254	440913	360204	80709
乌鲁木齐	9513039	1360878	8152161	627047	540204	86843

5-7 续表

单位：万元

地 区	利用外资	自筹资金	定金及预收款	个人按揭贷款	其他到位资金	本年各项应付款合计	#工程款
总 计	**380859**	**256541343**	**279856770**	**95000630**	**35722230**	**163968786**	**80867775**
北 京		15318867	20539486	3062776	1840738	4067508	2136150
天 津		10768356	15370604	2184985	3006893	8420785	3242513
石 家 庄	388	7505555	1269624	522711	277316	2475770	883458
太 原		1946867	3274610	2066855	362973	1259803	635415
呼和浩特		1211337	514539	300828	125705	565305	338055
沈 阳	1090	3854326	5278064	2605192	604239	3864034	2140834
大 连		3280353	4606654	1687493	203315	3276960	1543448
长 春	100	3754999	3535605	1845473	366883	1324638	467582
哈 尔 滨		2998796	3649128	1296969	511942	1347476	639108
上 海	1050	18975682	15667076	2913783	2524751	9231689	4890904
南 京	58942	10018426	11439362	4956314	1039864	5904552	2886928
杭 州	7673	12123901	10909757	3712233	1665671	5618858	3013476
宁 波	20175	6111434	8923465	3936943	618819	3099462	1779949
合 肥		5198974	7946926	4477134	903380	4451112	2575402
福 州	2826	8379933	5865607	2046424	1309713	2377349	1121705
厦 门	3610	6437099	902273	777116	553742	1352758	678044
南 昌		3770475	3765723	2279969	576649	2649752	1347384
济 南	158514	6799639	7872526	1545427	1028110	3794761	1668202
青 岛	47440	5504065	12137298	1898939	1588308	5867652	2843344
郑 州		18320570	5925348	3431112	485443	7715168	4144582
武 汉		14486765	17908380	4174587	1784495	7758189	3642591
长 沙		4362583	8505040	4248666	884918	5361418	2795067
广 州	39117	12227187	14582931	3170729	2389888	9269902	3281178
深 圳		11048318	9783766	4754280	1248356	8937117	3834182
南 宁		4020562	5881714	3219414	978790	5173939	2518190
海 口		2862548	3288194	564671	565923	2871563	1073563
重 庆	31934	16416951	24873501	11169201	3509741	16187491	8090320
成 都		11657719	16593902	3472776	1199871	7481233	3990301
贵 阳		2322420	4168329	3017627	395480	3135031	1329774
昆 明	8000	4816237	6336713	2870598	808905	6421133	3560330
西 安		12816630	10825777	3766348	1243262	6317639	3532577
兰 州		1776438	2551373	883632	200994	2604095	1793396
西 宁		927200	928926	399612	127191	1021780	642273
银 川		1064382	1865981	647038	181940	1026733	766362
乌鲁木齐		3455749	2368568	1092775	608022	1736131	1041188

5-8　35个大中城市按用途分的房地产开发企业房屋施工面积

单位：平方米

地　区	房屋施工面　积	住　宅	#别　墅、高档公寓	办公楼	商业营业用房	其　他
总　计	**3115511436**	**1945073141**	**96965005**	**245428659**	**382514274**	**542495362**
北　京	129506249	58818574	4806761	21897873	11541771	37248031
天　津	105413871	73822459	3752623	6246330	9334054	16011028
石家庄	38493570	26913313	954331	3078202	5980476	2521579
太　原	60334181	43153107	1088480	3238452	5403327	8539295
呼和浩特	35072371	22486716	613109	1259720	7357220	3968715
沈　阳	66468525	47207439	1042501	2254939	10329311	6676836
大　连	42534914	31321760	1800155	1522584	5779017	3911553
长　春	72163208	46730723	2552030	4873649	11593769	8965067
哈尔滨	46737610	31094020	1040996	1887173	8228415	5528002
上　海	146300274	74784581	15547403	21328041	18702264	31485388
南　京	86643873	56010629	2967200	6604537	9473010	14555697
杭　州	117551614	61605700	3469812	14567647	14600338	26777929
宁　波	74732282	42635662	2811618	4981697	8391649	18723274
合　肥	82357445	49234493	1121582	7234573	13762154	12126225
福　州	79289304	49143286	1374822	6424442	9518877	14202699
厦　门	43453001	19649618	1396869	7600780	4138867	12063736
南　昌	60939498	42950424	1515413	3975542	7043739	6969793
济　南	91795134	59793911	2274075	8530930	9460736	14009557
青　岛	103917125	68336033	3771961	6694254	10463466	18423372
郑　州	186435814	127115434	2167308	11752873	18209337	29358170
武　汉	117621068	82639413	2207857	9060768	10431154	15489733
长　沙	107033920	68438062	2298495	6447867	14513483	17634508
广　州	109798322	64358058	3269470	12074036	12614715	20751513
深　圳	67182326	34222220	2546724	11866402	8955163	12138541
南　宁	81555636	53024640	764233	5094183	7138925	16297888
海　口	33377285	21433977	1124871	1587039	4157601	6198668
重　庆	272450578	178287210	11182553	8091571	38402843	47668954
成　都	195078656	111487411	7680185	14012981	27187687	42390577
贵　阳	60582786	37504272	1462374	4695737	8339194	10043583
昆　明	102934407	64451548	2676421	6393876	12702484	19386499
西　安	152434282	106072493	2773317	10685172	17745247	17931370
兰　州	43155802	27611878	462709	2285679	5845941	7412304
西　宁	18758803	11024355	122548	950609	3885565	2898274
银　川	37515778	23592497	756082	2445164	5229045	6249072
乌鲁木齐	45891924	28117225	1568117	3783337	6053430	7937932

5-9 35个大中城市按用途分的房地产开发企业房屋新开工面积

单位：平方米

地区	房屋新开工面积	住宅	#别墅、高档公寓	办公楼	商业营业用房	其他
总计	**690621314**	**452866714**	**20940417**	**40345063**	**70511823**	**126897714**
北京	23815803	12628191	991409	2236418	1087587	7863607
天津	25094190	19002524	1354238	196393	1883761	4011512
石家庄	11704508	7641477	96450	750039	2595456	717536
太原	12542933	9513715	296600	325081	930317	1773820
呼和浩特	3088921	1939693	2195	17404	882269	249555
沈阳	14161587	11213643	313175	127671	1481060	1339213
大连	5956833	4574168	252115	75422	766918	540325
长春	14296529	9119459	436959	967030	2483479	1726561
哈尔滨	10958683	7563757	60425	458102	1920570	1016254
上海	26871654	14731670	1550058	3152582	2030244	6957158
南京	19513941	12635300	736935	1037435	2268123	3573083
杭州	27085266	15904198	804276	2525932	2367778	6287358
宁波	22146092	14559770	635459	995579	1426901	5163842
合肥	17898332	12651547	96552	1393287	1273644	2579854
福州	18220031	10936243	446477	1204740	2091826	3987222
厦门	4143605	2228342	72744	195625	259545	1460093
南昌	12775960	8694714	476434	377805	1739609	1963832
济南	26669141	16521337	861766	2775708	2289623	5082473
青岛	27951317	18480702	598918	1309044	2640497	5521074
郑州	43634692	30068453	1090258	2684980	4171194	6710065
武汉	31069246	22348441	658748	2047230	2352037	4321538
长沙	29321722	20218904	584802	869307	3875792	4357719
广州	17397156	9576075	236943	1720438	1864573	4236070
深圳	15620104	8019802	588051	3154673	1800698	2644931
南宁	17145795	12056051	186210	435363	1366985	3287396
海口	6283340	4537875	120100	180330	572129	993006
重庆	73999789	51539878	3733008	1327175	7246437	13886299
成都	47182700	26892708	1315607	4427667	5180864	10681461
贵阳	13666409	9519468	401789	367692	1375681	2403568
昆明	17054326	11248088	708743	623452	1934621	3248165
西安	24321093	17376808	542971	1272052	2775340	2896893
兰州	8163391	4941990	109725	334858	1104218	1782325
西宁	3323875	2133891		72689	517368	599927
银川	6285999	4466533	206451	50590	711931	1056945
乌鲁木齐	11256351	7381299	373826	655270	1242748	1977034

5-10 35个大中城市按用途分的房地产开发企业房屋竣工面积

单位：平方米

地　区	房屋竣工面　积	住　宅	#别　墅、高档公寓	办公楼	商业营业用房	其　他
总　计	**361897389**	**231447873**	**11912436**	**27410170**	**39798185**	**63241161**
北　京	16570407	7738264	385709	2676158	1769268	4386717
天　津	21355709	15592653	378915	1140070	1211639	3411347
石家庄	1632106	1384445		63391	164436	19834
太　原	3575813	2784063	32493	87873	341322	362555
呼和浩特	3541000	2376612	65837	77872	609896	476620
沈　阳	6648953	4988105	28140	86312	1166225	408311
大　连	3423491	2342319	94441	177216	592164	311792
长　春	10875052	7516704	485111	687495	1427629	1243224
哈尔滨	4489718	3016843		495752	612209	364914
上　海	31303384	17335743	3956878	4116895	3434786	6415960
南　京	12454436	9126195	231625	493582	1041766	1792893
杭　州	16369291	8420211	358521	2181205	1962522	3805353
宁　波	7015502	3693418	175745	591467	973164	1757453
合　肥	14455113	9336404	226551	1248072	2048862	1821775
福　州	7199446	4390184	30131	666093	548316	1594853
厦　门	6717643	3683472	212448	706086	508763	1819322
南　昌	6345134	4623450	158070	312793	789646	619245
济　南	12038116	8973707	450875	484407	889086	1690916
青　岛	16292779	10898609	727853	1265485	1620045	2508640
郑　州	20272922	14113974	47720	1121840	1533441	3503667
武　汉	4586349	3057099	20240	413279	431391	684580
长　沙	14579845	9838743	423277	612783	1659881	2468438
广　州	16618446	9321164	362496	1932711	1555370	3809201
深　圳	2615613	1249112	73788	603442	302399	460660
南　宁	7954208	5904850	16127	251698	745293	1052367
海　口	2797444	1909626	51246	64542	302427	520849
重　庆	41093172	27704993	1481877	1290354	5123545	6974280
成　都	17373279	10472053	418269	1073742	2109726	3717758
贵　阳	2080725	1212490	94377	255217	263672	349346
昆　明	3242614	2099216	184720	84457	338201	720740
西　安	9696920	6210708	574657	600214	1089718	1796280
兰　州	1376976	671147		244722	254362	206745
西　宁	2319312	1236055	36929	145106	697376	240775
银　川	7499949	5355212	55845	354823	778969	1010945
乌鲁木齐	5486522	2870030	71525	803016	900670	912806

5-11 35个大中城市按用途分的房地产开发企业房屋竣工价值

单位：万元

地区	房屋竣工价值	住宅	#别墅、高档公寓	办公楼	商业营业用房	其他
总计	**141912071**	**89075090**	**7096146**	**14276789**	**18554489**	**20005703**
北京	7249527	3293694	235203	1544448	897710	1513675
天津	8469697	5976833	221703	703614	529335	1259915
石家庄	493323	409936		19277	59414	4696
太原	1179875	930281	14731	26358	116057	107179
呼和浩特	917763	585330	29557	17871	210976	103586
沈阳	1720601	1207347	13000	35033	362155	116066
大连	1626152	1004388	110984	174879	332898	113987
长春	2443512	1600296	133606	181831	368761	292624
哈尔滨	1375316	953942		131103	201102	89169
上海	19471674	10251593	2816353	3052874	2909424	3257783
南京	6896366	5346149	116903	325245	609478	615494
杭州	7785380	4286844	201352	1118695	1103422	1276419
宁波	3457145	2088744	182049	246487	497456	624458
合肥	4633451	3114674	83353	336649	752519	429609
福州	2009083	1248605	7726	195136	166942	398400
厦门	2138386	1223401	53664	238795	167849	508341
南昌	1948800	1403812	46897	123673	237272	184043
济南	3172322	2338379	129042	127999	236877	469067
青岛	4577037	2843326	242267	433310	546674	753727
郑州	5587412	3811044	12221	327146	480366	968856
武汉	2176583	1441787	2400	346985	180247	207564
长沙	5264849	3431760	198544	374199	794891	663999
广州	7334987	4487820	137669	884677	684863	1277627
深圳	3523759	1925182	220352	1025193	324321	249063
南宁	2654267	2018560	12321	102918	295107	237682
海口	1321070	917434	19688	53038	105379	245219
重庆	15476792	11032542	1151461	546268	2331607	1566375
成都	6060203	3532444	123720	430160	987862	1109737
贵阳	609770	313734	23512	99851	90857	105328
昆明	1335801	928220	158729	33208	119900	254473
西安	3280692	2073486	327192	341748	529693	335765
兰州	422557	200309		87533	75837	58878
西宁	1176454	414403	13479	151002	528821	82228
银川	2118253	1512840	20251	108897	219057	277459
乌鲁木齐	2003212	925951	36217	330689	499360	247212

5-12　35个大中城市按用途分的房地产开发企业住宅竣工套数

单位：套

地　区	住　宅	#90平方米及以下住宅	#144平方米以上住宅	#别墅、高档公寓
总　计	**2353876**	**1152396**	**166359**	**64633**
北　京	85313	65152	5287	1212
天　津	180828	112205	7716	3439
石 家 庄	12227	4468	1618	
太　原	24815	6401	1371	192
呼和浩特	23707	11088	1437	1058
沈　阳	52411	38134	5545	884
大　连	30017	24016	1101	583
长　春	73992	46360	5070	1061
哈 尔 滨	31092	19685	1452	
上　海	171213	101651	16056	25755
南　京	126492	43097	5246	817
杭　州	78325	41692	5227	1290
宁　波	30858	5219	2263	933
合　肥	87584	31777	6941	935
福　州	39897	14179	3301	141
厦　门	38446	17298	2609	1746
南　昌	40905	14798	4625	1037
济　南	70120	18047	9493	978
青　岛	101827	49149	8657	3453
郑　州	138392	70200	10779	159
武　汉	27218	12288	948	69
长　沙	92850	22748	9323	2899
广　州	89239	34871	7362	1446
深　圳	13879	11697	553	332
南　宁	64192	29709	2723	92
海　口	17670	8699	825	181
重　庆	312607	152529	14773	6580
成　都	106140	57908	9320	1392
贵　阳	10575	5187	627	331
昆　明	17363	2992	3630	879
西　安	63132	31796	5313	3014
兰　州	6107	2455	20	
西　宁	10906	4182	566	767
银　川	53256	23809	3466	730
乌鲁木齐	30281	16910	1116	248

5-13 35个大中城市按资质等级分的房地产开发企业住宅竣工套数

单位：套

地 区	总 计	一 级	二 级	三 级	四 级	暂 定	其 他
总 计	**2353876**	**221198**	**487795**	**350301**	**261251**	**907564**	**125767**
北 京	85313	8651	14564	1044	38711	21500	843
天 津	180828	3508	23030	7619	110250	21030	15391
石家庄	12227		328	40	5181	6678	
太 原	24815			8267	5686	10862	
呼和浩特	23707	1087	1371	5627	9835	5787	
沈 阳	52411	783	5523	6035		32578	7492
大 连	30017	338	1874	7797		14236	5772
长 春	73992	8769	20223	12681	10257	22062	
哈尔滨	31092		14679	9722	6	5771	914
上 海	171213	4188	22331	9910		121725	13059
南 京	126492	13658	33311	5275		65160	9088
杭 州	78325	1916	9981	7364	835	46528	11701
宁 波	30858	3832	772	16556		9440	258
合 肥	87584	3953	10433	5904	1477	58676	7141
福 州	39897	1617	2612	16734	2050	16884	
厦 门	38446	8141	9982	859	17085	1314	1065
南 昌	40905	736	4437	10005	2347	20207	3173
济 南	70120	12559	1194	12923		40310	3134
青 岛	101827	6173	9398	3874	2338	69203	10841
郑 州	138392	15491	27730	15701		79350	120
武 汉	27218	5309	7418	1907		12584	
长 沙	92850	6799	19956	38349	16141	10398	1207
广 州	89239	8845	14979	15420	5293	37634	7068
深 圳	13879		1159	3103	5028	3867	722
南 宁	64192	1010	2293	12688	3542	42087	2572
海 口	17670		739	7545	1555	6931	900
重 庆	312607	65250	150928	22578	24	68625	5202
成 都	106140	9451	26334	50669	62	12747	6877
贵 阳	10575		2180	7259		1016	120
昆 明	17363	1797	304	1751	2138	11373	
西 安	63132	11882	15109	11177	6765	7092	11107
兰 州	6107		1217	1922	80	2888	
西 宁	10906	1322	3420	1570	2465	2129	
银 川	53256	13968	19834	3386	11542	4526	
乌鲁木齐	30281	165	8152	7040	558	14366	

5-14 35个大中城市按资质等级分的房地产开发企业别墅、高档公寓竣工套数

单位：套

地区	总计	一级	二级	三级	四级	暂定	其他
总计	**64633**	**3004**	**9161**	**5484**	**7030**	**36456**	**3498**
北京	1212	260	159		455	338	
天津	3439		164		2579	696	
石家庄							
太原	192					192	
呼和浩特	1058			29	294	735	
沈阳	884						884
大连	583			95		345	143
长春	1061		898		3	160	
哈尔滨							
上海	25755	605	524	1956		21118	1552
南京	817	59	352	406			
杭州	1290		143	432		612	103
宁波	933	27		594		312	
合肥	935		355			580	
福州	141					141	
厦门	1746	119			1627		
南昌	1037		112		76	849	
济南	978	602	166			158	52
青岛	3453					3453	
郑州	159		51			108	
武汉	69			69			
长沙	2899	282	1317	54	609	637	
广州	1446	687		212	264	283	
深圳	332				321		11
南宁	92	79	13				
海口	181			56	35	90	
重庆	6580	22	3919	896		1743	
成都	1392		212	622		44	514
贵阳	331		331				
昆明	879	52	259	63		505	
西安	3014		35			2740	239
兰州							
西宁	767				767		
银川	730	210	146			374	
乌鲁木齐	248		5			243	

5-15 35个大中城市按用途分的房地产开发企业商品房销售面积

单位：平方米

地　区	商品房销售面积	住　宅	#别　墅、高档公寓	办公楼	商业营业用房	其　他
总　计	**555503201**	**455049716**	**16336001**	**30104166**	**38613850**	**31735469**
北　京	7157637	5463144	631439	757842	352658	583993
天　津	12523495	11438099	881997	364415	548518	172463
石家庄	8313806	7074638	38230	528907	483035	227226
太　原	8394204	7712139	490489	245590	266520	169955
呼和浩特	3970486	3434346	76543	123459	296651	116030
沈　阳	13647226	12125767	188480	114961	984704	421794
大　连	7814085	7075503	290491	45685	430520	262377
长　春	12884445	11160847	307642	484060	934978	304560
哈尔滨	10505767	9200014	175377	146968	966950	191835
上　海	17723798	13358912	1805032	1479389	1020270	1865227
南　京	12241988	9861126	370011	718481	1322976	339405
杭　州	16760612	13309518	605247	1727136	1589537	134421
宁　波	16215345	12975674	608655	1154845	948670	1136156
合　肥	13895799	11038790	252023	865090	1310225	681694
福　州	17112935	12556171	296908	1017937	1264235	2274592
厦　门	5294175	1706813	237506	1340120	515766	1731476
南　昌	18463065	15365198	342795	866729	1633537	597601
济　南	12362727	9652634	275419	740629	817472	1151992
青　岛	18059680	15785387	509949	759292	1186437	328564
郑　州	37121407	33305928	200339	1478157	1828239	509083
武　汉	36431269	32259425	343127	1756970	1522032	892842
长　沙	23874275	19729612	706257	1075201	2025524	1043938
广　州	15510485	11194962	418974	1892517	1019430	1403576
深　圳	7220111	5729894	244134	966027	241279	282911
南　宁	17419929	14474539	169573	607687	849437	1488266
海　口	4020839	3326116	126305	246347	217882	230494
重　庆	65377933	54262627	3241241	1273733	5140429	4701144
成　都	36778839	26522742	994475	2768959	3274128	4213010
贵　阳	11145588	9432852	130694	628055	877898	206783
昆　明	19097211	14301676	568817	1042674	1430360	2322501
西　安	26238981	21433032	315943	2096129	1596602	1113218
兰　州	6424214	5659266	94097	137456	441638	185854
西　宁	3322212	2740216	36929	83777	423843	74376
银　川	6128287	5291999	134992	175982	432402	227904
乌鲁木齐	6050346	5090110	225871	392960	419068	148208

5-16 35个大中城市按用途分的房地产开发企业商品房销售额

单位：万元

地区	商品房销售额	住宅	#别墅、高档公寓	办公楼	商业营业用房	其他
总计	**698159168**	**570648299**	**38201851**	**49572534**	**57939705**	**19998630**
北京	24207379	19979037	3126003	2372071	1365761	490510
天津	20096329	18194589	1443170	663174	1019505	219061
石家庄	8869285	7529531	31764	519852	583145	236757
太原	9282814	8360333	626625	274923	494641	152917
呼和浩特	3308269	2828540	112843	112832	275195	91702
沈阳	12221262	10613452	211362	106462	1282720	218628
大连	9024125	8091476	595342	71059	627231	234359
长春	10623430	9031185	376770	381030	1047830	163385
哈尔滨	9674023	8217383	245616	172867	1105940	177833
上海	47697006	38769960	11842832	4876842	2708730	1341474
南京	24040931	19463690	788748	1418203	2694880	464158
杭州	40089092	32427049	2105620	3584493	3907572	169978
宁波	24507580	21005998	1154928	1407134	1338392	756056
合肥	16879147	14426184	434395	919201	1220131	313631
福州	23128524	18056585	402644	1698391	1873608	1499940
厦门	11068493	5754593	1044704	2535631	1310003	1468266
南昌	15805835	12716041	428539	802993	1917436	369365
济南	14778863	11769136	380945	1036815	1150589	822323
青岛	22829566	19541641	992808	1116935	1781146	389844
郑州	31340101	27164063	334615	1784264	1954941	436833
武汉	47757114	40900483	618859	3188252	2842786	825593
长沙	19617608	15383421	627879	1384344	2408079	441764
广州	31048161	24510302	867823	3457835	1866221	1213803
深圳	39084224	31767111	2054871	5008767	1292057	1016289
南宁	13563986	11131349	261610	698780	1114963	618894
海口	5312574	4210359	206541	458708	464105	179402
重庆	52744748	44445218	3637390	1389847	5361639	1548044
成都	36269626	25927477	1359223	3123334	5373753	1845062
贵阳	10433112	8341429	197002	606278	1363434	121971
昆明	19998973	15854092	721252	1127218	1859108	1158555
西安	26679984	21392582	478200	2482420	2120275	684707
兰州	5090503	4092706	98350	212927	653099	131771
西宁	2429686	1845087	17245	70552	476375	37672
银川	3600261	2957959	102249	148412	410059	83831
乌鲁木齐	5056554	3948258	273084	359688	674356	74252

5-17 35个大中城市按用途分的房地产开发企业商品房平均销售价格

单位：元/平方米

地区	商品房平均销售价格	住宅	#别墅、高档公寓	办公楼	商业营业用房	其他
总计	**12568**	**12540**	**23385**	**16467**	**15005**	**6302**
北京	33820	36571	49506	31300	38728	8399
天津	16047	15907	16363	18198	18587	12702
石家庄	10668	10643	8309	9829	12073	10419
太原	11059	10840	12776	11194	18559	8997
呼和浩特	8332	8236	14742	9139	9277	7903
沈阳	8955	8753	11214	9261	13026	5183
大连	11549	11436	20494	15554	14569	8932
长春	8245	8092	12247	7872	11207	5365
哈尔滨	9208	8932	14005	11762	11437	9270
上海	26911	29022	65610	32965	26549	7192
南京	19638	19738	21317	19739	20370	13676
杭州	23919	24364	34789	20754	24583	12645
宁波	15114	16189	18975	12185	14108	6655
合肥	12147	13069	17236	10625	9312	4601
福州	13515	14381	13561	16685	14820	6594
厦门	20907	33715	43986	18921	25399	8480
南昌	8561	8276	12501	9265	11738	6181
济南	11954	12193	13831	13999	14075	7138
青岛	12641	12380	19469	14710	15013	11865
郑州	8443	8156	16702	12071	10693	8581
武汉	13109	12679	18036	18146	18678	9247
长沙	8217	7797	8890	12875	11889	4232
广州	20018	21894	20713	18271	18307	8648
深圳	54132	55441	84170	51849	53550	35923
南宁	7786	7690	15428	11499	13126	4158
海口	13213	12658	16353	18620	21301	7783
重庆	8068	8191	11222	10912	10430	3293
成都	9862	9776	13668	11280	16413	4379
贵阳	9361	8843	15074	9653	15531	5899
昆明	10472	11085	12680	10811	12997	4988
西安	10168	9981	15136	11843	13280	6151
兰州	7924	7232	10452	15491	14788	7090
西宁	7313	6733	4670	8421	11239	5065
银川	5875	5589	7574	8433	9483	3678
乌鲁木齐	8357	7757	12090	9153	16092	5010

5-18 35个大中城市按用途分的房地产开发企业房屋出租面积

单位：平方米

地区	房屋出租面积	住宅	#别墅、高档公寓	办公楼	商业营业用房	其他
总计	**28348971**	**1775613**	**670177**	**10280248**	**11359753**	**4933357**
北京	2657823	82177	54950	967412	1135059	473175
天津	775183	3545		548008	145111	78519
石家庄	2662					2662
太原	6593				6593	
呼和浩特						
沈阳	44259	16705	16705	25856	1590	108
大连	37059				37059	
长春	486339			21668	464671	
哈尔滨	84702				47361	37341
上海	18682301	1285970	549079	7535170	6308317	3552844
南京	153240			1348	151892	
杭州	487970			199042	243399	45529
宁波	213948			152012	55620	6316
合肥	76917					76917
福州	113980			9506	97915	6559
厦门	219904	46228	29233	16781	129783	27112
南昌	158118	2968			155150	
济南	1794				1794	
青岛	524535			89186	367444	67905
郑州						
武汉	82858	1728		48902	10001	22227
长沙	210312			93223	40565	76524
广州	276093	54438	20210	60933	149219	11503
深圳	508437	2724		294859	200302	10552
南宁	18220				16282	1938
海口	67288			488	35226	31574
重庆	685866			19006	452533	214327
成都	407111	3494		25320	292517	85780
贵阳	79227			25433	28960	24834
昆明						
西安	515806	23728		99905	372925	19248
兰州	40401			11260	29141	
西宁						
银川	249568	18097		20650	209267	1554
乌鲁木齐	480457	233811		14280	174057	58309

5-19 35个大中城市按用途分的房地产开发企业商品房待售面积

单位：平方米

地区	待售面积	住宅	#别墅、高档公寓	办公楼	商业营业用房	其他
总计	**189773565**	**72984844**	**9937649**	**23286145**	**44498909**	**49003667**
北京	22263778	8479639	2195668	4145368	3940950	5697821
天津	6713959	3155252	516903	1258040	1436785	863882
石家庄	972650	726702	22000	122629	43148	80171
太原	978580	619209	55696	87725	203048	68598
呼和浩特	2313385	1408751	55941	189167	522438	193029
沈阳	4719385	3278705	190020	178633	1020011	242036
大连	6866644	4732974	423510	464478	1042487	626705
长春	6938149	3281562	262969	755565	1968110	932912
哈尔滨	8468149	4363419	150008	239540	2189650	1675540
上海	22111197	6642971	2128944	4006890	4336445	7124891
南京	3526577	1970936	173052	322509	558945	674187
杭州	5294690	1536505	226827	1397982	1658860	701343
宁波	4713496	1440411	247351	854627	1413923	1004535
合肥	1912575	399927	88956	197336	393959	921353
福州	3803440	958648	129490	93898	649500	2101394
厦门	2573925	458184	65065	578334	654395	883012
南昌	1811955	1004345	47153	278334	449215	80061
济南	980301	542047	151807	56399	169133	212722
青岛	4333422	1621704	176786	913334	1521846	276538
郑州	5779940	3479230	110386	697104	1081497	522109
武汉	2748035	1262316	137169	460607	635629	389483
长沙	6844741	2635904	248145	724574	2001423	1482840
广州	8509430	3317046	519129	736148	1613972	2842264
深圳	2769013	1579066	166701	361802	653008	175137
南宁	2688659	1209038	26139	141958	650875	686788
海口	1754138	645133	111197	36626	398045	674334
重庆	17879539	3940608	300656	1068958	5150977	7718996
成都	10282672	1538157	274830	699090	2537266	5508159
贵阳	1465334	744539	46993	240008	301427	179360
昆明	4694862	1541374	368355	443537	1189676	1520275
西安	2320899	578601	30355	299642	838119	604537
兰州	1214004	357376	2605	188588	511393	156647
西宁	299304	164093		10939	104033	20239
银川	5912871	2271272	179625	603672	1987098	1050829
乌鲁木齐	3313867	1099200	107218	432104	671623	1110940

5-20　35个大中城市房地产开发企业主要财务指标

单位：万元

地　区	资产总计	负债合计	所有者权益合计	主营业务收入
总　计	**5076003093**	**3947184761**	**1128828958**	**536819600**
北　京	571725818	464167399	107558419	35155039
天　津	296173855	229273763	66970173	20897470
石家庄	36439395	33790928	2587528	3266501
太　原	69946945	60174553	9772392	4506162
呼和浩特	19997002	17366346	2630656	1426848
沈　阳	65324861	52079253	13245608	9790276
大　连	71575970	52329359	19246611	8854011
长　春	40410867	32788575	7622291	7098105
哈尔滨	66187761	47389115	18798645	7805075
上　海	592145371	399711313	192434058	56122712
南　京	154576606	118942010	35634596	31635440
杭　州	229447937	177823658	51624279	29209082
宁　波	95560838	76609512	18951326	11905088
合　肥	92458568	73287208	19171360	11797072
福　州	120604468	96596749	24007719	11857494
厦　门	91964469	60680162	31284307	7971786
南　昌	67451518	51422095	16029423	9309186
济　南	113481683	93593186	19887794	12316222
青　岛	130650765	105056889	25593876	16666958
郑　州	188973761	160347468	28626294	18381317
武　汉	223778800	172462033	51316767	34615462
长　沙	87112296	72187591	14924705	15814755
广　州	352319681	285335687	66983995	25349802
深　圳	255912486	183243835	72668652	32351046
南　宁	58157848	49079824	9079116	8323037
海　口	40082464	31179082	8904478	4397580
重　庆	314949169	235491193	79457975	37136884
成　都	186332027	149696365	36635663	23468643
贵　阳	75566862	57290470	18276393	6639847
昆　明	144929526	117750572	27178954	8558178
西　安	112235658	97671159	14564499	12164570
兰　州	34586390	29846722	4739668	4161862
西　宁	13654532	11879559	1774973	1115702
银　川	22570573	19431724	3138850	2404570
乌鲁木齐	38716325	31209405	7506920	4345823

5-20 续表 1

单位：万元

地　区	土地转让收入	商品房销售收入	自持物业收入		其他收入
				房屋出租收入	
总　计	**7587379**	**493341385**	**16095371**	**12182620**	**19795465**
北　京	1234996	27125082	2217317	1959874	4577646
天　津	357033	19508542	374795	237764	657099
石家庄	6943	3236860	12157	11168	10542
太　原	547822	3740466	62256	50837	155618
呼和浩特	510	1393710	13332	13329	19296
沈　阳	44948	9618272	97908	35007	29147
大　连	453250	8060988	128108	87496	211665
长　春	6425	6949099	98408	78181	44173
哈尔滨	116386	7164349	94655	47231	429685
上　海	874741	46970418	5663019	4458971	2614534
南　京	257290	30416681	523053	188207	438415
杭　州	2262	28206527	516268	393500	484025
宁　波	81133	11524244	195143	176716	104568
合　肥	9	11371171	129361	105318	296531
福　州	13412	11476547	96761	90928	270775
厦　门	2324	7195456	210359	159875	563647
南　昌	187620	8669244	57586	51813	394735
济　南	952885	11087179	149566	90017	126592
青　岛	49534	16063504	164136	146299	389784
郑　州	162039	16806141	249361	159376	1163776
武　汉	182099	33324972	429269	360167	679121
长　沙	215342	14720079	261251	94657	618084
广　州	271395	23011948	1206390	931262	860068
深　圳	5597	30252199	1355420	805461	737830
南　宁	13193	8065944	97904	83859	145997
海　口		4209330	93620	51331	94631
重　庆	613454	34809226	637281	511440	1076923
成　都	48003	22518019	339409	312099	563213
贵　阳	57618	5784303	108610	93785	689316
昆　明	684258	6956317	153851	113157	763753
西　安	55079	11588745	183213	121663	337533
兰　州	38332	4004761	49163	41130	69607
西　宁	2829	1063110	13925	13455	35837
银　川	48618	2274884	38639	35201	42429
乌鲁木齐		4173070	73880	72048	98872

5-20　续表 2　　　　单位：万元

地　　区	主营业务成本	主营业务税金及附加	其他业务利润	销售费用
总　　计	**362353449**	**37420360**	**1970220**	**19838794**
北　　京	24088323	3091718	241538	1126548
天　　津	15381035	1378484	265222	800965
石 家 庄	2261940	208860	8998	279005
太　　原	3311624	244562	28179	365842
呼和浩特	973956	109482	5047	45782
沈　　阳	7219474	595537	5281	419063
大　　连	7162739	404159	70254	297294
长　　春	5523624	303135	43071	218110
哈 尔 滨	5540337	521640	107775	265188
上　　海	36042607	5275318	124839	1590710
南　　京	20942065	1944026	45120	581104
杭　　州	20452563	1706225	53610	1065109
宁　　波	8768363	571043	22232	593122
合　　肥	7647017	696583	52449	518262
福　　州	8467167	618071	28347	405700
厦　　门	4539961	1009432	36740	235792
南　　昌	6123480	451557	41483	346773
济　　南	8389779	918269	64699	387501
青　　岛	11819465	1133197	51134	565042
郑　　州	13103807	925604	50261	778819
武　　汉	22015773	2189510	93721	797915
长　　沙	10958019	694916	43769	611323
广　　州	15617218	2112202	118288	1133582
深　　圳	15298929	4524046	16145	986538
南　　宁	5770135	418936	64829	391056
海　　口	2340746	459453	1894	411783
重　　庆	26414386	1521747	70881	1632750
成　　都	16354944	1551055	27166	1075177
贵　　阳	4770270	357471	54273	322381
昆　　明	6435517	424491	36041	443573
西　　安	9466524	487016	18812	631993
兰　　州	3230855	183863	17822	132612
西　　宁	956310	43967	13489	56606
银　　川	1910045	104623	33005	109102
乌鲁木齐	3054454	240163	13812	216672

5-20 续表 3

单位：万元

地　区	管理费用	财务费用	营业利润	营业外收入
总　计	**22388077**	**18593409**	**103699235**	**3491625**
北　京	2324501	2110005	5937760	233621
天　津	884684	1140619	1590082	201108
石家庄	206554	223406	-89064	9863
太　原	302142	251196	312720	6454
呼和浩特	79249	32588	211771	3797
沈　阳	299164	167858	1132650	45069
大　连	332566	565250	209274	31477
长　春	285299	161771	488435	21405
哈尔滨	365402	315902	904846	722352
上　海	2680122	2839049	15912928	297468
南　京	656393	300060	6980699	30402
杭　州	1118341	607012	6065854	161616
宁　波	437691	330097	1322929	92084
合　肥	396961	233154	2606976	19441
福　州	400648	287081	1984149	26909
厦　门	324999	393008	2444538	13929
南　昌	291782	166213	2076975	49448
济　南	399979	368836	2124053	141959
青　岛	757184	389943	2872623	112628
郑　州	879088	734288	2732808	78912
武　汉	864215	669634	8879146	87749
长　沙	539869	209850	1896062	80414
广　州	1573288	1314414	8518334	118353
深　圳	1112934	1213329	10940701	139437
南　宁	276754	143619	1344678	54885
海　口	244818	109050	605705	9003
重　庆	1360819	1143860	5882978	363697
成　都	895747	647179	3172943	86341
贵　阳	303507	184511	1568947	60657
昆　明	555791	642796	924339	57257
西　安	543193	299428	892064	47801
兰　州	202488	157206	495285	17330
西　宁	89671	33861	69595	6912
银　川	161670	72338	99005	41278
乌鲁木齐	240566	135000	586448	20572

5-20　续表 4　　　　单位：万元

地　区	营业外支出	所得税费用	应付职工薪酬
总　计	**3318799**	**22579922**	**16207152**
北　京	234596	1269497	1860045
天　津	174695	729956	722319
石 家 庄	25511	136092	132509
太　原	24109	142654	189681
呼和浩特	14082	38006	48066
沈　阳	79994	282461	218863
大　连	48545	182271	243204
长　春	46663	209736	185040
哈 尔 滨	53562	241849	165750
上　海	182871	3867765	1508409
南　京	74387	1215152	486623
杭　州	133960	1277690	735187
宁　波	47885	438207	303053
合　肥	103293	490630	290159
福　州	95998	325442	347155
厦　门	90248	338116	299775
南　昌	26731	428123	177090
济　南	83800	435972	328482
青　岛	121233	590826	461405
郑　州	158990	635275	565522
武　汉	119026	1266560	765255
长　沙	53113	424815	467598
广　州	208797	1218878	1165042
深　圳	211232	2720434	769679
南　宁	165419	345232	282205
海　口	32175	267996	159001
重　庆	273963	911997	1186882
成　都	85124	754315	667073
贵　阳	74330	403192	247226
昆　明	85600	341874	337437
西　安	103737	224290	461726
兰　州	28776	194388	142704
西　宁	9714	26311	55745
银　川	27014	48817	84346
乌鲁木齐	19631	155107	146897

附　　录

主要统计指标解释

主要统计指标解释

一、房地产开发企业财务指标

1.资产总计：指企业过去的交易或者事项形成的、由企业拥有或者控制的、预期会给企业带来经济利益的资源。资产一般按流动性分为流动资产和非流动资产。其中流动资产可分为货币资金、交易性金融资产、应收票据、应收账款、预付款项、其他应收款、存货等；非流动资产可分为长期股权投资、固定资产、无形资产及其他非流动资产等。根据会计“资产负债表”中“资产总计”项目的期末余额数填报。

2.负债合计：指企业过去的交易或者事项形成的，预期会导致经济利益流出企业的现时义务。负债一般按偿还期长短分为流动负债和非流动负债。根据会计“资产负债表”中“负债合计”项目的期末余额数填报。

3.所有者权益合计：指企业资产扣除负债后由所有者享有的剩余权益。公司的所有者权益又称股东权益。包括实收资本、资本公积、盈余公积、未分配利润等。根据会计“资产负债表”中“所有者权益合计”项目的期末余额数填报。

4.主营业务收入：指企业确认的销售商品、提供劳务等主营业务的收入。根据会计“主营业务收入”科目的本年各月贷方余额（结转前）之和填报。如未设置该科目，以“营业收入”代替填报。

（1）土地转让收入：指房地产开发企业按国家规定在报告期转让已经开发的土地和未经开发的土地所得到的收入。根据会计“利润表”和相关核算资料计算填报。

（2）商品房销售收入：指房地产开发企业在报告期售出商品房的收入，一次收款的，一次性全部计入销售收入，按合同规定分期收款的，可按合同规定的时间分次计入收入。根据会计“利润表”和相关核算资料计算填报。

（3）自持物业收入：指房地产开发企业在报告期内，对自持房屋以出租、作为服务业活动场所等不改变财产所有权方式进行经营所得到的收入。根据会计“利润表”和相关核算资料计算填报。

（4）房屋出租收入：指房地产开发企业在报告期内，在不改变现有财产所有权关系的条件下，将企业的全部或部分房屋出租给其他单位或个人使用所得到的租金收入。根据会计“利润表”和相关核算资料计算填报。

（5）其他（主营业务）收入：指房地产开发企业在报告期内从事除以上收入外的其他业务活动所得到的收入，包括配套设施销售收入、代建工程结算收入等。根据会计“利润表”和相关核算资料计算填报。

5.主营业务成本：指企业经营主要业务和其他业务所发生的成本总额。根据会计“主营业务成本”科目的期末借方余额（结转前）填报。如未设置该科目，以“营业成本”代替填报。

6.销售费用：指企业在销售商品和材料、提供劳务的过程中发生的各种费用，包括保险费、包装费、展览费和广告费、商品维修费、预计产品质量保证损失、运输费、装卸费等以及为销售本企业商品而专设的销售机构（含销售网点、售后服务网点等）的职工薪酬、业务费、折旧费等经营费用。建筑业企业销售费用指企业从事施工生产活动过程中发生的各项费用，包括应由企业负担的运输费、装卸费、包装费、保险费、维修费、展览费、差旅费、广告费和其他经费。房地产企业销售费用指企业在从事主要经营业务过程中所发生的各项销售费用，包括转让、销售、结算和出租开发产品等。执行《企业会计准则》或《小企业会计准则》的企业,根据会计“利润表”中“销售费用”项目的本年累计数填报。执行其他企业会计制度的企业，根据会计“利润表”中“营业费用（或经营费用）”项目的本年累计数填报。

7.主营业务税金及附加：指企业经营主要业务应负担的消费税、城市维护建设税、资源税、教育费附加及房产税、土地使用税、车船使用税、印花税等相关税费。根据会计“主营业务税金及附加”科目的本年各月借方余额（结转前）之和填报。如未设置该科目，以“税金及附加”代替填报。

8.管理费用：指企业为组织和管理企业生产经营所发生的费用，包括企业在筹建期间内发生的开办费、董事会和行政管理部门在企业经营管理中发生的，或者应当由企业统一负担的公司经费等。根据会计“利润表”中“管理费用”项目的本年累计数填报。

9.财务费用：指企业为筹集生产经营所需资金等而发生的筹资费用，包括企业生产经营期间发生的利息支出（减利息收入）、汇兑损失（减汇兑收益）以及相关的手续费等。根据会计“利润表”中“财务费用”项目的本年累计数填报。

10.营业利润：指企业从事生产经营活动所取得的利润。执行《企业会计准则》或《小企业会计准则》的企业，营业利润为营业收入减去营业成本、税金及附加、销售费用、管理费用、财务费用、资产减值损失，再加上公允价值变动收益、投资收益和其他收益后的金额，根据会计“利润表”中“营业利润”项目的本年累计数填报；执行其他企业会计制度的企业，营业利润为营业收入减去营业成本、税金及附加、销售费用、管理费用、财务费用，再加上投资收益后的金额，根据会计“损益表”中“营业利润”项目、“投资收益”项目的本年累计数之和填报。

11.营业外收入：指企业发生的与经营业务无直接关系的各项收入，包括非流动资产处置利得、非货币性资产交换利得、债务重组利得、政府补助、盘盈利得、捐赠利得等。执行《企业会计准则》或《小企业会计准则》的企业，根据会计“利润表”中“营业外收入”项目的本年累计数填报；执行其他企业会计制度的企业， 根据会计“损益表”中“营业外收入”项目、“补贴收入”项目的本年累计数之和填报。

12.营业外支出：指企业发生的与经营业务无直接关系的各项支出，包括非流动资产处置损失、非货币性资产交换损失、债务重组损失、公益性捐赠支出、非常损失、盘亏损失等。根据会计“利润表”中“营业外支出”项目的本年累计数填报。

13.所得税费用：所得税费用由两部分组成：当期所得税和递延所得税。当期所得税是指企业按照税法规定计算确定的针对当期发生的交易和事项，应交纳给税务部门的所得税金额，即应交所得税。递延所得税是指按照所得税准则规定应予确认的递延所得税资产和递延所得税负债应有的金额相对于原已确认金额之间的差异。执行《企业会计准则》或《小企业会计准则》的企业，根据会计“利润表”中“所得税费用”项目的本年累计数填报；执行其他企业会计制度的企业，根据会计“损益表”中“所得税”项目的本年累计数填报。

二、房地产开发投资指标

1.计划总投资：指房地产开发企业在建的建设工程按照总体设计（或按设计概算或预算）规定的内容全

部建成计划需要的总投资。

2.自开始建设累计完成投资：指房地产开发企业在建的房屋建设工程或正在开发的土地开发工程从开始建设到本期止累计完成的全部投资。其计算范围原则上应与“计划总投资”指标包括的工程内容相一致。

报告期以前已建成投产或停、缓建工程完成的投资以及拆除、报废工程的投资，仍应包括在内。但转出的“在建工程”累计投资应予以扣除，转入的“在建工程”以前年度完成的投资应当包括。

3.完成投资：指各种登记注册类型的房地产开发法人单位统一开发的住宅、厂房、仓库、饭店、宾馆、度假村、写字楼、办公楼等房屋建筑物，配套的服务设施，土地开发工程（如道路、给水、排水、供电、供热、通讯、平整场地等基础设施工程）和土地购置的投资；不包括单纯的土地开发和交易活动。

4.建筑工程：指各种房屋、建筑物的建造工程，又称建筑工作量。这部分投资额必须兴工动料，通过施工活动才能实现。依据会计报表“房屋开发成本”科目下的“建筑安装工程费”填报；未设置该科目的，根据“房屋开发成本”下的相关明细分析计算填报。也可以根据工程建设、施工、监理等共同认定的工程结算单或进度单、工程付款等相关凭证填报。

5.安装工程：指各种设备、装置的安装工程，又称安装工作量。依据会计报表“房屋开发成本”科目下的“建筑安装工程费”填报；未设置该科目的，根据“房屋开发成本”下的相关明细分析计算填报。也可以根据工程建设、施工、监理等共同认定的工程结算单或进度单、工程付款等相关凭证填报。

6.设备工器具购置：指报告期内购置或自制的，达到固定资产标准的设备、工具、器具的价值。需要安装的设备应在设备安装到位后依据会计报表“房屋开发成本”科目下的“设备款”填报，未设置该科目的根据“房屋开发成本”下的相关明细分析计算填报；也可以根据相关凭证填报。不需要安装的设备应在设备运抵现场并验收合格后依据会计报表“房屋开发成本”科目下的“设备款”填报，未设置该科目的根据“房屋开发成本”下的相关明细分析计算填报；也可以根据相关凭证填报。

（1）设备：指各种动力设备、传导设备、运输设备等。分为需要安装的设备和不需要安装的设备两种。

需要安装的设备：是指必须将其整体或几个部位装配起来，安装在基础上或建筑物支架上才能使用的设备。如发电机、蒸汽锅炉、变压器、塔、换热器、各种泵等。

不需要安装的设备：指不必固定在一定位置或支架上就可以使用的各种设备，如叉车、汽车、机车等。

（2）工具、器具：是指具有独立用途的各种生产用具、工作工具和仪器。如维修用的切削工具、铆焊工具等，以及达到固定资产标准的包装容器等。

7.其他费用：指在固定资产建造和购置过程中发生的，除建筑安装工程和设备、工器具购置投资完成额以外的费用，不指经营中财务上的其他费用。包括土地出让金、大市政费、四源费（煤、热、自来水、污水）、不可预见费、旧房屋购置，基本畜禽支出，林木支出，退耕退牧还林还草、土壤改良、城市绿化，办公生活用家具、器具购置，建设单位管理费，土地征用、购置及迁移补偿费，政府收费，勘察设计费，研究实验费，可行性研究费，临时设施费，施工机械转移费，设备检验费，负荷联合试车费，土地占用、使用费，建设期应付利息，企业债券发行费，合同公证费及工程质量监测费，国外借款手续费及承诺费，汇兑损益，坏账损失，固定资产亏损及损失等。依据会计报表“房屋开发成本”科目下的 “土地出让金”、“开发间接费”等填报；未设置该科目的，根据“房屋开发成本”下的相关明细分析计算填报。如果无法依据会计报表，根据相关支付凭证填报。

8.土地购置费：指房地产开发企业通过各种方式取得土地使用权而支付的费用。土地购置费包括：（1）通过划拨方式取得的土地使用权所支付的土地补偿费、附着物和青苗补偿费、安置补偿费及土地征收管理费等；（2）通过“招、拍、挂”等出让方式取得土地使用权所支付的资金。以划拨方式取得土地所支付的资金在房地产项目竣工后计入新增固定资产，以出让方式取得土地所有权所支付的出让金不计入新增固定资产。土地购置费按实际发生额填报，分期付款的应分期计入。项目分期开发的，只计入与本期项目有关的土地购置费。前期支付的土地购置费，项目纳入统计后计入。

9.投资额按工程用途分组：

（1）住宅：指专供居住的房屋，包括别墅、公寓、职工家属宿舍和集体宿舍（包括职工单身宿舍和学生宿舍）等。但不包括住宅楼中作为人防用、不住人的地下室等。

①90 平方米及以下住房：指在房地产开发企业投资建设的商品住宅中，套型建筑面积不超过 90 平方米（包括 90 平方米）的住房。套型建筑面积是指单套住房的建筑面积，由套内建筑面积和分摊的共有建筑面积组成。现房应以商品房销售合同中实际测绘的建筑面积为统计标准，期房根据商品房预售合同中规划设计面积进行统计，待住宅竣工交付使用后，应根据实际测绘面积进行相应调整。

②144 平方米以上住房：指在房地产开发企业投资建设的商品住宅中，套型建筑面积超过 144 平方米（不包括 144 平方米）的住房。现房应以商品房销售合同中实际测绘的建筑面积为统计标准，期房根据商品房预售合同中规划设计面积进行统计，待住宅竣工交付使用后，应根据实际测绘面积进行相应调整。

③别墅、高档公寓：指建筑造价和销售价格明显高于一般商品住宅的商品住宅。别墅一般指地处郊区，独立成栋的商品住宅；高档公寓一般指地处市内高档社区，高层或多层的商品住宅。别墅、高档公寓的确定标准：一是经有房地产投资计划审批权的主管部门审批建设的别墅、高档公寓开发项目；二是销售价格高于当地同等地段商品住宅平均销售价格一倍以上的别墅、公寓开发项目。该指标可以分析房地产投资结构，反映高收入家庭商品住宅的供求平衡情况。

（2）办公楼：指企业、事业、机关、团体、学校、医院等单位使用的各类办公用房（又称写字楼）。

（3）商业营业用房：指商业、粮食、供销、饮食服务业等部门对外营业的用房，如度假村、饭店、商店、门市部、粮店、书店、供销店、饮食店、菜店、加油站、日杂等房屋。

（4）其他：凡不属于上述各项用途的房屋建筑物，如中小学教学用房、托儿所、幼儿园、图书馆、体育馆等。

10.本年新增固定资产：指在报告期已经完成建造和开发过程并交付使用的房屋和土地开发面积的价值。指房地产开发公司进行开发经营活动的最终成果，即为社会提供的固定资产，而且是在报告期内新增加的。不是反映房地产开发企业本身固定资产的增加。

11.待开发土地面积：指经有关部门批准，通过各种方式获得土地使用权，但尚未开工建设的土地面积。

12.本年土地购置面积：指在本年内通过各种方式获得土地使用权的土地面积。

13.本年土地成交价款：指进行土地使用权交易活动的最终金额。在土地一级市场，是指土地最后的划拨款、“招拍挂”价格和出让价；在土地二级市场是指土地转让、出租、抵押等最后确定的合同价格。土地成交价款与土地购置面积同口径，可以计算土地的平均购置价格。

14.资金来源

（1）本年实际到位资金合计：指房地产开发企业在本年内收到的可用于房地产开发的各种资金来源数之和，包括上年末结余资金、本年度内拨入、借入或以各种方式筹集的资金。

（2）上年末结余资金：指上年资金来源中没有形成投资额而结余的资金。包括尚未用到工程中的材料价值、未开始安装的需要安装设备价值及结存的现金和银行存款、新开工项目以前年度支付的土地款等。可根据有关财务数字填报。上年末结余资金不能出现负数，即不能把上年应付工程、材料款作为上年末结余资金的负数来处理。

（3）**本年实际到位资金**：指房地产开发企业实际拨入的，用于房地产开发的各种货币资金。包括国内贷款、利用外资、自筹资金、定金及预收款、个人按揭贷款和其他资金。

①**国内贷款**：指报告期内房地产开发企业向银行及非银行金融机构借入的，用于房地产开发的各种国内借款，包括银行利用自有资金及吸收存款发放的贷款、上级拨入的国内贷款、国家专项贷款，地方财政专项资金安排的贷款、国内储备贷款、周转贷款等。

银行贷款：指报告期内房地产开发企业向各商业银行、政策性银行借入的，用于房地产开发的各项贷款。

非银行金融机构贷款：指向除上述银行之外从事金融业务的机构借入的，用于房地产开发的各项贷款。非银行金融机构包括城市信用社、农村信用社、保险公司、金融信托投资公司、证券公司、财务公司、金融租赁公司、融资公司（中心）等。

②**利用外资**：指报告期内收到的，用于房地产开发的境外（包括外国及港澳台地区）资金（包括设备、材料、技术在内）。包括对外借款（外国政府贷款、国际金融组织贷款、出口信贷、外国银行商业贷款、对外发行债券和股票）、外商直接投资、外商其他投资（包括补偿贸易、加工装配由外商提供的设备价款、国际租赁，外商投资收益的再投资资金）。不包括我国自有外汇资金（包括国家外汇、地方外汇、留成外汇、调剂外汇和中国银行自有资金发行的外汇贷款等）。各类外资按报告期的外汇牌价（中间价）折成人民币计算。

③**自筹资金**：指房地产开发企业筹集的，用于房地产开发的资金。

④**定金及预收款**：定金是为使甲乙双方按约定签订正式经济合同，实现房屋交易，根据有关规定由购房者或单位在报告期交纳的押金。预收款是甲乙双方签订购销房屋合同后，在报告期由购房者或单位交付的首付款及各种手续费（包括其中的外汇）。

⑤**个人按揭贷款**：是指按照中国人民银行（《个人住房贷款管理办法》，银发[1998]190号）中规定，贷款人（商业银行）向借款人发放的采用分期偿还方式用于购买自用普通住房的贷款。具体指具有完全民事行为能力的自然人，购买商品房时以其购买的产权住房（或银行认可的其他担保方式）为抵押，作为偿还贷款的保证而向银行申请的住房商业性贷款。从1999年2月开始，个人住房贷款可扩大到借款人自用的各类型住房贷款（《关于开展个人消费信贷的指导意见》，银发[1999]73号）。

⑥**其他到位资金**：指在报告期收到的除以上各种资金之外其他用于房地产开发的资金。包括国家预算内资金、债券、社会集资、个人资金、无偿捐赠的资金及用征地迁移补偿费、移民费等进行房地产开发的资金。

15.**本年各项应付款合计**：指在房地产开发过程中应付未付的投资款。包括应付工程款、应付器材款、应付工资、应付有偿调入器材及工程款、其他应付款、应交税金、应交基建收入、应交投资包干结余、应交能源交通建设基金、应交预算调节基金及其他应交款。各项应付款填报本报告期实际增加数（或发生数），不是填报开始建设以来的累计数。

三、房地产开发企业施工和销售指标

1.**房屋施工面积**：指报告期内施工的全部房屋建筑面积。包括本期新开工的房屋建筑面积、上期跨入本期继续施工的房屋建筑面积、上期停缓建在本期恢复施工的房屋建筑面积、本期竣工的房屋建筑面积以及本期施工后又停缓建的房屋建筑面积。多层建筑应填各层建筑面积之和。

2.**房屋新开工面积**：指报告期内新开工建设的房屋建筑面积，以单位工程为核算对象，即整栋房屋的全部建筑面积，不能分割计算。不包括在上期开工跨入报告期继续施工的房屋建筑面积和上期停缓建而在本期恢复施工的房屋建筑面积。房屋的开工应以房屋正式开始破土刨槽（地基处理或打永久桩）的日期为准。

3.房屋竣工面积：指报告期内房屋建筑按照设计要求已全部完工，达到住人和使用条件，经验收鉴定合格或达到竣工验收标准，可正式移交使用的各栋房屋建筑面积的总和。

4.不可销售面积：指报告期房地产公司竣工的用于拆迁还建的房屋面积；接受委托、定向开发建设，并收取一定的管理费所建设的统建代建房屋竣工面积；竣工的学校、幼儿园、派出所、居委会、商店等公益设施建筑面积。

5.住宅竣工套数：指报告期内按照设计要求已全部完工，经验收合格，达到住人或使用条件的正式交给开发公司的成套住宅数量（以设计图纸为准）。

6.房屋竣工价值：指报告期内按规定已经上报竣工的房屋本身的建造价值。一般按房屋设计和预算规定的内容计算。包括竣工房屋本身的基础、结构、屋面、装修以及水、电、卫等附属工程的建筑价值，也包括作为房屋建筑组成部分而列入房屋建筑工程预算内的设备（如电梯、通风设备等）的购置和安装费用；不包括厂房内的工艺设备、工艺管线的购置和安装，工艺设备基础的建造；室外的水、暖、电、卫、道路工程、挡土墙等环境工程的费用，办公和生活用家具的购置等费用；购置土地的费用；迁移补偿费和场地平整的费用及城市建设配套投资。

房屋竣工价值不仅包括该竣工房屋在报告期内完成的价值，也包括跨年施工的房屋在本期以前完成的价值。未竣工而转让给其他单位的房屋建筑工程，出让单位不计算竣工价值，待接受单位继续施工并符合竣工条件后，由接受单位计算其竣工价值，包括出让单位在出让前所完成的价值。房屋竣工价值一般按结算价格（或中标价）计算。

7.房屋出租面积：指在报告期期末房屋开发单位出租的商品房屋的全部面积。

8.商品房销售面积：指报告期内出售商品房屋的合同总面积（即双方签署的正式买卖合同中所确定的建筑面积）。由现房销售面积和期房销售面积两部分组成。

（1）现房销售面积：指在报告期内正式签订买卖合同、已经竣工达到入住条件的商品房屋建筑面积。包括以一次性付款方式和分期付款方式销售的现房建筑面积。

（2）期房销售面积：指在报告期内正式签订买卖合同、正在建设尚未竣工交付使用的商品房屋建筑面积。包括以一次性付款方式和分期付款方式销售的商品房屋建筑面积。期房销售建筑面积竣工后不再结转为现房销售建筑面积。

9.商品房销售额：指报告期内出售商品房屋的合同总价款（即双方签署的正式买卖合同中所确定的合同总价）。该指标与商品房销售面积同口径，由现房销售额和期房销售额两部分组成。

（1）现房销售额：指报告期内销售的已竣工商品房屋的合同总价款。包括现房销售前期预收的定金、预收款、首付款及全部按揭贷款的本金等款项。该指标与现房销售面积同口径。

（2）期房销售额：指报告期内销售的正在建设尚未竣工的商品房屋的合同总价款。包括预售房屋前期预收的定金、预收款、首付款及全部按揭贷款的本金等项。该指标与期房销售面积同口径。

10.商品住宅销售套数：指报告期内出售商品房屋合同中总的成套住宅数量（即双方签署的正式买卖合同中所确定的成套住宅数量）。由现房销售套数和期房销售套数两部分组成。

（1）现房销售套数：指报告期内销售的已竣工商品房屋合同中总的成套住宅数量。

（2）期房销售套数：指报告期内销售的正在建设尚未竣工的商品房屋合同中总的成套住宅数量。

11.待售面积：指报告期末已竣工的可供销售或出租的商品房屋建筑面积中，尚未销售或出租的商品房屋建筑面积，包括以前年度竣工和本期竣工的房屋面积，但不包括报告期已竣工的拆迁还建、统建代建、公共配套建筑、房地产公司自用及周转房等不可销售或出租的房屋面积。按照商品房待售时间的长短可以划分为待售一年以下、待售一到到三年（含一年）和待售三年以上（含三年）。

四、主要分组指标

1.登记注册类型：企业法人的登记注册类型，依据在工商行政管理机关登记注册的类型填写。

机关、事业单位和社会团体及其他组织的登记注册类型，依据主要经费来源和管理方式，根据实际情况，比照《关于划分企业登记注册类型的规定》确定。工商行政管理部门对企业（单位）登记注册的类型分为以下几种：

（1）国有企业：指企业全部资产归国家所有，并按《中华人民共和国企业法人登记管理条例》规定登记注册的非公司制的经济组织。不包括有限责任公司中的国有独资公司。

（2）集体企业：指企业资产归集体所有，并按《中华人民共和国企业法人登记管理条例》规定登记注册的经济组织。

（3）股份合作企业：指以合作制为基础，由企业职工共同出资入股，吸收一定比例的社会资产投资组建，实行自主经营，自负盈亏，共同劳动，民主管理，按劳分配与按股分红相结合的一种集体经济组织。

（4）联营企业：指两个及两个以上相同或不同所有制性质的企业法人或事业单位法人，按自愿、平等、互利的原则，共同投资组成的经济组织。联营企业包括国有联营企业、集体联营企业、国有与集体联营企业和其他联营企业。

国有联营企业：指所有联营单位均为国有。

集体联营企业：指所有联营单位均为集体。

国有与集体联营企业：指联营单位既有国有也有集体。

其他联营企业：指上述三种联营企业之外的其他联营形式的企业。

（5）有限责任公司：指根据《中华人民共和国公司登记管理条例》规定登记注册，由两个以上，五十个以下的股东共同出资，每个股东以其所认缴的出资额对公司承担有限责任，公司以其全部资产对其债务承担责任的经济组织。有限责任公司包括国有独资公司以及其他有限责任公司。

国有独资公司：指国家授权的投资机构或者国家授权的部门单独投资设立的有限责任公司。

其他有限责任公司：指国有独资公司以外的其他有限责任公司。

（6）股份有限公司：指根据《中华人民共和国公司登记管理条例》规定登记注册，其全部注册资本由等额股份构成并通过发行股票筹集资本，股东以其认购的股份对公司承担有限责任，公司以其全部资产对其债务承担责任的经济组织。

（7）私营企业：指由自然人投资设立或由自然人控股，以雇佣劳动为基础的营利性经济组织。包括按照《公司法》、《合伙企业法》、《私营企业暂行条例》以及《个人独资企业法》规定登记注册的私营独资企业、私营有限责任公司、私营股份有限公司、私营合伙企业和个人独资企业。

私营独资企业：指按《私营企业暂行条例》的规定，由一名自然人投资经营，以雇佣劳动为基础，投资者对企业债务承担无限责任的企业。

私营合伙企业：指按《合伙企业法》或《私营企业暂行条例》的规定，由两个以上自然人按照协议共同投资、共同经营、共负盈亏，以雇佣劳动为基础，对债务承担无限责任的企业。

私营有限责任公司：指按《公司法》、《私营企业暂行条例》的规定，由两个以上自然人投资或由单个自然人控股的有限责任公司。

私营股份有限公司：指按《公司法》的规定，由五个以上自然人投资，或由单个自然人控股的股份有限公司。

个人独资企业：指按《个人独资企业法》、《个人独资企业登记管理办法》的规定，由一个自然人投资，财产为投资人个人所有，投资人以其个人财产对企业债务承担无限责任的经营实体。个人独资企业填表时归入私营独资企业。

（8）其他内资企业：指上述第（1）条至第（7）条之外的其他内资经济组织。

（9）与港澳台商合资经营企业：指港澳台地区投资者与内地的企业依照《中华人民共和国中外合资经营企业法》及有关法律的规定，按合同规定的比例投资设立，分享利润和分担风险的企业。

（10）与港澳台商合作经营企业：指港澳台地区投资者与内地企业依照《中华人民共和国中外合作经营企业法》及有关法律的规定，依照合作合同的约定进行投资或提供条件设立，分配利润、分担风险和亏损的企业。

（11）港澳台商独资经营企业：指依照《中华人民共和国外资企业法》及有关法律的规定，在内地由港澳台地区投资者全额投资设立的企业。

（12）港澳台商投资股份有限公司：指根据国家有关规定，经商务部（原外经贸部）批准设立，并且其中港、澳、台商的股本占公司注册资本的比例达25%以上的股份有限公司。凡其中港、澳、台商的股本占公司注册资本的比例小于25%的，属于内资中的股份有限公司。

（13）其他港、澳、台商投资企业：指在中国境内参照《外国企业或个人在中国境内设立合伙企业管理办法》和《外商投资合伙企业登记管理规定》，依法设立的港、澳、台商投资合伙企业。

（14）中外合资经营企业：指外国企业或外国人与中国内地企业依照《中华人民共和国中外合资经营企业法》及有关法律的规定，按合同规定的比例投资设立，分享利润和分担风险的企业。

（15）中外合作经营企业：指外国企业或外国人与中国内地企业依照《中华人民共和国中外合作经营企业法》及有关法律的规定，依照合作合同的约定进行投资或提供条件设立，分配利润、分担风险和亏损的企业。

（16）外资企业：指依照《中华人民共和国外资企业法》及有关法律的规定，在中国内地由外国投资者全额投资设立的企业。

（17）外商投资股份有限公司：指根据国家有关规定，经商务部（原外经贸部）批准设立，并且其中外资的股本占公司注册资本的比例达25%以上的股份有限公司。凡其中外资股本占公司注册资本的比例小于25%的，属于内资中的股份有限公司。

（18）其他外商投资企业：指在中国境内依照《外国企业或个人在中国境内设立合伙企业管理办法》和《外商投资合伙企业登记管理规定》，依法设立的外商投资合伙企业。

2. 企业控股情况：根据企业实收资本中某种经济成分的出资人的实际投资情况，或出资人对企业资产的实际控制、支配程度进行分类。具体分为国有控股、集体控股、私人控股、港澳台商控股、外商控股和其他六类。

（1）国有控股：包括：

①在企业的全部实收资本中，国有经济成分的出资人拥有的实收资本（股本）所占企业全部实收资本（股本）的比例大于50%的国有绝对控股。

②在企业的全部实收资本中，国有经济成分的出资人拥有的实收资本（股本）所占比例虽未大于50%，

但相对大于其他任何一方经济成分的出资人所占比例的国有相对控股；或者虽不大于其他经济成分，但根据协议规定拥有企业实际控制权的国有协议控股。

③投资双方各占 50%，且未明确由谁绝对控股的企业，若其中一方为国有经济成分的，一律按国有控股处理。

（2）集体控股：包括：

①在企业的全部实收资本中，集体经济成分的出资人拥有的实收资本（股本）所占企业全部实收资本（股本）的比例大于 50%的集体绝对控股。

②在企业的全部实收资本中，集体经济成分的出资人拥有的实收资本（股本）所占比例虽未大于 50%，但相对大于其他任何一方经济成分的出资人所占比例的集体相对控股；或者虽不大于其他经济成分，但根据协议规定拥有企业实际控制权的集体协议控股。

（3）私人控股：包括：

①在企业的全部实收资本中，私人经济成分的出资人拥有的实收资本（股本）所占企业全部实收资本（股本）的比例大于 50%的私人绝对控股。

②在企业的全部实收资本中，私人经济成分的出资人拥有的实收资本（股本）所占比例虽未大于 50%，但相对大于其他任何一方经济成分的出资人所占比例的私人相对控股；或者虽不大于其他经济成分，但根据协议规定拥有企业实际控制权的私人协议控股。

（4）港澳台商控股：包括：

①在企业的全部实收资本中，港澳台商经济成分的出资人拥有的实收资本（股本）所占企业全部实收资本（股本）的比例大于 50%的港澳台商绝对控股。

②在企业的全部实收资本中，港澳台商经济成分的出资人拥有的实收资本（股本）所占比例虽未大于 50%，但相对大于其他任何一方经济成分的出资人所占比例的港澳台商相对控股；或者虽不大于其他经济成分，但根据协议规定拥有企业实际控制权的港澳台商协议控股。

（5）外商控股：包括：

①在企业的全部实收资本中，外商经济成分的出资人拥有的实收资本（股本）所占企业全部实收资本（股本）的比例大于 50%的外商绝对控股。

②在企业的全部实收资本中，外商经济成分的出资人拥有的实收资本（股本）所占比例虽未大于 50%，但相对大于其他任何一方经济成分的出资人所占比例的外商相对控股；或者虽不大于其他经济成分，但根据协议规定拥有企业实际控制权的外商协议控股。

（6）其他：除上述五类以外的企业控股情况。

3.隶属关系：指本单位隶属于哪一级行政管理单位。分为：中央、地方和其他。

中央与地方双重领导的单位，以领导为主的一方来划分中央属或地方属。